Civil Democracy & Popular Ochlocracy

시민 참여적 민주주의와
대중 선동적 중우주의

고대헬라, 로마사상에서의 중우정치담론과 현대의 포퓰리즘에 대한 논의

―――――――

전광식 지음

고신대학교 출판부

시민 참여적 민주주의와
대중 선동적 중우주의

:: 고대 헬라, 로마 사상에서의 중우정치 담론과 현대의 포퓰리즘에 대한 논의[1]

'정치는 가능성의 기술이다(Politik ist die Kunst des Möglichen).' 철혈재상이라고 불리던 독일의 비스마르크(Otto von Bismarck)가 던진 말이다. 반면 문학가의 삶을 살다가 공산주의 몰락이후 체코슬로바키아의 대통령 자리에 올랐던 하벨(Václav Havel)은 이 말을 받아 '내 경험으로는, 정치는 가능성의 기술이 아니라 불가능성의 기술(die Kunst des Unmöglichen)이다.' 라고 되받았다.

누구의 주장이 더 현자(賢者)의 목소리에 가까운 지는 판단하기 어렵지만, 전자도 정치란 본래 어려우니 가능성을 모색할 수 있다는 말일 것이고, 후자도 정치는 너무 어려워 실상 무엇을 이룰 수 없는 것이라는 뜻으로 볼 적에 둘다 정치는 상당히 어렵다는 생각을 공통적인 전제로 삼고 있음이 분명하다.

정치가 어려우니 정치에 대해 논하고 쓴다는 것이 얼마나 어려울 수 있는지 짐작이 갈 것으로 본다. 게다가 나처럼 그 대단한 정치의 변방에도 가보지 못한 정치 문외한이 이 난삽한 주제에 대해 쓰는 것은 더 쉽지 않은 것으로 볼 수 있으리라.

---

1) 이 저서는 2012년도 정부(교육과학기술부)의 재원으로 한국연구재단의 지원을 받아 수행된 연구임 (NRF-2012S1A5A2A01020265).

그래도 인류가 가장 좋은 정치체제라고 찾은 민주주의가 그것이 먼저 이뤄진 정치선진국들에서나 그것을 이루려고 따라가는 후발국들에서나 가릴 것 없이 이런 저런 문제들이 발생하는 것을 보면서 이 야누스적인 정치체제를 한번 다뤄 봐야겠다고 생각했었던 것이다.

본래 나는 신학이란 학문으로 시작했다. 그 후에 독일과 영국에서 유학하면서, 그리고 미국에 있을 때, 고대철학과 고전학에 머물다가, 귀국 후 마르크스주의나 포스트모더니즘 같은 현대사상을 다루기도 했다. 그러다가 지성적인 작업에 피로를 느껴서 였는지 아니면 본유적으로 무슨 끼가 있어서 그랬는지 모르지만 고향 같은 문학적 주제들도 건드려보고, 특히 풍경화를 논하다가 직접 유화(油畵)를 그리거나 전각(篆刻)을 해보기도 하고, 동시에 우리의 옛 도자기들과 목(木)가구에 푹 빠져 보기도 해 보았다.

그리고 몇 년 전부터는 이 모든 것들을 놓치지 않으면서도 결국 사회의 변화나 정치적 현상이 나 자신의 삶까지 예외로 두지 않는 전 방위적인 영향력을 행사하는 것을 주목하면서 이 생경스러웠던 주제를 학문적 호기심으로 들여다보게 되었다.

이렇게 나의 학문적 순례는 마치 트로이에서 고국 이타카로 돌아가는 오디세이의 귀향 여정만큼이나 멀고 중간기착지들도 많았다. 나는 아직 귀향을 하지 못하고, 여전히 학문적 역마살이를 하고 있는 셈인데, 솔직히 목적지나 정처도 없이 그저 떠도는 방랑에 가깝다고 할 수 있다.

이 방랑이 내게는 아직도 미답의 세계를 섭렵하는 것인지 아니면 갈 길을 몰라 방황하는 것인지 나 자신도 모르고 있지만, 하여튼 내 탐색의 호기심은 나를 미지의 이곳까지 인도해 왔던 것이다. 그러고 보니 결국 신학이라는 고상한 학문에서 어쩌면 정치라는 가장 세속적인 주제로 전락하게 된 것인지 모른다.

어쨌든 이 주제도 내겐 타향이어서 오래 머물 생각이 없었지만 한국연구재단에서 선도연구자지원이라는 특혜로 3년간이나 지원을 하여 운명처럼 이 주제에 이끌리게 되었다. 그리고 요정 칼립소(Calypso)에게 미혹을 받아

오기기아(Ogygia)섬에 머문 오디세이처럼 수년간의 세월을 이곳에서 머물게 되었다.

이타카에서 십년을 하루처럼 기다리는 페넬로페 때문에 이 섬을 떠날 때가 다가오지만 서글픈 타향살이에서도 학문농사를 지은 결과가 있어서 이렇게 초라하나마 곡식을 추수해보는 것이다.

아무쪼록 이 초라하고 보잘것없는 열매라고 하더라도, 얼마 동안만이라도 좋은 정치와 좋은 나라를 꿈꾸며 배고파하는 이들에게 허기를 잠시 때우는 양식이 되기를 소망해 본다.

▎목차 ▎

제 2 부 대중선동정치의 다양한 유형

제 3 부 SNS 시대의 중우정치와 민주주의의 길

▌서론 ▌

1.

"민주주의의 두려움은 폭민(暴民)통치이다"(The fear of democracy is mob rule)[1] – 1888년 런던에서 나온 민주주의 관련 책은 이렇게 경고한다[2].

실로 플라톤과 폴리비오스에서부터 몽테스키외, 토크빌을 거쳐 프랜시스 후쿠야마에 이르기까지 정치사상사의 주요이론가들은 한결같이 민주주의의 퇴락의 형태로서의 중우주의(衆愚主義)에 대해 우려했다. 그리고 이러한 우려는 민주주의에 대한 이론이 나온 고대 그리스에서부터 오늘에 이르기까지 동서의 정치사에서 이런 형태, 저런 모양으로 현실화되었다.

특히 20세기에 접어들어 라디오나 텔레비전 등 매스 미디어와 인터넷이 발달하고, 21세기에 이르러 트위터나 페이스북 등 SNS가 사용되면서 시민[3]들의 편에서도 정치참여가 보다 직접적으로, 그리고 활발하게 이뤄지게 되었고, 또 정치가들도 이것을 이용하게 되었다.

SNS를 통한 정치활동은 우선 국민들에게는 국가정책에 대한 건의, 정치현안이나 정치가들에 대한 직접적인 찬반표시, 국정현안에 대한 개별적 의견 제시나 언급, 그밖에 다른 이들의 의견에 대한 댓글등록 등 다양한 이용측면이 있어서 이런 SNS를 통한 정치참여는 직접민주주의의 새로운 길로서 긍정적인 측면이 많다고 본다.

한편 정치가들에게도 SNS는 많은 대중과의 온라인상의 만남과 대화, 자신의 정책이나 또는 국정현안에 대한 입장표명 및 설명, 그리고 유권자로서의 시민

---

1) James Platt, Democracy, London: Simpkin, Marshall and Co. 1888, 23: 'The fear of democracy is mob rule - a reign of terror'
2) cf. Winston Churchill의 유명한 경구인 'Democracy is the worst form of government, except for all those other forms that have been tried from time to time'(from a House of Commons Sppeech on Nov.11, 1947)도 결국 중우정치로 전락된 민주주의의 뒷모습을 보고 한 얘기이다.
3) 이 글에서는 '국민', '시민', '대중', '군중', '민중' 등이 비교적 교호적으로 사용되었다. 하지만 문맥에 따라서 보다 더 적정하다고 판단될 경우, 그것에 맞는 용어를 사용하려고 하였다.

들에 대한 선거전 내지는 자신의 정치적 입장이나 견해에 대한 지지요청 등의 장(場)으로 할 수 있다. 이런 점에서 SNS는 정치가들에게도 시공간을 초월하여 단숨에 많은 지지자들을 확보할 수 있는 좋은 기회를 제공하게 되는 것이다.

하지만 정치가들에게 주어진 장점인 대중과의 전면적인 접촉이나 지지 확보 등은 그 대중에게 정확하지 않은 정보를 주거나 아니면 자기편으로 이끌려고 하는 선동적 행위가 가능하다는 점에서 위험성이 존재한다. 이런 정치가들의 선전이나 책략에 휘둘리는 대중이 있는 경우 중우정치의 가능성이 상존한다고 할 수 있다. 따라서 SNS 시대를 정치적 측면에서 접근한다면 선동정치와 중우정치의 문제가 대두하기 마련이다.

이러한 중우정치담론이 '지금 여기에서'(hic et nunc) 다뤄져야 하는 이유를 정리하여 상론해 보면 다음과 같은 세 가지 이유들을 들 수 있을 것이다.

첫째는 그러한 포퓰리즘 정치 내지 대중중심 정치는 대부분의 경우 자본주의체제의 상대적 취약점인 분배의 문제와 서민중심의 복지정책과 결부되어 있어 빈부차 내지는 계층차가 심화되는 사회에서나 복지국가를 지향하는 나라들에서는 충분히 등장할 수 있는 문제라는 점이다.

다음으로 SNS의 발달로 라디오나 텔레비전을 통해 대중에게 영향을 주던 이전시대와 달리 정치적 의견 개진을 통한 대중의 정치참여가 활발해짐은 물론, 대중과의 소통이나 대중에 대한 영향이 쉽고 간편해졌고 또 그 범위와 정도도 이전과는 비교할 수 없을 만큼 확대되어 정치권에서 이를 활발히 사용하고 있게 되었고, 이러한 SNS 정치는 이제 어떤 체제 유형의 나라에서도 피할 수 없는 엄연한 현실이 되었다는 점이다.

그리고 세 번째 이유로는 바로 우리나라의 정치 현실 때문이다. 우리나라도 지난 2010년 6.2 지방선거와 서울시장 보궐선거에서부터 트위터나 페이스북이 활용되다가 그 이후 총선과 대선에서 합법적으로 SNS 활용이 가능해져 그것이 선거에 끼칠 영향과 그로 인한 정치 문화의 중요한 패러다임 변화가 예상되므로 이에 대한 심도 있는 논의가 필요한 시점이다.

2.

본서는 이론과 실제, 그리고 적용의 세 단계로 구성되어 있다. 제1부는 이론적 부분이요, 제2부는 역사적 부분이며, 제3부는 현실적인 부분이다.

이론에 해당하는 제1부에서는 고대 헬라와 로마의 정치사상을 주목하려고 한다. 물론 근세 이래로 오늘날에 이르기까지 민주주의와 중우정치에 대한 다양한 학문적 논의의 축적물이 남겨져 있지만, 여타 학문 분야 및 사상과 마찬가지로 정치이론의 초석(礎石)도 이미 옛 지혜자들이 놓은 셈이다.

이미 고대 헬라 철학자 Platon이나 Aristoteles는 민주주의의 퇴락 현상으로 중우정치 내지는 폭민정치, 또는 정치적 포퓰리즘이 등장할 수 있음을 지적하면서 이에 대해 경계를 촉구하고 있다. 그리고 그 이후 Polybios는 정치 체제의 순환론(循環論)을 운위하면서 민주정의 퇴락 형태로서의 '중우정(衆愚政, ochlocratia)'이라는 용어를 처음 사용하고 있다.

이에 이 첫 부분에서는 플라톤과 아리스토텔레스, 그 이후 폴리비오스와 Cicero의 이론을 고찰하였는데, 민주주의에 대한 사상뿐 아니라 중우정치에 대한 그들의 사상을 집중적으로 살폈다. 이런 논의에서 중점적으로 다룰 문헌은 무엇보다 플라톤의 Politeia, 아리스토텔레스의 Politica, 폴리비오스의 Historiae 제6권, 키케로의 De re publica이다.

다음으로 실제에 해당하는 제2부에서는 현대사에서 발생했던 몇 가지 중우정치를 살펴보려고 한다. 이런 논의와 관련하여 중우정치론의 현대적 유형인 포퓰리즘 정치와 여러 형태의 대중이용 및 선동정치를 그것이 이뤄진 각 나라에서의 전개과정과 특성을 중심으로 유형화시켜 보았다. 이에 현대의 중우정치를 아프리카의 해방(解放) 유형, 중남미의 복민(福民) 유형, 아시아의 선동(煽動) 유형, 그리고 영미의 선거(選擧) 유형으로 구분할 수 있었다.

이 가운데서 본서에는 우리나라의 형편하고 거리가 있는 아프리카의 해방 유형은 접어두려고 한다. 그리고 서방세계의 선거 유형은 SNS를 통한 선동 및 중우정치형으로 각 나라의 실례들을 굳이 다루지 않더라도 제3부에서 충분히 다뤄질 것이므로 역시 생략하고자 한다.

이에 이 네 가지 가운데서 중우정치의 역사적 실례를 분석함에 있어서 아시아 선동중우정치의 두 가지 형태와 브라질의 복민 유형을 집중적으로 다룰 것이다. 그래서 먼저는 룰라의 복민적 선동정치를 고찰하고, 이어서 탁신의 마케팅적 선동정치를 살피며, 마지막으로 고이즈미의 매체적 선동정치를 논하려고 한다.

이 연구에서는 다양한 언론매체의 국제뉴스, 국제정보 시사지 등에 나온 현황소개와 분석을 일차적 자료로 살피고, 나아가 관련 연구물들도 참고하였다.

적용에 해당하는 제3부는 인터넷과 SNS 시대의 선동 및 중우정치에 대해서 심도 있는 논의를 하고 진정한 민주주주의 길을 모색해보고자 한다.

우리나라의 선거과정에서 나타난 대중영합정치론에 대한 보수와 진보 양진영의 논리를 분석해 보고, 그것의 순기능과 역기능을 살펴보고자 한다.

실로 오늘날은 SNS 정치의 시대이다. 이전의 광장 내지 거리 포퓰리즘 정치(street politics)에서처럼 현재의 SNS 정치(SNS politics)에는 긍정적인 측면과 부정적인 측면, 순기능과 역기능이 있다.

먼저 긍정적인 측면으로는 그것이 무엇보다 청년들의 정치관심과 정치의식을 강화시켜 그들로 하여금 선거에 적극적으로 참여하게 하였으며, 또 그로 인해 그들 사이에 국정의 단기적 현안들이나 장기적 발전방안들에 대한 활발한 담론을 촉발시켜 결과적으로 시민 참여적 직접민주주의의 이상을 이룩했다는 점이다.

반면에 부정적인 시각은 그런 방식이 합리적이고 의사소통적 논의보다는 격정과 일방적 단정, 표현의 경계 없는 방종, 분명한 사실에 대한 외면과 왜곡, 불확실하고 부정확한 정보의 유출과 그것에 따른 반대와 비방, 정부 내지는 헌법적 기관들에 대한 불신과 비판, 정치인들의 민중선동 등을 통해 오히려 온건한 민주정치를 손상시킬 수 있다고 보기 때문이다.

이렇게 SNS 정치의 전개에 대해 우려하는 관점에서는 그것을 민주주의의 오용(誤用) 내지는 과잉으로 생긴 중우정치(ochlocracy)요 일종의 포퓰리즘 정치(대중인기영합정치, popocracy)로 보고 있다.

따라서 이제 우리에게 남은 과제는 한편으로는 어떻게 이러한 SNS 정치의 순기능(順機能)과 긍정적인 측면을 유지 또는 강화할 수 있는지, 다른 한편 으로는 어떻게 그것의 역기능(逆機能)과 부정적 측면을 폐기하거나 극복할 수 있는지 하는 문제이다. 그것의 역기능이 제어되지 않는다면 포퓰리즘 정치와 SNS 정치는 선동정치와 중우정치로 전락될 수밖에 없을 것이다. 그리고 진정한 민주주의는 위기를 맞고 결국 정치선진화의 길로 나아가지 못할 것 이다. 무엇보다 그러한 선동주의와 중우정치가 난무하는 국가는 위기가 초래 될 수밖에 없을 것이다.

이에 이러한 정치현상에 대해 보다 체계적이고 심도 있는 논의들이 필요 하게 되었다. 이론적 연구 및 실제적 연구와 더불어 이제 우리나라에서도 어떻게 하면 이러한 SNS를 통한 대중이용 정치를 직접민주의로서의 장점은 함양하고 대중인기영합주의나 대중선동정치로서의 단점은 극복할 수 있는지 교훈을 얻는 것이 중요할 것이다.

이런 논의와 더불어 결론적으로 어떻게 하면 국민의 정치의식과 민도 (民度)를 향상시킬지, 그렇게 하여 민주주의의 올바른 정착과 발전을 통하여 정치선진화를 이루며, 나아가 국가의 안정과 발전을 도모할 수 있을지 답변을 모색해보고자 한다.

제1부

고대 헬라, 로마사상에서의
중우정치 담론

Civil Democracy & Popular Ochlocracy

제1부

고대 헬라, 로마사상에서의
중우정치 담론

▌ 들어가는 말 ▌

오늘날 서양사상과 학문의 뿌리는 플라톤의 철학과 아리스토텔레스의 학문에 놓이며, 국가와 사회의 다양한 제도는 'Ex occidente lex(법은 서방으로부터)' 라는 말에 들어있듯이 고대 로마의 제도에서 발견된다. 이처럼 민주정과 그것의 퇴락의 형태인 중우정에 대한 담론도 이미 고대 헬라의 플라톤과 아리스토텔 레스, 그리고 그 이후 로마의 Polybios나 Cicero에게서도 잘 드러난다.

무려 2천 년의 시간적 간극에도 불구하고 인간의 본질은 변하지 않고 인간이 공동체를 이루어 정치하는 것도 그 근본에서는 달라지지 않았다. 플라톤은 아테네의 쇠락을 중우(衆愚)들의 정치적 영향 때문이라고 보았고, 그의 제자 아리스토텔레스도 다수 민중이 자신들의 유익 때문이나 또는 선동에 의해 국정에 영향을 주는 민주주의의 변질된 모습에 신랄한 비판을 가하고 있다.

그리고 폴리비오스는 권력 형태의 순환론(循環論)을 운위하면서 중우정치 (ochlocratia, ὀχλοκρατία)라는 개념을 사용하고 있으며 키케로도 이를 이어받아 혼합정의 이상을 제시하고 있다. 그리고 그 이후 근세를 거쳐 오늘에 이르는 정치사상사에서 이 민중의 과다한 힘과 그것의 오용이 정치 영역에 주는 영향력에 대한 담론이 끊이지를 않았던 것이다.

민주정이나 중우정에 대한 이런 고전(古典)의 세계로 들어가기 전에 한 가지 짚어야 할 점이 있다. 그것은 '민주주의(民主主義)'에 대한 이해의 문제이다. 이 고전적 사상가들이 사용하는 '민주주의'라는 용어는 오늘날 우리들이 일반적으로 인식하고 통상적으로 말하듯이 사회의 어떤 특정한 형태가 아니라 국가지배권의 독특한 형태를 의미한다. 이를테면 국가를 군주정이나 독재정에서 처럼 왕이나 황제 혼자서 다스리는 것도 아니고, 그렇다고 소수지배정4)이나 과두정(寡頭政), 또는 소수부호(富豪)정(plutocracy)에서처럼 몇몇 소수가 지배하는 것도 아니라, 국민전체가 지배권을 갖는 정체(政體)를 의미한다는 점이다. 민주주의에 대한 이런 이해는 이 개념이 처음 등장한 Herodotus부터 플라톤, 아리스토텔레스, 키케로, Seneca 등 여러 고대사상가들에게 이르기까지 동일하다.5)

---

4) 이 글에서 '귀족정(지배체제)'과 '소수지배정(체제)'는 교호적으로 사용한다.
5) "Demokratietheorie", in: *Politikwissenschaft: Theorien-Methoden-Begriffe*, Pipers Wörterbuch zur Politik 1, hrg.v. Dieter Nohlen, Piper, München, Zürich, 1985, 130

1. Platon에게서의 민주정과 폭민정

1.1. 정치질서의 다양한 유형

국가의 정체(政體)는 '정치적 지배체제의 외적 구조(äußerer Aufbau politischer Herrschaftsordnungen)' [6]라 할 수 있다. 플라톤은 국가의 정체들을 여러 책들에서 다양하게 말했는데, 전체적으로 보면 *Politeia*, *Politikos*, *Nomoi*의 순서대로 조금씩 보완되거나 확대 내지는 심화되어 감을 볼 수 있다.

1.1.1. *Politeia*에서의 논의

정치 및 국가이론을 집중적으로 설파한 *Politeia*에서 플라톤은 우선 제8권에서 국가의 몇 가지 형태를 말하고 있다. 그것들은 진리를 아는 참된 군주가 다스리는 최상의 정체는 아니고 열등한 정체들로 모두 네 가지이다.

첫 번째는 크레타와 스파르타의 정치체제인 명예지배정(timocratia) 내지는 명예정치제(timarcia)인데, 이것은 열등한 체제들 가운데서는 보편적으로 칭송을 받는 체제라고 보았다. 두 번째는 과두정(oligarchia)인데, 이것은 앞의 체제처럼 인정받고 있지 않은 것으로 악(惡)들이 들어있는 것이다. 세 번째는 소수지배정과는 꽤나 다르지만 그것을 이어서 나오는 체제인 민주정(democratia)이다. [7]

그리고 마지막 네 번째로는 독재정(tyrannis)으로 보았는데, 플라톤에 따르면 이것이야말로 국가정체 가운데서 가장 나쁜 병(病)이다. 이러한 순서는 열등한 체제 가운데서 그래도 열등성이 덜한 순서대로 배열한 것이다.

이 네 가지 정체 외에 추가적으로 다섯 번째 정체로 든 것은 세습 왕권체제나 돈으로 사고파는 금전매매정, 그리고 그 밖의 다른 어떤 중간적 형태가

---

6) André Kaiser, "Staatsformen", in: *Lexikon Politik. Hundert Grundbegriffe*, 2009, Stuttgart, 288
7) Platon, *Politeia*, VIII/1, 544b

있을 것으로 보았다.

이렇게 다섯 가지 정체를 제시한 후 플라톤은 국민들의 정치적 기질(氣質)을 말한다. 정부의 형태가 다양하듯이 인간의 정치적 기질도 다양하게 존재한다는 것이다. 그리고 한 국가의 정체는 바로 그 나라의 국민의 정치적 기질에서 나온다고 보았다. 그래서 국가의 정체가 다섯 가지가 있듯이 개인의 영혼의 상태도 다섯 가지라는 것이다.[8]

이러한 논리는 플라톤의 *Phaidros*에서 영혼이 이데아의 세계로 상승해 가는 과정에서 각 영혼을 당겨주는 신의 도움을 말할 때 펼친 논리와 유사하다. 인간이 지니는 *eros* 외에 신이 주는 광기(*mania*)가 있어야 영혼의 상승이 이뤄지는데, 이 경우 영혼이 이 감각 세상(kosmos aisthētos)에 오기 전 저 이데아의 세계(kosmos noētos)에 살 때 그가 따랐던 신이 이제 그를 다시금 불러올린다고 주장한 것이다. 그래서 플라톤은 신의 다양함에 따라 광기의 다양성을 설파했던 것이다.

이와 유사한 논리로 이제 플라톤은 국민들의 영혼의 성격에 따라 국가체제도 달라진다고 주장한다. 이를테면 귀족정(aristocratia)의 국가에 있는 사람들은 분명히 정의롭고 선한 사람이라는 것이다. 그리고 그것보다 열등한 사람들로 투쟁적이고 야심이 가득한 사람은 스파르타의 정체에 맞는 이들이고, 이런 식으로 과두체제에 맞는 국민, 민주적인 체제에 맞는 국민, 그리고 독재체제에 맞는 국민이 있다는 것이다.[9]

이런 플라톤의 논리에 따르면 독재제를 선호하는 기질이나 영혼을 지닌 국민이 있듯이 민주제를 선호하는 성향이나 영혼을 지닌 국민이 있다는 것이다. 말하자면 민주적 영혼(靈魂)이 있는 것이다. 그러면 이런 민주적 영혼을 지닌 국민이란 도대체 어떤 국민들일까?

첫째, 민주제에서는 국가의 세 번째 계급인 민중이 다수를 차지하고 있어

---

8) cf. George Klosko, *The Development of Plato's Theory*, New York/London, 1986, 195,는 이런 의미에서 *Politeia*에서의 플라톤의 정체구분은 '심리적'(psychological)인 것이라고 했다.
9) Platon, *Politeia*, VIII/2, 545a

그들이 국가의 가장 큰 세력을 형성한다는 것이다. 그런데 이 민중은 자기 힘으로 일하고 공적인 관여하는 것을 싫어하며, 나아가 큰 재산을 갖고 있지 못하는 국민이라고 보았다.[10]

둘째, 이 민주제의 주인공들인 민중은 근본적으로 무식하여 모략하는 자들에게 잘 속는다는 것이다.

셋째, 이 민중은 누군가 한 사람을 자기들의 앞잡이로 세워 그 사람을 키워 강대하게 만들려고 한다. 따라서 독재자도 민주제의 이러한 성향으로 인해 등장한다는 것이다.

플라톤은 독재자가 태어날 때는 늘 민중의 지도자로 뿌리를 내려 싹이 트는 것이라고 보았다. 실제로 이는 근세사에서 레닌이나 모택동, 그리고 필리핀의 마르코스나 동남아의 여러 나라의 경우는 물론 중남미(中南美)의 나라들에서도 드물지 않게 드러난 현상이다.

1.1.2. *Politikos*에서의 논의

이어서 *Politikos*에서 플라톤은 보다 다듬어진 정체구분법을 말하고 있다. 그것은 모두 일곱 가지로서 최상의 형태인 군주제와 좋지 않은 여섯 가지의 정체들이다. 이러한 정체 구분은 전통적인 방식에 따라 국가의 정치권력이 놓이는 대상의 수적 기준에 따라 구분된다. 말하자면 정치권력이 일인 (一人), 소수(小數), 그리고 다수(多數)에게 놓이는 경우에 따라 좋은 형태와 나쁜 형태로 구분되는 것이다.

국가의 정체를 이런 식으로 구분하는 것은 헬라에서 이미 Herodotus에게 소급될 정도로 오래되었다.[11] 그리고 그것을 보다 체계적으로 정리한 대표적인 이론은 누구보다 플라톤에게서 발견된다. *Politikos*에서 플라톤이 개진한 국가 형태의 세 가지 유형은 이 주제에 대해 보다 심도 있게 논의한 훗날의

---

10) Platon, *Politeia*, VIII/16, 565a
11) Herodotus, *Historia*, III, 80-2

아리스토텔레스, 폴리비오스(Polybios), 그리고 키케로(Cicero) 등에게 영향을 주었다.12)

플라톤에 따르면 국가형태는 국가권력이 놓이는 수에 따라 군주(βασι λεύς)의 단독지배형태인 군주정(monarchia), 귀족들(ἀριστῆες)의 소수 지배형태인 귀족정(aristokratia), 그리고 시민(δῆμος)의 다수지배형태인 민주정 (demokratia) 으로 대별된다.13) 이 세 가지 국가 형태가 변형이 되지 않고 순수한 형태로 유지된다면 군주정이 최선, 귀족정이 차선이 되고, 민주정이 가장 열등한 체제가 된다.

이러한 외적인 수적 기준 외에, 그에 의하면 내용적인 잣대도 중요한 역할을 하는 데, 이를테면 자율성과 강압성, 부요함과 가난함, 유법성(有法性)과 무법성(無法性)이다. 이러한 외적, 내적 기준에 비추어볼 때 단독지배형은 군주정이라는 좋은 국가형태를 취할 수 있는데, 하지만 그것도 자율성이 사라지고 강압성이 지배적이며, 또한 법치(法治)를 따르지 않고 군주의 무법적 횡포가 지배한다면 독재정(tyrannis)이라는 하나의 부정적인 변형 으로 전락될 위험이 있다. 이와 유사하게 소수 엘리트의 지배형태인 귀족 정도 강압적이고 무법적 형태가 된다면, 과두정(oligarchia)으로 퇴락되 는데, 이 형태는 플라톤에 의하면 가진 자들, 즉 부유한 자들의 지배를 의미 하는 것이다.

이 두 가지의 유형과 달리 세 번째 형태인 민주정은 좋은 형태에서나 나쁜 형태에서나 그 형태명이 달라지지 않는다. 플라톤에게서는 민주정의 퇴락 형태인 중우정(ochlokratia)이라는 용어는 등장하지 않는다. 다만 민주선정 (民主善政)와 민주악정(民主惡政)이 있을 뿐이다.14) 하지만 상기한 바대로 이 민주정은 세 가지 국가 형태 가운데 가장 나쁜 것으로 비록 퇴락하지 않은 선정 형태라고 하더라도 그다지 바람직한 형태가 아닌 것으로 규정된다.

플라톤에 의하면 민주정 자체는 그것이 선정이든 악정이든 다른 두 가지

---

12) Richard Saage, Demokratie-theorien, Demokratie- theorien. Historischer Prozess -Theoretische Entwicklung-Soziotechnische Bedingungen. Eine Einfuhrung, Wiesbaden, 2005, 58, cf. George Klosko, op.cit. 195. 근세이후에는 Machiavelli, Montesquieu 등도 이러한 구분법을 취하였다.
13) Platon, *Politikos*, 302c
14) Platon, *Politikos*, 302c-d

MEN+ORING *Plus*

HOW TO USE

CONFIDENCE IN TEXTILES
Tested for harmful substances
according to Oeko-Tex® Standard 100
12.HCN.14819   HOHENSTEIN HTTI
100% 친환경 인증!

속지를 "쉽게" 교체할 수 있는 스마트한

시스템 다이어리

* 내 마음대로 내지 순서 교체 가능!
시스템(O링)다이어리로 속지의 순서를 나에게 맞게 교체할 수 있어요!

* 쿠션형 고급표지로 그립감이 좋은, 친환경 / 무독성 고급원단 사용!
플러스 표지는 전체를 쿠션형 고급원단으로 구성하여 그립감이 좋고, 친환경 / 무독성 원단으로 안전하고 깔끔하게 사용할 수 있어요!
자석 베루 표지는 부착력이 좋아서 안전하고 친환경 / 무독성 원단으로 깔끔하게 사용할 수 있어요!

* 속지세트 별도 구입 가능!
속지세트만 구입하여 교체하면, 올해 표지는 다음 해에도 다시 쓸 수 있어요!

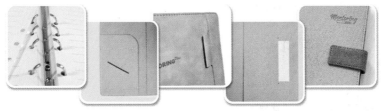

* 안쪽 포켓의 다양한 활용!
플러스 표지 안쪽에 있는 다양한 5개의 포켓에 스마트폰, 신용카드, 지폐, 상품권, 명함, 서류 등을 간편하게 휴대, 보관할 수 있어요!

* 넉넉한 프리노트 구성! 프리노트256 별도 구입 가능
프리노트(설교/기도/QT/전도/감사노트 등 다양하게 필기)가 부족하면 1년 내내 별도 구입하여 원하는 곳에 끼워서 넉넉히 사용할 수 있어요!

* My Bucket List : Things to do before I die!
올해 마이 버킷 리스트 페이지를 잘 기록하여 그대로 **2026멘토링**에 옮겨주세요!

MENTORING PLUS (대-8공링)	
NEW 플러스(대) 사파이어 쿠션형표지	18,000원
클래식(대) 투톤샤인 자석표지	15,000원
클래식(대) 투톤블루 자석표지	15,000원
클래식(대) 포레스트 자석표지	14,000원
클래식(대) 선물용 프리노트 추가 증정	15,000원
클래식(대) 속지세트 (리필용) 프리노트 추가 증정	7,000원
클래식(대) 프리노트256 (리필용)	7,000원

MENTORING PLUS (중-6공링)	
NEW SIZE 플러스(중) 사파이어 쿠션형표지	12,000원
스탠다드(중) 투톤샤인 자석표시	9,500원
스탠다드(중) 투톤블루 자석표지	9,500원
스탠다드(중) 메리골드 자석표지	8,500원
스탠다드(중) 그린 자석표지	7,000원
스탠다드(중) 선물용 프리노트 추가 증정	9,000원
스탠다드(중) 속지세트 (리필용) 프리노트 추가 증정	4,000원
플러스(중) 프리노트256 (리필용)	6,000원
스탠다드(중) 프리노트256 (리필용)	4,000원

성경적 세계관의 틀과 문화를 도구로 다음 세대를 세우고,
스토리story가 있는, 하브루타chavruta 학습법의 **토론식 성경공부 교재**

삶이 있는 신앙 시리즈

유년부(초1~3), 초등부(초4~6), 중등부, 고등부 1 · 2 · 3년차 – 1 · 2분기 / 3 · 4분기 각권 5,000원

**성경적 시각으로 포스트모던시대를 살아갈 힘을 주는
새로운 교회 / 주일학교 교재!**

- ✦ 다른 세대가 아닌 다음 세대 양육
- ✦ 가정에서도 실질적인 쉐마 교육 가능
- ✦ 원하는 주제에 따라서 권별로 주제별 성경공부 가능
- ✦ 3년 교육 주기로 성경과 교리에 대한 기본적인 이해가
  가능하도록 구성(삶이 있는 신앙)

"토론식 공과는 교사용과 학생용이 동일합니다!" (교사 자료는 "삶이있는신앙" 홈페이지에 있습니다)

토론식 공과(12년간 커리큘럼) 전22종 발행!

기독교 세계관적 성경공부 교재 고신대학교 전 총장 **전광식**
신앙과 삶의 일치를 추구하는 토론식 공과 성산교회 담임목사 **이재섭**
다음세대가 하나님 말씀의 진리에 풍성히 거할 수 있게 될 것을 확신 총신대학교 명예교수 **신원**
한국교회 주일학교 상황에 꼭 필요한 교재 브리지임팩트사역원 이사장 **홍민기**

▶ 『삶이있는신앙시리즈』는 "입문서"인 1권을 먼저 공부하고 "성경적 세계관"을 정립합니다.
▶ 토론식 공과는 순서와 상관없이 관심있는 교재를 선택하여 6개월씩 성경공부를 할 수 있습니다.

크리스천 에센셜 시리즈
CHRISTIAN ESSENTIALS

『크리스천 에센셜』 시리즈는 기독교의 중요한 전통을
전달하고자 한다. 초대교회는 사도신경, 주기도문, 십계명,
세례, 하나님의 말씀, 성찬, 그리고 공예배와 같은
기본적인 성경적 가르침과 실천을 바탕으로 세워졌다.
이러한 기독교의 기초 전통들은 사도시대부터 현 시대에 이르기까지
바른 신앙의 모든 세대를 아우르며, 지탱하고, 든든히 세워 왔다.
『크리스천 에센셜』 시리즈에서 계속 선보이는 책들은
우리 "신앙의 본질"에 대한 의미를 풍성히 묵상하게 한다.

시리즈 1 사도신경 초대교회 교리문답 가이드
시리즈 2 주기도문 우리 아버지께 드리는 기도 가이드
시리즈 3 십계명 완벽한 자유의 법을 위한 가이드
시리즈 4 세례 죽음으로부터의 삶을 위한 가이드
시리즈 5 하나님의 말씀 성경의 바른 이해를 위한 가이드
시리즈 6 교회 (2025년 하반기 발행 예정)
시리즈 7 성찬 (2026년 상반기 발행 예정)

◆ 시리즈 각권 / 46판 / 양장본 / 12,000원 / 솔라피데출판사
◆ 에센셜 시리즈는 계속 발간됩니다.

시리즈 1 사도신경 벤 마이어스 지음 / 김용균 옮김
성경교리의 축소판인 "사도신경"은 2천년 동안, 시대, 지역, 문화를 초월하여,
성도들을 영원한 진리로 연합하게 한다!

시리즈 2 주기도문 웨슬리 힐 지음 / 김용균 옮김
예수님의 마음을 담은 한 폭의 자화상인 "주기도문"은 2천년 동안,
시대, 지역, 문화를 초월하여, 크리스천들을 영원한 진리로 하나되게 한다!

시리즈 3 십계명 피터 레이하트 지음 / 김용균 옮김
십계명은 수천년 동안 역사적으로 크리스천들에 의해서 예배, 고백, 기도,
심지어는 민법의 기초로 사용되었다!

시리즈 4 세례 피터 레이하트 지음 / 김용균 옮김
세례에 대한 신선하고 정교한 연구를 통해서 예수 그리스도 안에서 연합되고,
성령 안에서 교회에 부어지는 기름부음의 역사를 이루어지게 한다!

시리즈 5 하나님의 말씀 존 클레이닉 지음 / 김용균 옮김
성부, 성자, 성령께서 성도들에게 한목소리로 들려주시는 말씀,
곧 성경이 "신앙의 중심축"이라는 것을 분명하게 보여준다!

경기도 파주시 문발로 123   T. 031-992-8691   F. 031-955-4433   E. vsbook@hanmail.net
전국 기독교서점과 온라인서점과 종합문고에서 교회 및 단체 주문과 낱권 구입이 가능합니다!

형태들에 비해 매우 약할 뿐 아니라 국가에서 위대하고 훌륭한 것들을 이루기 어려운 정체이다. 그 이유는 민주정 하에서의 국가권력은 다수의 권력분점으로 수많은 작은 권력들로 쪼개지기 때문이라는 것이다.[15] 이렇게 파편화된 권력으로는 큰일을 할 수 없다는 것이 플라톤의 기본생각인 것이다.

이렇게 세 가지 국가 형태가 합법적으로 잘 시행되는 한 민주정은 가장 나쁜 형태이지만, 반면에 이 모든 정치체제들이 아예 정상(正常)에서 퇴락하여 무법적이고 불법적인 상황에 놓여있다면 그 때는 민주정이 최상의 형태가 된다고 하였다. "말하자면 이 형태들이 통제가 되지 않는다면 그때는 민주정에 사는 것이 가치가 있을 것이고, 반면에 잘 질서화 된 경우라면 그때는 가능한 이러한 민주정에 살지 않는 것이 좋다."[16]고 플라톤은 훈계한다.

1.1.3. Nomoi에서의 논의

Philebos가 플라톤 윤리사상의 성숙한 표현이라면, Nomoi는 플라톤 정치사상의 성숙한 전개라고 할 수 있다. 그가 말년에 쓴 이 Nomoi에서는 혼합입헌제, 즉 혼합정의 이론을 개발하고 있다.

여기에서 '혼합(meikitē)'의 의미는 두 가지라 할 수 있는데, 먼저는 어떤 상이한 정체들의 중간에 오는 것을 의미하고, 다음으로는 여러 가지 정체들의 요소가 섞여 있는 것을 뜻한다. 앞의 예로 플라톤은 마그네시아(Magnesia)를 들고, 뒤의 예로 스파르타(Sparta)의 경우를 든다.

Nomoi III에서 플라톤은 스파르타의 제도는 쉽게 어떤 하나의 정체명을 붙여 민주정이니 군주정이니 또는 귀족정이니 독재정이니 명명할 수 없다는 것이다. 스파르타는 이중적 군주직을 지녔다는 점에서는 독재정이고, 원로회의인 Gerousia(γερουσία)가 있다는 점에서는 귀족적이며, 집정관 또는 행정장관인 Ephoros(Ἔφορος)이 있다는 점에서는 군주적이고, 그리고 또 여러 점에서 민주적인 요소도 들어있다는 것이다.[17] 말하자면 스파르타에서는

---

15) Platon, *Politikos*, 303a
16) Platon, *Politikos*, 303b

정치적 힘(ἐξουσία)이 어느 한쪽으로 기울지 않고 균형을 잡고 있다는 것이다.[18]

그러나 플라톤이 어떤 혼합적인 정체(政體)를 운위할 적에는 무엇보다 먼저 그가 정체들의 두 가지 모형이라고 한 군주정과 민주정의 조화를 의미한다. 그는 페르시아의 군주정과 아테네의 민주정을 결합시킬 필요가 있다고 주장했다. 그는 이 두 가지 정체가 각각 극단의 형태로 갈 때는 쇠퇴하고, 가능한 중도적 내지는 중화적(中和的)인 방향(μέτρον τὸ μετρίον)으로 갈 때는 나라가 더 잘 되었었다고 지적한다.[19]

그러므로 민주정에서는 극단적 자유의 구가를 피해야 하고, 군주정에서는 독재적 억압을 피해야 한다. 그래서 무도한 통치자의 극단적 행위와 고삐 풀린 독재적 민중 간의 중도(中道)(μέτρον τὸ μετρίον)를 발견해야 한다.[20] 말하자면 한편으로는 민주주의적 체제를 탁월한 집정관의 힘으로 다소 완화하고, 다른 한편으로는 집정권을 법률 아래 두므로 그 권력의 남용을 막아야 한다는 것이다. 이런 방식을 통하여 플라톤은 현실정치의 이상을 군주정과 민주정의 어떤 중간 위치에서 찾으려는 듯하다.[21]

플라톤의 이러한 주장에 대해 아리스토텔레스는 자신의 *Politica* II/6에서 신랄하게 비판한다. 그는 플라톤이 말한 것처럼 민주정과 군주정 내지는 폭군정의 결합은 최상의 정체가 아니라 최악의 정체라고 보았다. 그렇게 혼합할 바에야 차라리 그 두 가지만 하지 말고 더 다양한 정체들을 혼합하는 것이 더 좋을 것이라고 보았다. 말하자면 모든 정체에서 최선의 요소들만 뽑아서 그것들만 혼합하는 다다익선의 원리를 도입하면 더 좋은 정체를 만들 수 있지 않겠느냐는 주장이다. 아리스토텔레스는 '더 많은 요소로 구성된 정체

17) Platon, *Nomoi*, III, 712d-e
18) George Klosko, op.cit., 220
19) Platon, Nomoi, III, 701d-e; 플라톤의 정치철학에서의 이 중도의 개념에 대해서는 Damir Barbarić, Das Maß. Ein Grundbegriff der politischen Philosophie Platons, in: Andreas Eckl und Clemens Kauffmann(hrg.), *Politischer Platonismus*, Würzburg, 2008, 7~15를 참고하라.
20) George Klosko, op.cit., 221
21) ibid. 222

일수록 더 좋은 것'이라고 하므로 후에 키케로의 혼합정의 이상(理想)에 영향을 주었음이 분명하다. 그러나 추후에 기술하겠지만 아리스토텔레스 자신은 민주정과 과두정의 혼합을 실현가능한 최상의 정체로 보았던 것이다.[22]

1.1.4. 정치체제와 국민만족도

Politeia 587a-588a에서 플라톤은 각 정치체제에서 그 체제 하의 국민들이 어느 정도의 만족도를 누리는지를 언급하고 있다. 이런 국민만족도에 대한 언급을 통하여 그는 먼저는 정치체제에 따른 국민만족도의 우열을 말하고 그것에 비추어 정치체제의 우열에 대한 암시를 다시금 하고 있는 것이다.

정치제제가 그러한 것처럼 정치적 국민형도 가장 선한 군주제형 국민과 가장 악한 독재제형 국민을 극명하게 대조시켜 이 양자는 쾌락에서의 차이만 아니라 삶에서의 품격과 아름다움과 덕성에서도 같은 차이가 난다고 보았다.

피타고라스학파의 Philolaos는 1년을 $364\frac{1}{2}$의 낮과 $364\frac{1}{2}$의 밤으로 보았는데, 플라톤은 군주제에서의 군주 및 그 국민과 독재제에서의 독재자와 그 국민이 만족도의 정도에서 이 숫자 만큼인 729배의 차이가 있다고 보았다. 말하자면 군주제에서의 통치자와 백성은 일 년 내내 즐거운 반면, 독재제에서의 통치자와 백성은 일 년 내내 괴롭게 보낸다는 것이다.

그러면 민주정에서의 국민의 만족도는 어떠한가? 그것은 정치체제의 우열 순서를 보면 드러나는데, 플라톤이 *Politeia* 8권이나 9권에서 내세우는 순서는 군주제-명예지배제[23]-과두정-민주제-독재제로서 앞의 세 가지가 1, 2, 3번을 차지하고 마지막 체제가 9번을 차지하는 반면, 민주제는 6번을 차지한다고 보았다. 그 사이의 단계는 이전 단계에서 다음 단계로 넘어가는 과정적 단계로 분류하였던 것이다.

---

22) Aristoteles, *Politeia*, II/6, 1266a. 아리스토텔레스는 첨언하기를 플라톤의 *Nomoi*에 기술된 정치질서에는 사실상 그의 말과 달리 군주정의 요소는 없고 민주정과 과두정의 요소들만 있으며, 그 중에 특히 과두정의 요소가 강하다고 하였다.

23) *Politeia* VIII/2, 545a-b. 명예를 최고의 가치로 간주하는 정치형태로서 플라톤은 당대의 실례로 크레타와 스파르타를 들고 있다.

이렇게 볼 때, 민주제 속에서의 국민들의 덕성과 미, 그리고 만족도의 수준은 비록 독재제보다는 나은 경우에 해당되지만, 전체적으로는 다양한 체제들 가운데 거의 하위에 있음을 알 수 있다.[24]

1.2. 민주정의 성립과 특징

1.2.1. 민주정의 구성과 폭민정(暴民政)

플라톤은 앞서 민주정은 가난하며, 국사와 같은 공적인 사안들에 무관심한 절대다수의 시민에 의해 주도되는 정치형태라고 보았다. 그러면 이러한 다수의 빈자(貧者)들이 어떻게 지배권을 가지게 되는 것일까?

Politeia VIII/10에서 플라톤은 민주정의 성립과정에는 불법성과 폭력성이 수반되고 있음을 지적한다. 그에 따르면 다수의 빈자들이 자기들의 적대자를 제압하여 일부의 인사들은 국외로 추방하고 또 다른 일부의 인사들은 학살까지 하면서 세력을 잡는다고 보았다. 그리고 남아 있는 자들은 자기들과 같은 권력과 자유를 분점해 가지므로 민주정의 성립이 가능해 진다고 보았다.

그는 이어지는 논의에서 민주주의의 핵심 속성 가운데 자유(自由, ἐλευθερία)의 이념이 있지만, 민주주의는 이미 그 성립과정에서 이미 자유와 반립되는 무력과 폭력을 도입하고 있음을 지적한다. 이렇게 볼 때 플라톤이 보는 민주주의란 그 성립과정에서부터 시민들이 폭민(暴民)들로 바뀌는 것이며, 공포 가운데 무력과 폭력으로 이뤄지는 것임을 알 수 있다.[25]

플라톤 자신이 규정한 이러한 민주주의의 주요 특징은 물론 오늘날의 민주주의가 지니는 속성과도 근본적인 차이가 있다. 그가 말하는 민주주의는 태생적 폭력성을 지니고 있고, 정치주체로 등장하는 그 민주시민들은 이미 일종의 폭민(暴民)들인 셈이다.

---

24) Platon, *Politeia*, IX/11, 587a-588a
25) cf. George Klosko, op.cit. 1986, 10에 의하면 민주주의에 대한 플라톤의 적대감은 그의 개인적인 경제적, 사회적 배경과 결부되어 있다. 플라톤이 속한 아테네의 보수적인 지주계급들은 민주주의와 그것으로 인한 상업경제가 자신들의 경제적 입지에 위협이 되는 것으로 보았다는 것이다.

근·현대사를 보면, 그가 말한 이러한 민주정의 성립과정은 마치 그것과는 상반되는 체제인 러시아와 동구권, 그리고 공산 중국의 성립과정에서 보이는 것과 같은 공산 혁명 내지는 좌파주의적 혁명의 과정과 상당히 흡사함을 볼 수 있다. 근·현대적 정치사상에서는 통상적으로 민주주의와 공산주의는 정치적, 경제적 반립개념으로 등장해 왔는데, 이 고대철학자의 민주주의 이해에 따르면 이 양자는 그 성립에서는 이미 상통하는 개념들인 것이다.

하지만 이러한 성립과정과 달리 시민을 대표하여 나라를 다스리는 자들은 통례적으로 제비뽑기에 의해 선출된다고 본다. 플라톤은 이러한 제비뽑기야 말로 각자가 지니고 있는 다양한 특성의 차이점들, 이를테면 가문이나 교육정도, 그리고 무엇보다 재산정도와 무관하게 누구나 참여하여 뽑힐 수 있는 가장 민주주의다운 선거제도라고 보았다.[26]

1.2.2. 자유와 자유방임주의: 민주정과 폭민정의 갈림길

그러면 민주주의 사회에서의 시민들의 삶의 방식은 어떠하며, 그들의 정부는 어떠한가? 플라톤에 따르면 민주주의 체제 하에서는 사람들도 자유롭고 나라도 자유롭다고 한다.

그러므로 나라 안에서의 모든 것, 이를테면 언론 같은 것도 자유롭다는 것이다. 따라서 이 사회에서 사람들은 분명하게 자기가 기뻐하는 대로 자신의 삶을 조정할 수 있다는 것이다.[27] 그렇다보니 이러한 사회에서는 어떤 사회보다 인간의 다양함이 폭이 가장 커서 마치 온갖 화려하고 다양한 꽃무늬로 번쩍이는 의상과 같이 가장 아름다운 나라로 보일 수 있다고 한다. 다채로운 것을 가장 매혹적인 것으로 생각하는 여성들과 아이들처럼 많은 사람들은 인간의 삶의 습속들과 특성들로 장식된 그런 사회를 가장 아름다운 국가로 간주한다는 것이다.

이렇게 민주사회는 자유(ἐλευθερία)가 지배하므로 온갖 다양한 체제들이

---

26) Platon, *Politeia*, VIII/10, 557a
27) Platon, *Politeia*, VIII/11, 557b

완전하게 갖추어진 곳이라고 보인다는 것이다. 그래서 사람들은 자기가 원하는 체제의 본을 찾기 위해서 그런 체제의 전시관 내지 판매장 같은 민주주의 나라로 간다는 것이다.[28)]

체제가 그러니 그 국가 안에 사는 이들도 어떤 필수적 의무 같은 것은 없다. 누군가 다스릴 능력이 있다고 해도 꼭 그 나라에서 다스릴 필요는 없으며, 반대로 지배를 받기 원치 않는다면 지배를 받을 필요도 없다. 또 다른 사람이 전쟁을 한다고 해도 내가 원치 않으면 전쟁하지 않아도 되고, 반면에 다른 사람들이 평화를 원한다고 해도 내가 원치 않으면 그렇게 할 필요도 없다는 것이다. 그리고 내가 직위를 가지는 것이나 재판관이 되는 것을 어떤 법률이 금한다고 하더라도 내가 그런 일을 꼭 맡지 않아야 할 이유가 없는 것이라고 한다.

여기에서 플라톤이 가지고 있던 민주주의상(像)과 오늘날 법치(法治)민주주의의 형태와는 사뭇 차이가 있음을 볼 수 있다.

플라톤이 말한 민주주의는 일종의 무정부주의(無政府主義)나 자유방임주의적인 특성을 지니고 있다. 말하자면 국가의 법률이 개인의 자유에 관여하지 못하게 되어있는 것이다. 플라톤이 기술한 민주주의 체제란 개인에게는 국가에 대한 의무가 거의 없이 완벽한 자유가 주어져 있는 사회이다. 심지어 유죄판결을 받아 추방 내지는 사형언도를 받아도 태연히 시내를 돌아다닌다는 것이다.

1.2.3. 민주정의 위기에서 본 구성원들

Politeia VIII/13에서 플라톤은 그러면 이러한 민주주의 체제 내에서 자유와 방종의 극단으로 치달아 결국 그 사회를 몰락시키고 노예체제로 가게 하는 요인들이 무엇인지 보다 심층적으로 분석한다.

그는 먼저 민주주의 체제로 가게 하는 과두제의 병이 있는 것처럼 독재제로 가게 하는 민주주의 체제의 병이 동일하게 있다는 것이다.

---

28) Platon, *Politeia*, VIII/11, 557d

이것을 설명하기 위해 플라톤은 양봉(養蜂)의 비유를 들고 그것에 따라 민주주의 체제를 이루는 세 가지 구성원을 열거하고 있다.

　첫째는 수벌에 해당하는 구성원들이다. 벌집에 수벌이 생기면 벌집 전체에 해(害)가 되듯이 나라에 이런 이들이 생겨나면 나라에도 병이 든다고 하였다. 그러면 수벌은 어떤 자들인가? 본래 벌집 안에는 산란하고 전체를 이끄는 여왕벌이 있고, 또 암컷으로 일하는 일벌, 그리고 일은 일체하지 않고 여왕벌과의 교미만 하는 수벌, 이렇게 세 종류의 벌들이 있다. 그런데 수정란에서 생기는 여왕벌과 일벌은 침이 있는데 비해, 미수정란에서 생기는 수벌은 침이 없다. 이것은 스스로는 먹이를 구하지 못해 봄, 여름에는 일벌이 모아들인 꿀로 살아가지만, 가을 이후에는 일벌에 의해 벌집 밖으로 쫓겨나 추위와 기아로 죽는 것이다.

　소수 지배체제를 설명한 VIII/7, 552c에서 수벌의 예를 미리 들고 있는 플라톤은 이러한 수벌에 두 가지 종류가 있다고 전한다.

　하나는 우리의 예에서 보는 날개가 있어서 날 수는 있지만 침이 없는 수벌이 있는 반면, 침은 있지만 날개가 없어서 기어 다니면서 사는 수벌도 있다는 것이다. 전자는 늙어서 벌집에서 쫓겨나 거지로 사는 수벌이고, 후자는 악한의 상징이라는 것이다. 그러면서 소수 지배체제에서도 태만하고 낭비하는 족속들은 수벌에 해당되는데, 그 가운데서 용감한 자는 침을 가진 수벌이요, 겁 많은 자는 그를 따르는 침 없는 수벌 같다고 했다.

　하지만 자유는 소수 지배체제에서보다 민주주의 체제에서 수벌을 더 많이 만든다는 것이다. 왜냐하면 소수 지배체제에서 그들은 자격을 박탈당하고 자리에서 쫓겨났으며 훈련되어 있지도 못하고 힘을 모을 수도 없는 반면, 민주주의 체제에서 그들은 거의 전적인 지배 권력층이 되었기 때문이다. 그중에서 사나운 자들은 발언도 하고 행동도 하며, 나머지 자들은 연단둘레에 모여들어 그들을 도우면서 분위기를 잡고 다른 발언을 하는 자들을 그냥 놔두지 않는다는 것이다. 따라서 민주주의 체제에서 거의 모든 것들이 이러한 수벌들에 의해 이뤄지게 되는 것이라고 보았다. 그래서 이들은 근본적으로 척결 대상으로 간주된다는 것이다.

플라톤은 벌집에서와 같이 국가에서도 그것이 소수 지배체제든 아니면 민주주의 체제이든 간에 먼저 수벌이 생겨나지 않도록 유의하고, 혹 생겨나게 된다면 벌집을 송두리째 제거해 버려야 한다고 교훈한다.29) 이들이 국가를 좀먹는 세력이라 본 것이다.

두 번째 계층은 항상 대중과는 구별되어 있는 벌꿀의 저장소(貯藏所)와 같은 이들이다. 이들은 착실한 사람들로 무역하는 나라들에서는 가장 부유한 부자들이다. 이들은 가장 큰 압력을 받을 수 있는 자들로 소수이지만 수벌들에게 가장 많은 양의 꿀을 제공해 주는 이들이다. 수벌은 이들에게서 꿀을 얻어 사는 것이다.

세 번째 계층은 자기 손으로 일하는 자들로 구성된 이들로, 플라톤이 비유하지는 않았지만 열심히 일하는 일벌 같은 민중(民衆)이라 할 수 있다. 이들은 공적인 일에 관여하기 싫어하고 많은 재산을 갖고 있지는 않은 자들이다. 하지만 민주주의 사회에서 가장 큰 계층이면서 동시에 회집(會集)이 있을 때면 가장 힘(ἐξουσία)이 센 계층이다. 그런데 이들은 약간이라도 꿀을 얻지 못하면 잘 모이려고도 하지 않는다. 따라서 수벌 같은 지도자들은 부요한 자들의 재산을 빼앗아 대부분은 자기들이 갖고 극히 일부분을 떼어 가난한 사람들에게 나눠 주곤 한다는 것이다.

이런 방식으로 약간의 이익을 보는 민중은 늘 어떤 한 사람을 자기들의 앞잡이로 내세워 그를 강력한 정치지도자로 만드는 경향이 있다는 것이다. 이에 플라톤은 "이러한 배경이 한 명의 독재자가 나오는 뿌리가 된다. 그는 처음에 등장할 때는 민중의 보호자로 등장하는 것이다."30)라고 말하고 있다.

---

29) Platon, *Politeia*, VIII/15, 564b
30) Platon, *Politeia*, VIII/16, 565d

하여튼 이렇게 볼 때 플라톤이 본 민주주의 사회는 세 구성원들, 즉 착취자들, 착취자들에게 빼앗기는 성실한 소수의 부자들, 그리고 가난한 다수의 대중으로 구성되어 있는 것이다.

1.2.4. 폭민정 속에서의 청년세대

민주정이 선동적 중우정으로 변질하는 과정에서 주요역할을 하는 중심세력은 오늘날의 정치현상을 감안해 보면 소위 좌파의 시각에서는 보수적 노인층이고, 우파적 관점에서는 청년세대인지 모른다.

폭민정으로 나아가는 민주주의 사회에서의 이러한 변질에서 플라톤은 유독 청년세대를 주목하고 있다. 우리는 그가 지켜본 당대 청년세대에서 오늘날 이시대의 청년들의 모습을 읽을 수 있다.

위에서 살펴본 대로 플라톤이 이해하는 민주주의 사회는 이렇게 용서와 관용의 정신이 지배하고, 사소한 것에 대해서는 불관여와 초연함의 태도가 있다. 이렇게 하다 보니 교육을 통해 인간을 계발하고 교화시키려는 플라톤이 본래부터 꿈꾸던 교육적 이상이 무시되고 그것이 성취될 여지가 없었던 것이다. 따라서 극히 드문 현상이지만 생래적으로 탁월한 소질을 지니고 있는 이들을 제외하고는 훌륭한 사람이 만들어질 수가 없다는 것이다.

그런데 민주사회에서 사람들은 이상적 인간상을 향한 인간의 계발과 교육 이념 같은 것은 깡그리 무시해버릴 뿐 아니라 사람들이 어떤 생활방식을 갖는지에 대해서도 일체의 관심이 없다는 것이다. 그러다보니 이런 사회에서는 오로지 사람들의 친구가 되어주고 호감과 인기만 있는 사람이면 영예를 얻게 된다는 것이다.[31]

Politeia VIII/13에서 플라톤은 민주주의 사회에서의 청년들에 대해 비교적 소상하게 설명하고 있다. 먼저 그들은 이런 사회에서는 앞서 서술한 바대로 이성을 계발시키는 좋은 교육을 받지 못하고 제대로 된 교양함양이 없이 자랐

---

31) Platon, *Politeia*, VIII/11, 558c

다는 것이다. 그리고 수벌 같은 선동적 지도자들이 부요한 자들에게서 빼앗다시피 한 꿀을 주면 그 꿀맛에 취해 버린다는 것이다.

그래서 청년들은 아무런 경계의식 없이 그런 다양한 자신들의 욕망을 채워주는 여러 방안을 지니고 있는 무서운 짐승 같은 선동적 지도자들에게 다가가 그들과 교류하게 된다는 것이다. 이러한 과정에서 그들 안에 있는 욕망들은 외부에서 오는 그것과 동일하거나 유사한 욕망들과 일종의 카르텔(연합)을 맺게 되어 더욱 더 타락해 간다는 것이다.

그러면 청년들의 이러한 타락에 부모들은 가만히 있을까? 아버지들이 타이르거나 꾸중할 수도 있고 가족구성원 가운데 다른 이들이 바른 가르침을 줄 수도 있다. 이러한 가르침을 받아 그것으로 인해 청년의 내부에는 욕망에 대한 반란이 일어나 일종의 내적 전쟁이 벌어질 수도 있다.

하지만 반면에 부모나 정신적 스승 내지는 기성세대[32]가 청년들을 타이르거나 꾸중을 하지 않고 도리어 그들의 욕망에 협조하고 심지어 동맹할 때, 청년들은 더 곁길로 갈 수가 있다고 보았다. 플라톤은 특히 아버지가 지도하지 못하는 것은 무엇보다 아버지의 무식(無識)이 중요한 역할을 했을 것으로 추정하였다. 이는 지식이 곧 덕이요(知德合一), 무지(無知)가 부덕(不德)이라는 그의 스승 소크라테스의 가르침이 반영된 논리라고 볼 수 있다.

하여튼 내적 욕망과 외적 욕망의 결합도 있지만 부모와 기성세대의 욕망적 동맹도 청년들을 더 크게 곁길로 인도할 수 있음을 그는 지적한 것이다. 이런 욕망의 다양한 카르텔은 플라톤에 따르면 청년의 내부와 삶에서 더 많은 다른 욕망들을 산출하게 된다. 이렇게 강력해진 욕망들은 젊은이들의 영혼에서 이성을 몰아내고 그 영혼의 주인이 되어 그를 좌우한다. 그리고 이렇게 강력한 욕망의 지배를 받는 젊은이들은 밖으로도 허풍의 언사나 허언(虛言)을 하게 된다.

---

32) 플라톤이 이 본문에서 아버지를 위시한 가족구성원 외에 어떤 정신적 스승 내지는 기성세대 같은 것을 명시적으로 말하지 않지만 청년들을 계도할 수 있는 세력을 감안해보면 이것을 상정할 수 있다. 그의 스승 소크라테스야말로 이러한 역할을 하였던 것이다.

결국 그는 덕에서 멀어져 아름다운 덕목(德目)들인 절제나 중용, 그리고 금전의 바른 사용은 배척하고 몰아낸다. 그리고 그들은 그런 것들 대신 오만과 무질서, 낭비와 몰염치에 빠져 불필요한 쾌락에 몰입하고 또 그것을 위해 금전을 허비한다는 것이다. 그들은 '오만을 좋은 성장, 무질서를 자유함, 낭비를 의연함, 몰염치를 용기(勇氣)라 부르면서' (560e) 그것들에 왕관을 씌워 자기 영혼을 다스리게 했다는 것이다.

이러한 상태는 좋지 않은 쾌락은 절제해야 한다는 바른 가르침도 배격하고 술과 음악에 빠지거나 혹은 물만 마시면서 몸을 여위게 하며, 때로는 스포츠에 열을 올리게도 한다는 것이다. 그리고 때론 인생론을 논한다고 하지만 근본적으로 한편으로는 욕망추구에, 다른 한편으로는 게으름에 빠져 살아간다는 것이다.(561c-d)

2,500여 년 전 희랍의 민주사회에서의 청년들에 대한 플라톤의 이러한 진단과 비판은 놀랍게도 오늘날 이 땅의 젊은이들의 삶의 모습을 진단한 듯 놀랍기만 하다. 어쩌면 우리 시대의 젊은이들도 술에 취하고 다양한 전자기기를 통하여 대중음악 청취에 몰입하며, 식사를 조정하면서 다이어트를 하고, 영국의 프리미어리그나 스페인의 프리메라리그 같은 축구, 그리고 국내의 프로야구 같은 스포츠 경기에 열광하고 있는 것이다. 기본적으로 그 시대나 이 시대나 청년들이 저지르기 쉬운 문제는 한편으로는 자신의 욕망 충족에 과도하게 몰입하고, 다른 한편으로는 일상의 게으름에 빠져서 산다는 것이다.

그런데 플라톤이 자기 시대를 바라볼 적에는 청년들이 그러한 정도로 머무는 것이 아니라 종종 정치무대에도 뛰어들거나 관여하고 심지어 대중을 향한 연설도 한다는 것이다. 문제는 그런 연설에 있어 깊은 이성적 성찰과 합리적 논의의 과정을 거쳐 말하는 것이 아니라, 즉흥적으로 말하고 머리에 떠오른 대로 함부로 내뱉는다는 것이다. 이는 마치 오늘날 좌우 정치이념에 몰입하고 인터넷에 온갖 격한 감정을 쏟아내고 있는 이데올로기 경향성을 띤 우리 사회의 청년들의 모습을 폭로하고 있는 듯하다.

그러다보니 청년들은 직업도 즉흥적으로 선택하는데, 정치가의 영예가 탐나면 정치가가 되려고 하고, 군인의 용맹이 부러우면 군인이 되려고 하고, 돈을 많이 버는 장사치가 우러러 보이면 장사치가 되려고 한다는 것이다.

이러다보니 '그의 생활에는 질서도 없고, 꼭 해야 할 어떤 필요성이 있는 것도 없는 것이다. 하지만 그들은 오히려 이런 삶을 즐겁고 자유롭고 행복한 삶이라고 부르며 평생 그렇게 살아간다.' 33)는 것이다. 이것이야말로 과두정에서 민주주의 체제로 넘어가는 과정에서와 그 이후 민주사회에서의 청년들의 모습이라는 것이다. 플라톤은 청년들의 변질을 크게 우려한 그 시대의 좋은 교육자인 셈이었다.

1.3. 민주정 내지 폭민정의 몰락과 대안

1.3.1. 민주주의의 문제점

플라톤이 말한 민주주의의 이러한 특성을 몇 가지로 정리해보면 다음과 같다.

첫째, 민주주의는 우선 일반시민들 내지는 민중이 정치적 주권을 행사하고 실질적 국가권력을 지닌다는 점이다. 따라서 이러한 민주주의는 국민 다수에게 매력적인 정체(政體)로 나타난다는 점이다.

둘째, 민주주의는 다양성(多樣性)으로 가득 차 있다. 군주제나 과두제가 모든 분야에서 획일성이나 비(非)다양성을 특성으로 지니고 있는 데 비해, 민주주의는 사회의 주체가 다수 국민이어서 그들의 의식과 삶을 반영한 다양성이 나타나는 것이다.

셋째, 민주주의는 자유(自由)와 평등(平等)을 절대가치로 내세운다.

넷째, 그러다 보니 민주주의는 기본적으로 무질서하며 무정부주의적(無政府主義的)이다.

---

33) Platon, *Politeia*, VIII/13, 561d

다섯째, 동등한 사람들에게나 동등치 않는 사람들에게 한결같이 동등의 원리를 적용하는 것이라고 보았다.[34)

이상에서 볼 때 플라톤이 보는 민주주의의 특징에는 이미 그 정치질서의 문제점들도 드러난다.

첫째, 민주주의 체제는 개인이 갖는 다양한 능력의 차이가 고려되지 못하고 모든 사람들이 시민으로 출생했다는 이유로 동일한 권한을 주는 불의한 제도라는 것이다.

이 제도는 외형적으로는 다양성을 인정하나 실제로는 출신 배경과 교육 정도, 전문지식이나 능력 정도, 개인적인 성취, 그리고 덕에서 차이가 있는 이들을 일체의 평가와 고려 없이 천편일률적으로 동등하게 취급하고 있음이 보인다는 것이다.

플라톤에 따르면, 민주주의란 엄연히 불평등한 것을 한결같이 평등한 것으로 다루는 모순을 범하고 있는 나쁜 제도이다.

둘째, 나아가 민주주의는 결국 다수주의(多數主義)에 기초하는데, 이것은 양적 평등에 따르는 다수중심원리를 표방하는 것이므로 여기에는 질적 고려가 일체 되지 않으므로 전혀 바르거나 맞지 않는다는 것이다.

셋째, 민주주의 사회에서는 있는 그대로의 다양성과 자유를 인정하다보니 훌륭한 사람으로 키우기 위한 자기계발과 교육이 제대로 이뤄지지 않을 가능성이 있다는 것이다.

플라톤은 민주주의 사회가 보여주는 개방성과 관용성을 통렬하게 비판하고 있다.[35) 그에 의하면 민주주의는 게으름을 방조하고 자기계발과 발전노력을 방치하는 제도이고, 옳음과 그름, 우등과 열등을 구분하지 않고 그런 차이를 그대로 허용하고 수용하는 과도한 관용을 보이는 제도이다.

---

34) Platon, *Politeia*, VIII/11,558c
35) Platon, *Politeia*, 557b-d, cf. George Klosko, op.cit., 12.

넷째, 민주주의 사회에는 개인의 자유를 과다하게 보장해주므로 국가가 제시할 국민으로서의 의무나 공동체를 유지시키기 위해 정해진 법에 따른 질서를 제대로 지키지 못하는 문제점이 있다고 보았다.

이러한 정치질서 하에서 시민들은 비합리적인 행동을 보일 뿐 아니라 심지어 방종으로 치닫기도 하므로 국가운용이 비정상화되고 비합리적인 방향으로 치닫는다는 것이다. 플라톤은 이러한 대중의 성향을 두고 '다수의 정신 나간 짓거리'[36]라고 불렀다.

다섯째, 따라서 국가법이 개인의 자유를 침해하는 부정적인 것으로 간주되면서 법의 집행이 이뤄지지 못하고, 그로 인해 국가 전체가 무법적이고 무질서적으로 될 수 있음을 지적하였다.

여섯째, 특히 권력의 분점화(分點化)를 넘어 과도하게 세분화되고 파편화되어 거의 통치와 지배가 사라져 버린 형태가 되고 만다는 것이다. 플라톤에게서 민주주의란 '지배하는 주체가 사라진 잡색(雜色)의'[37] 국가체제에 지나지 않는다.

일곱째, 정치권력의 주체인 대중의 인기에 부합하기 위하여 인기영합주의자들이나 대중선동가들이 대중적 지지를 얻어 국가를 움직일 수 있다는 점이다.

여덟째, 그러한 인기를 얻은 자들이 점차 권력을 독점하여 민주주의 체제가 붕괴되고 독재정으로 변환될 가능성이 있다는 점이다.

아홉째, 대중은 주로 가난한 서민 중심으로 사욕은 발휘하나 국가의 일이나 공적인 일에는 무관심한데도 그들에게 국가를 좌우할 수 있는 기본적인 권력이 주어져 그들이 그것을 행사하여 국가가 위기에 빠지거나 심지어 근간이 흔들릴 위험이 있다는 점 등이다.

이렇게 플라톤에게 있어서 민주주의는 법치가 이뤄지는 정상적인 상태에서도 '불의한 체제들(ungerechten Verfassungen)'[38] 가운데 하나이다. 이 불의한

---

36) Platon, *Politeia*, 496c
37) Platon, *Politeia*, 558c
38) Dorothea Frede, Die ungerechten Verfassungen und die ihnen entsprehenden Menschen, in: Ottfried Höffe, *Platon Politeia*, Berlin: Akademie Verlag, 1997

체제는 플라톤에게 있어 최상의 형태요, 의로운 체제로 간주되는 '철학자 통치국(Philosophenpolis)' [39]이나 또는 실력 있고 능력 있는 엘리트들이 다스리는 '급진적인 수재(秀才)정치(Meritokratie)' [40]하고도 거리가 멀다.

1.3.2. 민주정과 폭민정의 경계점: 절대자유와 절대평등

이러한 민주정의 특성과 문제점 가운데 플라톤이 가장 중요시했던 민주주의의 핵심이념이 바로 누구에게나 주어진 자유(ἐλευθερία)이다. 대중에게 무차별적으로 주어진 이 자유야말로 민주정과 폭민정의 경계에 서 있고, 전자가 후자로 변질될 수 있는 가장 위험한 요소라는 것이다.[41]

그의 제자 아리스토텔레스처럼 플라톤도 다른 정체들과 달리 민주정이 지니는 가장 큰 차이는 일반시민들에게 정치권력뿐만 아니라 자유가 주어진 점이라고 보았다. 자유는 나쁜 정치체제인 민주정에서도 우선은 가장 긍정적으로 볼 수 있는 가치였다.

하지만 플라톤은 무차별적으로 주어진 자유개념에서 민주주의 체제의 몰락의 원인을 발견했다. 그 자유에 절대가치를 부여하여 성문법이나 불문법을 무시하므로[42] 모든 국가운영이 이 바탕 위에서 이뤄지므로 국가는 위기를 맞는다는 것이다. 국민들은 경계 없는 자유에 대한 욕망 때문에 국정운영자들이 자유를 무제한적으로 허용하지 않을 경우에 그들을 소수 지배체제의 잔당(殘黨)들로 간주하면서 그들에게 대항할 것이라고 보았다.

이렇게 하여 사람들은 고삐 풀린 망아지처럼 자유의 과잉 속에서 머물게 되어 결국 사회는 무질서한 혼란에 빠지고 국가는 무정부주의 상태(ἀναρχία)로 바뀔 수 있다는 것이다.

---

39) Wolfgang Kersting. *Platons 'Staat'*, 1999, 263
40) 이 개념이 담고 있는 사상은 이미 고대 헬라철학자들에게서 보여진다고 하더라도 그 개념을 처음 사용한 것은 1958년 영국의 사회학자요 정치학자인 **Michael Young**이 자신의 저서 *The Rise of the Meritocracy 1870 - 2033: An essay on education and inequality.* London: Thames & Hudson에서 였다. 그에 따르면 merit는 타고난 재능에다가 노력이 더해진 형태의 것이다. cf. Schwaabe 2007a, 29
41) Platon, *Gorgias*, 515b~517a; cf.George Klosko, op.cit.,14 는 플라톤이 민주정을 그렇게 비판한 것은 그가 경험한바 아테네시민들이 보여준 극단적인 형태가 그 마음에 있었기 때문이라고 하였다.
42) *Politeia* VIII/14, 563d

나라가 이렇게 되면 순종(順從)의 가치도 부정적인 것으로 간주되어 그것이 가정까지 영향을 준다고 보았다. 아버지는 자식의 수준으로 떨어지고 그들을 두려워하게 되며, 자식은 그의 아버지와 같은 수준에서 아버지를 두려워하거나 존경하지 않게 되는 것이다. 말하자면 가정의 질서가 무너지고 인륜이 무너지게 된다는 것이다. 그리고 플라톤이 예를 들지 않았지만 훗날 키케로의 경고에서 잘 드러나듯이 사회에서도 젊은이들이 어른들을 무시하고 공경하지 않게 되는 것이다. 이러한 플라톤의 선지자적 예견은 실상 오늘날 우리 사회도 만연해 있다.

하여튼 그는 이어서 다른 예를 드는데, 곧 남자가 여자에 대해, 여자가 남자에 대해 동등하다고 생각하며, 외국인이 시민과 그리고 시민은 외국인과 동등하게 된다는 것이다. 그리고 그의 시각에서 더 이상한 것은 노예가 그 주인과 동등하게 되며, 심지어 짐승들도 사람과 같은 자유함을 누리게 된다는 것이다. [43]

결국 절대자유는 절대평등을 요구하는 것으로 나아간다는 것이다. 그리고 이러한 식의 자유와 평등에의 요구는 국가를 방종과 무질서로 이끌어 결국 민주주의 체제를 붕괴시키는 암초가 된다는 것이다.

여기에서 플라톤은 무엇이든 정도가 지나치면 결국 그 반대로 가게 된다고 보았다. [44] 말하자면 민주주의가 그것의 이상인 자유와 평등을 극으로 몰고 가면 자유가 전혀 없는 독재정으로 갈 수 밖에 없다고 경고하고 있다. '자유의 과잉은 노예상태의 과잉으로 변화할 수밖에 없다.' (564a)는 것이다. [45]

나아가 플라톤은 민주주의 체제 하에서와 달리 소수 지배체제에서의 국가의 몰락요인으로 부요에 대한 탐욕도 지적하고 있다.

---

43) Platon, *Politeia* VIII/14. 563c플라톤은 민주주의 사회에서는 자유와 평등의 과잉으로 인해 심지어 개들도 안주인처럼하고, 말이나 나귀도 거드름을 피우면서 걷는다고 한다. 그래서 그 짐승들이 길에서 사람을 만나도 비켜주기는커녕 오히려 일부러 부딪치기까지 한다고 보았다. 플라톤이 민주주의의 문제점을 얼마나 심각하게 인식하고 있는지를 생각하게 한다고 할 수 있다.

44) Platon, *Politeia* VIII/15, 564a: 어떤 것이 과잉에 이르면 그것의 반대방향으로 간다는 예를 플라톤은 정부의 형태외에 계절의 변화에서, 초목에서, 동물의 삶에서도 찾고 있다.

45) 민주정에서의 자유와 평등에 대한 플라톤의 비판에 대해서는 Andreas Eckl, Platons Kritik an Freiheit und Gleichheit in demokratischen verfassten Gesellschaften, in: Andreas Eckl und Clemens Kauffmann(hrg.), *Politischer Platonismus*, Würzburg, 2008,129~137를 참고하라.

Politeia VIII/14에서 그는 먼저 소수 지배체제에서 사람들이 선으로 생각하는 것은 부요인데, 이러한 부(富)가 그런 체제를 만든 성립원인이면서도 동시에 망하게 하는 몰락요인이 됨을 지적하고 있다. 즉 부에 대한 과도한 탐욕과 그것에만 골몰하는 것이 국가위기의 요인이 된다는 것이다.

1.3.3. 폭민정을 넘어선 진정한 민주주의

민주정에 있어서 플라톤이 가장 경계한 것은 그 민주주의가 선동주의로 바뀌는 순간 독재정(獨裁政)의 탄생이 성립될 수 있다는 점이었다. 플라톤에 의하면 과두정은 민주정으로 바뀌고, 이제 민주정은 독재정으로 바뀔 수 있다는 것이다. 독재정이 존재하는 정치형태 가운데 가장 안 좋은 것임을 고려하면 민주주의가 변질되어 선동주의로 전환되면 최악의 정체로 퇴락될 수 있음을 경고한 것이다.

여기에서 우리는 플라톤이 민주주의 자체의 문제점을 애당초 인식했지만 그것보다 그것의 극단적 형태와 독재정으로의 변질을 훨씬 더 우려했음을 볼 수 있다. 따라서 독재제는 자연히 민주주의로부터 생겨나며, 독재제와 노예제의 가장 악화된 형태는 자유의 가장 극단적인 형태에서 나온다는 것이다.

이렇게 그는 민주주의의 특징은 자유의 과잉, 평등의 과잉을 경고하면서 행간의 메시지로 중용(中庸)과 절제(節制)의 정치를 주장하고 있는 것이다. 우리는 그가 한편에서는 민주주의란 정체 자체가 어쩌면 그렇게 이행될 수밖에 없는 불가피성을 말하면서도, 다른 한편에서는 그러한 극단으로 가지 말아야 한다는 그 중심의 뜻을 읽을 수 있는 것이다.

그러한 중용과 절제의 정치는 비단 민주주의에만 적용되는 것이 아니라 과두정과 같은 다른 정체에도 적용되는 동일한 원리이다. 그래서 그는 '과두체제의 몰락이나 민주체제의 몰락이나 같은 것이다.'(563e)라고 주장한다.

따라서 우리는 플라톤의 가르침에서 민주정이 퇴락하는 것을 막는 데는 다음과 같은 서너 가지의 보완장치가 있을 수 있음을 알 수 있다.

먼저는 시민들이 과도하게 자유와 평등의 시행을 요구하지 않으며, 무엇보다 법질서를 분명하게 준수해야 한다는 점이다. 그리고 그들이 자기들을 대변하는 정치지도자를 내세울 때 자체적인 검증절차와 견제기능이 있어야 한다는 점이다. 또 그러한 일을 감당하기 위해서는 민중의 시민의식 및 정치의식의 상승이 요구된다는 점이다.

나아가 민중은 지도자를 선정하여 그들을 밀어주면서도 자신들의 지나친 이익을 반영시키려고 해서는 안 된다는 것이다. 오히려 이제는 그들에 대한 감시기능을 하고 때로는 견제역할을 해야 하는 것이다. 실제로 그렇게만 되면 선동정치가 쉽게 뿌리내리기 어려울 것으로 보인다.

그리고 마지막으로 민중의 힘으로 등장한 정치지도자는 이제는 민중이 아니라 국가 전체를 위한 정책구상이나 발전을 도모해야 하고, 그러면서도 민중을 계도하고 이끌 정도의 민중에 대한 영향력을 유지해야 한다는 점이다.

2. 아리스토텔레스에게서의 민주정과 중우정

아리스토텔레스의 철학은 대체적으로 플라톤의 사상에 대한 비판적 반성과 극복적 시도로 시작된다고 해도 과언이 아니다. 존재론을 전개함에 있어서도 그는 스승의 유명한 이데아론과 이원론(二元論)을 신랄하게 비판하므로 시작했다. 정치론에 있어서도 아리스토텔레스는 *Politeia*와 *Nomoi*에 나타나는 소크라테스-플라톤의 사상을 여러 군데에서 예리하게 비판한다. 그럼에도 불구하고 아리스토텔레스의 존재론은 물론 정치사상에서도 여전히 스승과 대스승의 흔적이 남아있다.

아리스토텔레스는 이데아계를 부인하였어도 신의 존재는 부인하지 못했으며, 심지어 인간의 영혼 가운데서 신성한 능동적 이성(νοῦς ποιητικός)은 지상에서 온 것이 아니라 '밖에서 왔을 뿐 아니라 그것만 신적(Λείπεται δὲ τὸν νοῦν μόνον θύραθεν ἐπεισιέναι καὶ Θεῖον εἶναι μονον)'46)이라고 하므로 플라톤이 말한 초월적인 세계를 전적으로 부인하기는 어려웠다.

마찬가지로 자신의 *Politica*에서 소크라테스-플라톤의 정치사상을 날카롭게 비판했지만 그래도 기본적으로 여섯 가지의 정체를 구분하는 방식도 유사하고, 민주주의의 문제점을 인식하면서 어떤 유든 하나의 혼합정이 현실적으로 가능한 정체 가운데서는 가장 나은 것이라고 본 점에서도 일치한다.

실로 그의 *Politica*는 일반적인 정치이론은 물론 민주정에 대한 논의에 있어서도 같은 주제의 플라톤의 저작보다 더 체계적이고 방대하다. 그러나 고대사회에서는 '정치철학의 우상서(偶象書, ein Kultbuch der politischen Philosophie)'47)인 플라톤의 *Politica*에 비해서는 별다른 영향을 주지 못했던 것이다. 아리스토텔레스의 이 저서는 겨우 12세기에 가서야 서방세계에 비로소 알려지게 되었던 것이다.

하지만 이 저서는 오늘날의 시각에서 볼 때에는 많은 시사점을 주는 정치이론서이므로 앞서 다룬 플라톤의 세 권의 저서와 달리 아리스토텔레스에게서는 이 한권의 책을 중심으로 그의 정치사상, 무엇보다 민주정에 대한 사상을 살펴보고자 한다.48)

아리스토텔레스도 플라톤처럼 우선 빈민층인 다수의 민중이 참정권을 획득하여 국정에 영향을 주고 관여하는 민중정치에 대해 신랄한 비판을 가하고 있다. 그에 의하면 이 민중은 자신들의 유익 때문이나 아니면 선동에 의해 움직이는데, 이들은 기본적으로 정치에 대한 기본적 양식도 없고 또 자신들의 정치적 행위에 대한 일관성도 없다는 것이다.

그 스스로 중우정치(ochlocratia, ὀχλοκρατία)라는 개념은 사용하지 않았지만, '민주정(democratia)'이라는 용어에 담긴 갖가지 부정적인 특징들을 부각시키므로 실질적으로 중우정치를 설명하고 이에 대한 비판을 가한 셈

---

46) Aristoteles, *De Gen. Anim.* II, 3, 736 b 27-8
47) Walter Reese-Schäfer, *Antike politische Philososphie zur Einführung*, Hamburg 1998, 118
48) 그의 *Politica*의 일반적 설명에 관해서는 Otfried Höffe(hrg.), *Aristotles. Politik,* Berlin, 2001; Barbara Zehnpfennig(hrg.), *Die "Politik" des Aristoteles*, Berlin, 2012을 참고하라.

이었다. 그러면서 중용(中庸)의 정치형태로 중산층 중심의 중산정(中産政) 내지는 혼합정(混合政)을 현실적인 대안으로 제시하게 되었다.

아리스토텔레스는 자신의 *Politica*에서 다양한 정체들을 논의하는데, 독재정도 다루지만 주로 민주정과 과두정을 중심으로 논하고 있다. 플라톤이 이상국가(理想國家)를 꿈꾸었다면, 아리스토텔레스는 국가의 이상(理想)을 꿈꾸었다. 그는 4세기 헬라지역의 여러 Polis들에서 실제적으로 구현될 수 있는 정치질서들을 논하고 있다. 그리고 당시와 이전의 여러 국가형태들을 구체적인 예로 들면서 이에 대해 설득력 있는 설명을 덧붙이고 있다.

이제 무엇보다 민주정 내지는 중우정에 대한 그의 견해를 살펴보기로 하자.

2.1. 국가와 시민[49]

아리스토텔레스가 민주정을 논할 때 가장 중요시한 주제는 그것의 권력주체인 국민(國民) 또는 시민(市民)이었다. 따라서 우리는 그의 민주정이나 중우정을 논하기 위해서는 먼저 시민이 누구인지, 또 그들이 이루는 국가는 어떠한 것인지 살펴보아야 한다.

*Politica*의 제1권에서 그는 국가란 일종의 공동체인데, 그것도 모든 유의 공동체 가운데서 최종적인 형태라고 했다.

아리스토텔레스는 존재의 4대 원인을 말하면서 목적인(目的因)을 중요시하며 모든 존재는 목적 지향적이라고 했는데, 그러면 국가의 목적은 무엇인가? 그는 모든 공동체가 그러하듯이 국가도 어떤 공공적 선(善)을 이루기 위해 자연의 창조물로 세워졌다고 하였다. 그리고 이러한 국가라는 공동체를 이루고 있는 인간은 본성상 정치적 동물(zoon politikon, homo politicus)이라는 것이다.

이어서 그는 국가를 이루고 있는 구성원인 시민은 도대체 누구이며, 또 시민이라는 말이 의미하는 바가 정확하게 무엇인지 묻고 있다. 그에 따르면 시민

---

49) 플라톤이나 아리스토텔레스가 이러한 정체논의에서 염두에 둔 국가는 바로 도시국가인 polis 이므로, 본고에서는 그 구성원을 오늘날 우리의 이해의 측면에 따라 '국민' 또는 '시민' 등 다양하게 사용하려고 한다.

이라는 개념규정에서도 어떤 일반적인 합의가 없으며 다양한 견해가 난무한다. 한 가지 분명하는 것은 민주사회에서의 시민은 과두정에서는 종종 시민이 아닐 수 있다는 점이다.

여기에서 아리스토텔레스는 우리가 단순하게 수용해왔던 시민의 조건이나 자격에 대해 엄밀한 기준을 적용한다. 그는 우선 귀화하여 시민이란 명칭만 얻은 이들은 배제한다. 그리고 거주하는 지역에 따라 정의하는 것도 틀리다고 한다. 노예들도 그 지역에 존재하기 때문이다. 또한 법정에서의 고소(告訴權)과 피소(被訴)도 시민의 요건이 아니라고 본다. 왜냐하면 외국인들도 그러한 권한을 지니기 때문이다. 나아가 너무 어리거나 국가적 의무에서 면피한 노인들도 제외되어야 하고 끝으로 투표권을 박탈당했거나 유배 중인 이들도 배제되어야 한다고 주장한다.

따라서 아리스토텔레스는 엄격한 의미에서 시민(市民)이란 이러한 제한이 없는 가운데 사법의 집행과 공직에 참여하는 사람을 뜻한다고 정의한다. 이러한 시민에 관한 정의의 관점에서 아리스토텔레스는 민주정에서의 시민이 그것의 본의에 가장 맞는 것이라고 보았다. 다른 정체 하의 시민들에게도 적용될 수 있겠지만 그것은 반드시 그런 것은 아니라고 보았다.[50]

2.2. 다양한 정체유형들

Politica 제4권에서 아리스토텔레스는 플라톤의 구분처럼 여섯 가지 정체들을 소개한다. 즉 군주정, 귀족정, 혼합정의 선정(善政)형태가 있고, 그것의 변질인 독재정, 과두정, 그리고 민주정 같은 변정(變政) 형태가 있다는 것이다.

이러한 정체들의 장단점이나 우열에 대한 자신의 사상을 말하기 전에 아리스토텔레스는 먼저 플라톤이나 다른 학자들의 사상을 비판적으로 조명하고 있다. 그에 의하면 어떤 이들은 최상의 정체(政體)는 현존하는 모든 형태의 혼합체라고 하면서 그런 형태를 지닌 라케데모니아(스파르타)의 체제를 칭송한다는 것이다.

---

50) Aristoteles, *Politica*, II/11

왜냐하면 이 나라의 정치체제야말로 과두정, 군주정, 민주정의 요소를 다 구비하고 있다고 생각하였다는 것이다. 왕은 군주정을 대표하고, 원로원은 과두정을 대표하며, 나아가 백성들에 의해 뽑히는 감독관(ephoros)은 민주정을 대표한다는 것이 그들의 논리이다. 하지만 혹자는 감독관들은 독재자가 되었다고 여기며, 차라리 민주주의의 요소를 공동적인 식사와 일상의 관습에서 찾는다.

한편 아리스토텔레스에 의하면, 스승 플라톤의 *Nomoi*에서는 최상의 정체는 민주정과 독재정으로 구성된 것이라고 하면서, 사실 이것은 전혀 어떤 정체로 존립할 수 없는 것이던지 아니면 그것들 가운데 최악의 형태라고 할 수 있다는 것이다.

*Nomoi*에서 제안된 정체는 실상 전혀 군주정의 요소는 없고, 그것은 과두정과 민주정의 모습만 나타나고 특히 과두정의 모습이 두드러진다는 것이다.[51]

아리스토텔레스는 플라톤과 유사하게 선정(善政)의 경우에는 군주정이 마치 신적(神的)인 형태로 가장 좋은 것이요, 혼합정이 가장 낮은 등급이라고 보았다. 그에 의하면 군주가 나라를 다스릴 경우에는 그에게 신을 닮은 훌륭한 인격적 우월성이 존재해야 한다. 한편 변정(變政)의 경우에는 변질된 독재정이 최악이며, 과두정도 귀족정에서 변질된 형태라서 거의 나은 게 별로 없으며, 그래도 민주정이 변질된 형태 가운데서는 그래도 용납할만한 것이라는 것이다.[52]

이 점에서 아리스토텔레스는 자기 스승 플라톤과는 미묘한 견해차가 있음을 지적한다. 플라톤도 정체에서 이러한 세 가지 구분을 하였지만 그의 관점이 자신과 다르다는 것이다. 플라톤은 모든 정체가 선할 때 민주정은 가장 나빴지만, 모든 것이 나빴을 때 그것은 가장 좋은 형태라고 한다.

반면에 아리스토텔레스는 변정의 경우에는 어떤 정체유형들도 결함이 있는 것으로 보았다. 그리고 민주정도 독재정이나 과두정에 비해 더 낫다고 말할 수 없고 단지 조금 덜 나쁘다는 정도로만 말할 수 있다는 것이다.

---

51) Aristoteles, *Politica*, II/5
52) Aristoteles, *Politica*, IV/2

그러면 왜 이러한 변정 형태들을 그가 그렇게 부정적으로 보았는가? *Politica* III/7이하에서 그는 이렇게 설명한다.

독재정은 군주가 자신의 이익만을 위해 통치하는 형태이고, 과두정은 부자들의 이익만을 고려하는 정체이며, 민주정은 가난한 계층의 사람들을 위한 정치라는 것이다. 말하자면 이 세 가지 가운데 어느 하나도 시민 전체의 공동적 유익을 위한 것은 없다는 것이다.

독재정은 주인이 노예를 다루듯 시민을 취급하는 1인의 독재정치를 말하고, 과두정은 재산이 있는 이들이 정부를 자기들 손아귀에 쥐고 있는 것을 뜻하며, 민주주의는 재산이 있는 자들이 아니라 가난한 자들이 통치자가 될 때를 의미한다.

하지만 그에 의하면 여기에도 문제가 일어난다. 예컨대 민주주의가 다수의 정치라고 해도 그 다수가 가난한 자들이 아니라 부유한 자들이고 이미 권력을 가진 자들인 경우를 상상할 수 있다. 반면 과두정이 소수의 정치라고 해도 가난한 자들이 부자들보다 더 소수일 때도 상정할 수 있는 것이다.

하여튼 일반적인 경향을 따라 우리가 부요를 소수에게, 가난을 다수에게 적용시킨다면 과두제는 소수의 부자들이, 민주제는 다수의 빈자들이 다스리는 경우이다. 따라서 민주정에서는 시민들이 최고이지만, 과두정에서는 소수의 사람들만이 최고이다.[53]

그런데 아리스토텔레스에 따르면 수의 많고 적음은 정체를 구분하는 본질적인 기준은 아니다. 말하자면 권력을 행사하는 수에 따라 과두정과 민주정이 나눠지는 것이 아니라, 그것을 나누는 진정한 근거는 빈곤과 부요라는 것이다. 어쩔 수 없이 현실적으로 소수만이 부자이지만 모든 사람은 자유를 가지고 있다. 따라서 부요와 자유야말로 과두정과 민주정이 상호 간에 권력투쟁을 하는 근거인 셈이다.

이런 차원에서 그는 모든 정체들은 민주정과 과두정으로 환원되며 나머지 정체들은 이 두 가지의 변형에 불과하다고도 볼 수 있다는 것이다.[54] 그럴

---

53) Aristoteles, *Politica*, III/6

때 귀족정은 과두적인 것으로, 혼합정치는 민주적인 것으로 볼 수 있다고 한다. 그리고 보다 더 엄격하고 지배적인 형태는 과두적인 것이고, 보다 유연하고 부드러운 유형은 민주적인 것이라고 보았다.

2.3. 민주정의 변형과 위기의 시작

2.3.1. 민주정의 여러 변형들

아리스토텔레스는 민주주의도 그것의 중심원리들에 따른 다양한 유형들이 있음을 말하고 있다.

첫 번째 유형은 평등(ἰσότητα)의 원리에 근거한 유형이다. 어쩌면 자유와 평등이라는 민주주의의 가장 기본적인 원칙을 따른 이 유형에서는 빈자와 부자가 대등하므로 어느 한 쪽이 다른 쪽에 대해 다스리는 자가 될 수 없다. 하지만 민주주의는 이러한 평등성의 원리 위에서 다수결의 원칙을 취하고 빈자가 다수이므로 그들의 의사가 우위에 있을 수밖에 없는 것이다.

두 번째 유형은 소유재산에 따른 제한(制限) 유형이다. 이 유형은 일정한 소유 재산이 있는 자들에게만 국가의 관직을 갖게 하는 것으로 그런 자격요건의 수준은 낮다. 여기에서는 요건이 되는 재산을 유지하지 못하면 그 권리를 잃게 된다.

세 번째 유형은 출생에 따른 자유민(自由民) 중심의 법치 유형이다. 이 유형에서는 부모가 다 자유민 출신으로서 시민으로서의 태생적 결격사유가 없으면 권리를 지니되 법(法)이 최고의 권위를 갖는 경우이다.

네 번째 유형은 시민(市民) 중심의 법치(法治) 유형이다. 이 유형은 위에서 말한 재산과 양부모 자유민이라는 두 가지 조건과 무관하게 시민이라면 누구에게나 권리를 주는 것인데, 역시 앞의 경우처럼 법을 최고의 권위로 내세운다.

마지막 다섯 번째 유형은 시민 중심의 다수결(多數決) 유형이다. 이 유형은 앞의 유형과 같이 시민의 신분을 갖고 있는 모든 사람이 관직을 맡을 수 있으나,

---

54) Aristoteles, *Politica*, IV/2

법치에 의한 것이 아니라 종다수(從多數)에 의한 것이다. 따라서 여기에서는 다수의 대중이 가장 큰 힘을 갖는다. 그러므로 이 유형은 선동정치가들에 의해 생겨나고 이용되는 유형이기도 하다.[55]

2.3.2. 위기의 시작

Politica 제4권 6장 1292b~1293a에서 아리스토텔레스는 민주주주의가 실제적으로 시행됨에 있어서의 다양한 경우를 서술하고 있다.

첫째는 모든 시민이 참정권을 갖지만 재산이 넉넉지 못하므로 정치활동에 요구되는 여유를 가질 수 없어서 다 참여하지는 못하는 경우이고,

둘째는 출신가문에서 결격사유가 없으면 참정권을 지니나 실제로 정치참여에 필요한 여유가 있어야 참여하는 경우이며,

셋째는 자유민 출생만으로 권리를 지니나 역시 여유가 없어서 다 참여하지 못하는 경우이고,

넷째, 국가가 처음보다 인구도 증가하고 세수(稅收)도 늘어나 재정적인 지원을 통하여 가난한 시민들까지도 여유를 가져 모두 국정에 참여하는 경우이다.

사실 민주정과 과두정의 근본적인 차이는 아리스토텔레스에 따르면 전부가 참여하느냐 아니면 일부가 참여하느냐의 문제이다. 말하자면 민주정은 모든 시민이 다 국정에 참여하는데 비해, 과두정은 일부가 권력을 행사하는 경우이다.

따라서 민주주의가 그 본의대로 제대로 시행되기 위해서는 시민 전부가 참여해야 하는데, 상기의 경우에서 보듯이 요구되는 기본요건만 갖추면 문은 다 열려있지만 재정적인 여유가 없어서 다 참여하지 못하는 경우이다. 그래도 이런 경우에는 한결같이 법을 최고의 권위로 해서 운영하면 다 참여하지 못하더라도 큰 문제는 없을 것이다.

---

55) Aristoteles, *Politica*, IV/4, 1291b

그런데 지원을 통하여 재정적인 문제가 없이 여유가 생긴 가난한 자들까지 포함하여 시민 전체가 참여할 수 있는 네 번째 형태가 그 본래의 취지에 맞지만, 여기에는 법보다 다수성의 원칙이 지배하므로 더 큰 문제가 일어날 수 있는 것이다.

아리스토텔레스에 의하면 이 경우 개인적인 일에만 관계하는 가난한 자들과 달리, 부유한 자들은 다른 일들로 인해 그들보다 더 여유를 가지기 어려워 실질적으로는 참정권을 행사할 때 불참률이 더 높다는 것이다. 그 결과는 다수인 가난한 자들의 의견이 더 우세할 수밖에 없고 결과적으로는 법보다 그들의 견해의 비중이 더 높아지면서 더 큰 권력행사를 할 수 있게 된다는 것이다.

정리해보면, 앞의 세 가지의 경우는 법이 최고의 권위를 지니면서 시민 회의를 통한 법령제정은 최소한으로 하는 경우들인 반면, 네 번째 경우는 정치적 참여의 어가가 많은 빈민층이 최고의 권력(ἐξουσία)을 갖는다는 것이다.

결국 실제에서 이렇게 전개되면 위에서 언급한 민주주의 유형 가운데 마지막의 형태인 시민 중심의 다수결 유형이 현실에서 이뤄지는 결과가 나타나므로 헌정이 민중정치, 초법(超法)주의, 선동정치, 새로운 독재주의와 같은 부정적인 방향으로 나아가게 되는 것이다. 그러므로 법치(法治)가 가운데 가난한 다수의 빈민층이 권력을 잡는 것이 민주주의 위기의 시작이라는 것이 아리스토텔레스의 생각이다.

2.3. 민주정의 퇴락과 중우정의 등장

위에서 말한 다섯 번째 유형이 민주주의의 위기를 촉진하고 결국 중우정과 선동정치로 가는 길이 된다. 그러면 이러한 민주주의 변질의 저변에는 어떠한 의식적 및 실제적 배경들이 놓여 있는가?

2.4. 민주정의 퇴락과 중우정의 등장

2.4.1. 중용(中庸)의 포기

아리스토텔레스는 주요 윤리적 덕목이요 실천원리인 중용이 정치질서에도 반드시 필요한 덕목이라고 가르친다.(V/9, 1309b) 그런데 어떤 정체이든 간에 정부의 왜곡된 형태에서는 이 가치가 상실되었다고 지적한다.

그 이유는 자기들의 정치형태를 지지하는 이들은 그것이 유일하게 올바르고 훌륭한 것으로 간주하여 극단적으로 밀고 가기 때문이라는 것이다. 그러다 보니 민주적이라고 간주되는 많은 조치들이 실제에서는 민주적이 아닐 뿐 아니라 도리어 민주정을 파괴하는 것이며, 또 과두정이라고 생각되는 많은 실천들이 실제로는 과두정을 무너뜨린다는 것이다.

이에 아리스토텔레스는 어떤 극단으로도 치우치지 않는 균형(均衡)과 중용(中庸)이 중요하다고 가르친다. 물론 과도하게 균형을 잡으려 하면 사람들은 자신들이 생각하는 이상적인 형태가 아니라고 생각할지 몰라도 차라리 그것이 더 좋은 것이라고 한다. 반면 만일에 어떤 하나의 방향으로 너무 몰고 간다면 결국에는 더 나쁜 정치형태가 되어 결국에는 헌정질서를 무너뜨리게 될 것이라고 경고한다.

2.4.2. 일방적 시각과 편향성

아리스토텔레스는 민주정이든 과두정이든 정치지도자들이 가지고 있는 바른 지식의 결핍은 물론 흑백논리나 편향성이 헌정질서의 위기가 된다고 보았다. (V/9, 1309b~1310a) 따라서 입법자나 정치가는 먼저 어떤 민주정치적인 조치들이 민주주의를 보존하며 또 파괴하는지를 알아야 한다는 것이다. 이러한 것들에 대한 바른 지식이 없이는 그들의 조치가 정치질서를 손상시키고 파괴하는 결과를 초래한다는 것이다.

민주정에서는 이러한 문제에 해당되는 핵심요인이 빈자(貧者)중심적 세계관이라고 보았다. 이것은 세상을 빈자의 관점에서 일방적으로 바라보는 편향적(偏向的) 세계관이다. 아리스토텔레스도 물론 기본적으로 한 사회는 부자와 가난한 자로 구별될 수 있다는 시각을 지니고 있었지만[56] 정치세계에서는 자신들의 욕망 때문에 이런 세계관을 지니고 있다는 것이다.

말하자면 민주정에서 대중선동가들은 항상 수적 다수를 의식하여 가난한 시민들 편에서 부자들을 공격한다는 것이다. 그리고 이러한 부와 빈곤의 격차를 없애기 위해 과격하고도 급진적인 입법(立法)을 하는데, 이것은 결국 부유층의 원망과 반발을 사고, 국가의 불안정과 위기를 초래할 수밖에 없다는 것이다.

따라서 그는 정치질서를 유지하고 나라를 평안하게 하기 위해서는 오히려 반대로 해야 된다고 보았다. 즉, 과두정에서는 가난한 자들을 위한 발언을 하고, 민주정에서는 부자들을 옹호하는 발언을 해야 한다는 해법을 내놓고 있다.

2.4.3. 극단적 자유관과 평등관

Politica V권 9장 마지막 부분에서 아리스토텔레스는 다시금 정치가들 내지 시민들의 관점이나 의식이 어떤 정치질서의 위기를 초래할 수 있다는 점을 강조한다. 그에 의하면 민주주의의 두 가지 원리는 다수(多數)의 정치와 자유(ἐλευθερία)의 원리이다. 민주주의자들은 정의는 평등, 즉 가진 자나 못가진 자나 사람들은 누구나 평등하다고 생각하고, 이러한 평등(ἰσότητα)은 곧 다수인 일반 시민들의 뜻의 우월성을 확보해 주는 것으로 보았다. 말하자면 그들은 평등개념을 다수시민의 의사가 최고권위를 지니는 것으로 보았던 것이다.

나아가 자유개념을 사람들이 좋아하는 것을 마음대로 하는 것으로 간주한 것이다. 이런 식의 평등과 자유에 대한 관념을 지니게 되면 결국 사회는 위기에

---

56) Aristoteles, *Politica*, VI/3, 1318a: "국가는 두 가지의 계층, 즉 부유층과 빈곤층으로 구성된다" 등

직면한다. 왜냐하면 평등을 내세우면서 다수시민의 뜻의 절대성을 강조하게 될 것이고, 또 자유개념을 고수하면서 각자는 자기 좋은 대로 살게 되는 것이다. 그러면 법치를 무너뜨릴 뿐 아니라 공동체는 극심한 개인주의의 경향으로 흘러 결국 위기에 빠질 것으로 보았다.

2.5. 중우정의 특성들

이렇게 하여 민주정은 위기를 맞으며 그것의 변질형태인 중우정(衆愚政)이 등장하는데, 아리스토텔레스의 설명을 정리하면 다음과 같다.

2.5.1. 민중(民衆)정치의 발생

법에 종속되는 법치적 민주주의에서는 선동정치가는 존재하지 않고 가장 훌륭한 시민들이 최고 권력을 갖게 된다. 하지만 법률이 최고의 권위를 가지지 못하는 국가에서는 대중선동 정치가들이 등장하는 것이다. 여기에서는 민중이 폭군이 되는 것이며, 소위 '독재적 민중'이 등장하는 것이다. 즉, 다수의 민중은 권력을 손아귀에 쥐게 되는데, 개개인으로서가 아니라 집단적으로 그렇게 된다는 것이다.

2.5.2. 새로운 형태의 독재 권력의 등장

여기에서 아리스토텔레스는 호메로스의 말을 빌려온다. '다수의 지배를 받는 것은 좋지 못하다.'라고.(IV/4, 1292a). 이것이 하나의 통합적 지배를 의미하는지, 아니면 다수개인들의 지배를 뜻하는지 불분명하다고 하면서, 하여튼 이러한 유형의 민주주의는 더 이상 법의 통제를 받지 않고 독재적인 방식으로 나라를 다스리며 결국 폭군으로 발전해 간다는 것이다. 즉, 외형은 민주정인데도 군주정의 이형(異形)인 독재정으로 변질된다는 것이다. 다만 차이는 군주정의 경우 개별적(個別的) 독재정인데 비해, 민주정의 경우 집단적(集團的) 독재정이 된다는 것이다.

아리스토텔레스에 의하면 군주정의 이형인 독재정이나 이러한 민주주의의 이형은 보다 훌륭한 시민들에게 독재 권력을 행사한다는 점에서 동일하다. 여기에서 민중의 명령은 곧 독재자의 칙령(勅令) 같은 권위를 지니게 된다.

2.5.3. 선동정치의 대두

민주주의의 변형에서는 측근(側近)정치와 선동정치가 판을 치게 된다. 아리스토텔레스는 '민주주의 체제에서의 선동정치인은 독재정에서의 아첨꾼과 동일하거나 유사하다.'(1292a)고 주장한다. 독재정에서의 아첨꾼은 독재자에게 빌붙어 그에게 아첨하므로 실권을 쥐게 되며, 유사하게 민주정에서의 선동자는 다수 민중의 총애를 받아 큰 영향력을 지니게 된다는 것이다. 선동적 민중지도자들은 국가의 모든 사안을 민중회의로 돌리므로 민중의 결정이 법을 유린하게 만들어 버리는 것이다. 말하자면 민중의 결정은 초법적인 결정권을 지니게 되는 것이다.

이렇게 민중이 모든 결정권을 지니게 되고 나면 이제 민중지도자들은 그 국민들을 선동하고 조종하므로 그들에게 실질적인 영향을 행사하면서 국정을 좌우하게 되는 것이다. 민중은 이미 그런 선동가들을 따를 준비가 되어 있는 것이다. 이런 과정을 거치면서 선동적 민중정치가들의 입지는 공고해지고 점차 독재정에로의 이행이 준비되는 것이다.

2.5.4. 공직자들의 권위추락

민중의 목소리가 크고 그들의 정치적 힘이 강하다보니 공직자들의 권위가 추락하고 그들의 판단과 결정이 힘을 발휘하지 못하게 된다. 심지어 국가 공직자들에 대해 불평을 늘어놓는 비판가들은 '시민들이 결정하게 하라'며 주장한다. 이에 시민들은 이러한 초대를 내심 크게 환영하면서 목소리를 키우므로 결국 모든 부서의 권위가 결정적으로 손상되는 것이다.

2.5.5. 법치의 실종과 헌정의 붕괴

이렇게 법 대신 민중의 목소리가 중요하고 관리들의 판단 대신 시민들의 결정이 비중을 차지하면서 민주주의 사회는 법치가 사라지며 헌정파괴가 일어나는 것이다.

아리스토텔레스에 의하면 이러한 민주주의의 모습은 그것이 전혀 하나의 국가질서가 아니라는 반대에 봉착할 수밖에 없다. 실제로 법률이 아무런 권위를 갖지 못하면 헌정질서(憲政秩序)란 없는 것이다.

따라서 그는 이렇게 제안한다. 국가의 법률은 모든 것 위에 최고의 권위를 지녀야 하며, 관리들은 세부적인 문제들에 대해 결정해야 한다. 이렇게 해야 하나의 제대로 된 헌정질서가 수립되는 것이다.

'민주주의가 정부의 한 형태일지 모르나 모든 것이 국민들이 내리는 결정들에 의해 운영되는 체제라면, 그것은 그 말의 진정한 의미에 있어서의 민주주의도 아니다. 왜냐하면 시민들이 만드는 법령(法令)이란 단지 개별적이고 구체적인 것들에만 관련된 것이기 때문이다.'[57]라고 아리스토텔레스는 단호하게 말하고 있다.

2.6. 선동정치가들의 책략

민주주의가 위기에 빠지는 이유로 아리스토텔레스는 선동가들의 무절제(無節制)를 지적하고 있다. 민주정에서의 혁명은 일반적으로 민중선동가들의 무절제에서 비롯된다. 이런 행위는 두 가지 형태로 드러나는데, 하나는 사적인 노력으로 최대한 부자들에 대한 거짓정보를 흘려 결국 그들이 결속되게끔 하든지(가장 못된 적들이라도 공동의 위험 앞에서는 결속하기 때문이다.), 아니면 민중으로 하여금 그 부자들에게 대항하도록 그들을 공적으로 선동하는 것으로 나아간다.[58]

---

57) Aristoteles, *Politica*, IV/4, 1292a
58) Aristoteles, *Politica*, V/5

그리고 이러한 대중선동가들은 자신들의 권력유지와 독점을 위해 다양한 책략을 사용한다.

아리스토텔레스는 민주정을 논하는 여러 곳에서 대중을 선동하는 선동가들의 책략과 수완에 대해서 지적하고 있다. 그것을 비교적 정연하게 논의한 VI/4~5, 1319b~1320a를 보면 다음과 같은 책략들이 있다.

첫째, 선동정치가들은 국민의 수(數)를 증가시키려 한다. 그들은 국민의 다수성에 힘입어 정치를 하므로 선거권이 있는 국민의 수를 최대한 늘려 대중의 세력을 강화하려고 한다. 그래야 대중에 기반을 둔 자신의 정치적인 힘과 자기가 속한 정당의 힘이 강화되기 때문이다.

이렇게 국민의 수를 늘리기 위해 법적으로 하자가 없는 이들뿐 아니라 사생아 출신에게까지 시민권을 확대하며, 나아가 부계와 모계 가운데 한쪽만 시민인 이들에게도 시민권을 허용하는 것이다.

이는 우리나라에서도 선거연령을 하향조정함으로써 전체적으로 정치적 성향이 뚜렷한 젊은이들을 선거권자로 더 확보하려는 일부정당들의 노력과 흡사하다고 할 수 있다.

하지만 아리스토텔레스는 이러한 시도는 나라를 위해 좋은 방안은 아니라고 지적한다. 그는 국민의 수를 증가시켜도 부유한 상류층과 중산층의 합을 지나치게 넘어서게 해서는 안 된다고 보았다. 선거권을 지닌 일반국민의 수가 너무 많아지면 국정에서 계층 간, 세력 간 균형이 깨어지며, 상류층의 불만과 저항이 야기될 수 있다고 보았다. 그런 일례로 이런 과정을 밟아 간 퀴레네(Kyrene)에서는 결국 혁명이 일어났다는 것이다.

둘째, 선동정치가들은 국민들의 눈치를 보고 그들의 비위를 맞추려 한다는 것이다. 물론 이들이 나중에 완전한 실권을 잡게 되면 폭군으로 바뀌어 그때는 달라질 수도 있겠으나 적어도 초기에는 그러하다는 것이다.

그들의 이러한 처세는 당장 부유층에 대한 공격으로 나타난다. 이 공격 가운데 대표적인 것이 가난한 국민들의 반대쪽에 서 있는 부유한 상류층의 사유재산을 재판을 통하여 몰수하고 그것을 결국 그런 국민들에게 혜택이 돌아가도록 공공의 목적을 위해 사용한다는 것이다. 그리고 심지어 민회(民會) 수당을 위한 재원에서 수당을 주고도 재정이 남아돌면 대중선동가들은 그 남은 돈을 대중에게 나눠주는 경향까지 있다는 것이다.

하지만 아리스토텔레스에 의하면 이렇게 하는 것은 매우 잘못되었다는 것이다. 국민들이 부자들의 빼앗긴 재산이나 그들의 벌금으로부터 어떠한 이득이라도 취하게 되면 피고자들에 대한 유죄판결이 더 빈번해 지기 때문이라는 것이다. 이런 이유에서 그는 이러한 대중의 빈곤은 민주정치의 주요 결함 가운데 하나라고 보기까지 하였다. 따라서 주로 부유층을 상대로 하는 소송을 남발하지 못하도록 소송비용을 높게 책정해야 하며, 그리고 부자들에게서 빼앗은 재산도 공공재산이나 국고로 들어가지 않고 차라리 종교적 용도로 쓸 것을 제안한다. 즉 그런 재원(財源)을 신전(神殿)이나 사원(寺院)의 재산이 되게 하는 것이 좋겠다는 것이다.

이렇게 아리스토텔레스는 민주정도 국민 대중 일변도로 흘러가서는 안 된다는 것을 지적하면서, 소수이지만 부유한 상류층의 존립과 역할이 중요하다고 보고 그들에 대한 여러 가지 변호의 논리를 개진하고 있는 것이다. 이를 현대적 언어로 표현하면 재벌(財閥)에 대한 옹호라고 해도 과언이 아니다. 그리고 그들로부터 빼앗은 재산을 국민들의 복지 등에 사용하지 말 것을 주문하고 있다. 차라리 교회나 성당 같은 종교기관에 보내버리는 것이 낫다고 덧붙이고 있는 셈이다.

2.7. 민주주의의 전복과 혁명

아리스토텔레스에 따르면 민주정은 그래도 과두정보다는 안전하고 그리고 혁명으로 갈 가능성이 적다. 반면 과두정은 근본적으로 이중적 갈등에 봉착할 가능성이 큰데, 즉 하나는 과두정 내부의 갈등이요, 다른 하나는 백성들과의 갈등이다. 하지만 민주정은 이런 유의 갈등은 없고 단지 과두정주의자들과의 갈등 밖에 없다는 것이다. "언급할만한 어떤 알력이 백성들

사이에서는 일어나지 않는다."고 그는 말한다.[59] 그러면 이러한 혁명의 일반적인 원인들은 무엇이며, 특히 민주정내에서 과두들에 의해 왜 혁명이 일어나게 되는지 고찰해보자.

2.7.1. 혁명의 일반적 원인들

Politica V권 3장에서 아리스토텔레스는 국가에서 혁명(革命)이 왜 일어나는지를 설명하고 있다. 먼저 정치지도자들이 명예를 독점하고 오만하여 그들에 의해 상대적으로 불명예를 입은 백성들이 일으킬 수 있다는 것이다.

또 군주정이나 가족(家族)과두정의 경우에서처럼 한 사람이나 몇몇 사람이 너무 많은 권력을 장악할 때 그러한 권력우세에 대한 반발로 혁명이 일어날 수 있다.

혁명의 또 다른 원인은 공포(恐怖)이다. 이것은 사람들이 나쁜 일을 저질러서 받을 형벌을 두려워할 때나 또는 부당하게 고통 받아 적들을 제압하려고 할 때 야기된다.

모욕도 반란과 혁명의 원인이 된다. 과두정에서 국정에 참여하지 않은 이들이 다수일 때 그들은 자신들이 더 강하다고 생각하기 때문에 혁명에 착수하는 것이다.

그러면서 아리스토텔레스는 민주정에서 반란과 혁명이 왜 일어나는지에 대해 구체적인 실례들과 더불어 설명하고 있다. 이 민주정에서도 부유한 이들은 국가의 무질서와 무정부상태(ἀναρχία)를 경멸한다. 예컨대 테베(Thebe)에서는 Oenophyta 전투 이후 민주정의 나쁜 행정이 결국 그것의 파멸로 연결되었던 것이다. 메가라(Megara)에서도 무질서와 무정부상태 때문에 일어난 패배로 인해 민주정이 무너져버렸다. 또한 시라큐스(Syracuse)에서도 Gelo의 독재정이 발발하기 전에 민주정이 모욕을 일으켰던 것이다. 같은 현상이 로도스(Rhodos)에서도 반란사건에 앞서 일어났다.

---

59) Aristoteles, *Politica*, V/2

여기에서 그는 민주정의 위기를 두 가지로 정리하는데 하나는 백성에게 주권(主權)이 주어짐으로서 일어나는 무질서와 무정부 상태 때문이고, 다음으로는 그러한 무질서의 상태에 대한 부유한 자들의 경멸(輕蔑)과 반발 때문이라는 것이다.

아리스토텔레스는 혁명의 다른 요인으로 불균형(不均衡)을 지적한다. 그에 의하면 정치적 혁명들은 국가의 어느 부분에서의 불균형의 증가에서 비롯된다고 보았다. 이를테면 육체도 여러 부분을 지니고 있어 각 부분이 균형 있게 성장하므로 균형비가 보존되어야 하듯이 국가의 여러 기관들도 그렇게 되어야 한다는 것이다.

이러한 불균형은 아리스토텔레스에 의하면 양(量)의 문제이면서 동시에 질(質)의 문제이기도 하다. 혁명은 중간계층이 없거나 거의 없이 정반대의 세력들, 즉 부한 자들과 가난한 자들의 세력만 균형을 이룰 때 일어날 수도 있다.

2.7.2. 과두(寡頭)들에 의한 혁명

민주정 내에서 혁명이 일어나는 원인들에 대해 논하기 전에 우선 과두정 내에서 혁명이 일어나는 원인들과 과정에 대한 아리스토텔레스의 설명을 살펴보자. 이 경우 그는 두 가지 원인을 지적한다.

첫 번째는 과두정의 지배자들이 백성들을 억압할 때이다. 이때는 어느 누구든지 쉽게 백성들의 지도자로 등장할 수 있는데, 특히 그 지도자가 과두정 지배자 가운데 한 사람이라면 더 가능하다고 보인다. 이를테면 낙소스(Naxos)의 Lygdamis가 그러했는데, 그는 후에 그 섬의 독재자가 되었던 것이다.

여기에서 아리스토텔레스는 과두정의 위기에서 민주정이 수립될 수 있으며, 그 민주정은 바로 독재정하고 결합될 수 있음을 밝히고 있다. 말하자면 그에게서 민주정은 과두정의 패배에서 온 것이기도 하는데, 거기에는 민중선동이 결부되어 있다는 것이다. 이렇게 볼 때 선동주의 정치는 민주주의의 시작을 가능케 할 뿐 아니라, 그것의 몰락도 가능케 한다.

다음으로 지배계급 밖에서 야기되는 혁명은 보다 세분화되는데, 그 중 한 가지는 정부가 매우 배타적인 경우, 소외되었던 부유층의 사람들이 혁명을 일으키는 경우이다. 이런 혁명들이 마살리아(Massalia), 이스트로스(Istros), 헤라클레아(Heraclea) 등의 도시들에서 일어났다. 이렇게 지배세력에 들어가지 못하는 이들이 지속적으로 소란을 일으켜 결국에 국정에 참여하게 된 경우에는 그 지배자들의 수가 많아지게 되어 헤라클레아 같은 경우에는 무려 6백 명에 이르기도 했다.

그 다음으로는 지배자들 내부에서 혁명이 일어나는 경우이다. 크니도스(Knidos)가 그러한 경우였는데, 여기에서는 소수만 지배하였고 그들 사이에 소란이 일어나 이 내부적 소요과정에 시민들이 개입하여 그 과두들 가운데 한 명을 그들의 지도자로 선출하였던 것이다. 그러고 나서 이들은 과두정 지배자들을 공격하여 무너뜨렸다. 이렇게 볼 때 과두정 같은 다수 지배체제에서는 지배자들 사이의 내분이 약점의 근원이다.

하여튼 시민들은 과두정의 협소함을 공격했고 결국 헌정질서를 무너뜨렸던 것이다. 과두정 내에서의 혁명의 내적인 원인들 가운데 한 가지는 지배자들 간의 개인적인 라이벌 의식이다. 이 라이벌 의식이 그들로 하여금 민중선동을 하게끔 한다는 것이다.[60]

그러면 민주정에 대한 과두지도자들의 혁명은 어떻게 발생하는가?

아리스토텔레스에 따르면 과두(寡頭)들의 혁명에 의해 민주주의가 몰락하는 과정은 이렇게 전개된다. 첫째, 민중이 주인이므로 그들을 움직이는 소수의 선동가들이 생겨나게 된다. 둘째, 선동가들은 민중의 인기를 얻기 위해 과두들을 부당하게 대하고 그들을 공격한다. 그들이 과두들을 부당하게 대하는 방식 가운데 그들의 재산을 분할시키거나 아니면 공공서비스를 한다는 명목으로 과세를 하므로 그들의 수입을 감소시키거나 심지어는 그들의 재산을

---

60) Aristoteles, *Politica*, V/5,

몰수하기 위하여 법정에다 고소하기까지 하는 것이다. 셋째, 그러면 과두들은 상호규합하고 힘을 모은다. 넷째, 그들이 민주주의를 전복시킨다. 다섯째, 그리고 과두정치가 다시 시작된다. '다시' 라는 표현을 쓴 것은 민주주의의 시작이 대개 과두정을 붕괴시키고 등장했기 때문이다.

아리스토텔레스는 이러한 경우의 실례를 몇 가지로 들고 있다.

이를테면 코스(Cos)에서는 사악한 선동가들이 일어나고 과두들이 결속하므로 민주주의가 정복되었다. 또 로도스(Rhodos)에서는 선동가들이 대중에게 돈을 지불하기까지 하면서 선동을 하였다. 헤라클레아(Herakleia)에서는 식민지가 건설된 직후, 대중선동가들의 불의한 행동에 의해 민주정이 전복되었다. 민중선동가들은 과두들의 재산을 몰수하기 위하여 그들 다수를 추방하였다. 하지만 이 선동가들에 의해 밀려난 과두들이 하나로 결속하면서 결국 민주정을 끝내고 말았던 것이다.

메가라(Megara)에서도 이와 매우 비슷한 방식으로 민주주의가 파멸에 이르게 되었다. 그러나 추방당한 과두의 수가 너무 많다보니 그들이 귀환에 성공하여 민중을 패퇴시키고 과두정을 세우게 되었던 것이다. 키메(Kyme)에서의 민주정도 같은 운명을 맞이했는데 이것은 Thrasymachos에 의해 붕괴되었다.

이런 예들은 대부분의 다른 나라들에서도 보인다. 민중선동가들은 종종 백성들의 환심을 사기 위해 과두들을 부당하게 대하거나 공격하여 그 결과로 과두들이 결속하여 혁명을 일으키게 되는 것이다.[61]

2.8. 이상적인 정치가와 공직자상

민주정의 이러한 문제점과 위기극복을 위해서 아리스토텔레스는 먼저 선동정치가 사라져야 하고, 이어서 정치가들이나 국정을 맡은 공직자들이 바른 자세로 근무해야 함을 강조한다.

---

61) Aristoteles, *Politica*, V/5

2.8.1. 선동정치의 문제점과 대책

아리스토텔레스는 민주주의의 위기는 무엇보다 선동정치에서 온다고 보았다. 선동정치는 중우들을 만들고 중우들은 선동가들을 떠받들므로 결국 스스로의 주권을 포기하게 되는 결과가 되고 독재정이 탄생한다는 것이다.

따라서 아리스토텔레스에게서의 '중우(衆愚)'란 '선동에 의해 움직이는 민중'을 의미한다. 아리스토텔레스의 견해로는 일반적으로 이러한 민중은 출신배경이 안 좋고, 교육수준이 떨어지며 특히 재산이 없거나 적은 가난한 자들이다.

그리고 선동가들이란 이러한 민중을 자극하여 한편으로는 부자와 과부 같은 기득권자들을 비판하거나 공격하게 하면서 다른 한편으로 자기들의 정치적 입지를 견고하게 하고 권력을 장악하려는 이들이다. 이들이 사용하는 것은 종종 민중에게는 술수와 현혹의 태도로, 기득권자들에게는 비난과 협박, 공격의 자세를 취한다. 그들의 방법이 선동이라는 것은 그들은 겉으로는 민주주의를 옹호하는 것처럼 말하고 행동하지만, 내심으로 정작 민주주의를 자신들이 붕괴하고 권력을 독점하려고 하기 때문이다.

따라서 이러한 선동정치에 의해 민주주의는 무너지고 선동가를 중심으로 한 새로운 독재정이 발호된다는 것이다. 아리스토텔레스에 의하면 옛적에는 선동가들이 장군(將軍)이었을 때가 있었는데, 그 때는 민주정이 독재정으로 바뀌곤 했다. 그리고 고대의 독재자들 가운데 대부분은 본래부터 민중선동가들이었다는 것이다.

그런데 자기 당대에는 그렇지 않은 이유는 과거에는 웅변술이 그렇게 발전하지 않아 웅변가들이 아닌 장군들이나 독재자들이 선동에 성공할 수 있었기 때문이라는 것이다. 하지만 이제는 수사학의 기술이 장족(長足)의 발전을 하여 탁월한 웅변가들이 사람들을 이끌게 되었다고 한다. 하지만 이러한 이런 웅변가들 가운데는 일부 예외적인 경우가 있긴 하지만 군사적인 사항에 대해서는 무지하므로 대개 권력을 찬탈하는 경지까지는 이르지 못한다는 것이다.

쉬라쿠사이의 Dionysius는 Daphnaeus와 부자들을 공격하므로 폭군이 될 만한 자로 간주되었다. 그는 마치 민주정을 옹호하는 태도로 과두들을 공격했는데, 과두들에 대한 그의 이러한 적대감은 민중의 신뢰감을 얻게 했다는 것이다.

민주주의의 형태에서도 아리스토텔레스가 볼 때에는 그 이전의 시대와 비교하여 상당한 변화가 일어났다. 아무런 재산 자격조항이 없이 행정장관 선거에 시민들이 참여하다보니 관직을 열망하는 자들은 민중선동의 짓을 하는 것이고 나중에는 심지어 그들을 초법적인 일로 나아갈 수 있도록 획책하기까지 한다는 것이다.

따라서 아리스토텔레스는 이러한 국가에 대한 완전한 치료법은 행정장관 (行政長官)을 뽑는 선거권을 전체 시민들에게 주는 것이 아니라 개별적인 부족(部族)들에게 주는 것이라고 제안한다.[62] 그리고 오늘날 우리의 관점에서는 대중에 대한 인위적 선동에 대해서는 중한 책임을 물어야 하며, 나아가 법적 장치를 통하여 엄한 처벌이 수반되어야 할 필요가 있다고 본다.

2.8.2. 바람직한 정치가와 공직자상

그러면 이제 국민을 대표하여 국정의 일을 맡는 공직자들은 어떤 의식을 지니고 어떤 자세로 근무해야 하는지 그는 몇 가지 사항을 열거하고 있다.

첫째, 공직자들은 먼저 자기자신이 철저하게 법을 지키고, 나아가 시민들도 준법하게 하고 탈법과 불법, 그리고 편법이 사라지도록 잘 살펴야 한다. 그는 정치질서를 유지함에 있어서 법에 대한 복종의 태도보다 더 중요한 것은 없다고 단언한다.(1307b) 따라서 공직자들은 모든 무법적 행위들을 잘 감시해야 하지만 특히 사소한 것으로 치부하는 작은 문제들에 있어서 더 그렇게 해야 한다고 가르친다.

---

62) Aristoteles, *Politica*, V/5

둘째, 시민들을 기만하려는 정치적 계책을 만들어서도 안 되고, 그리고 그러한 계책에 의존해서도 안 된다. 그에 의하면 그러한 계책들은 실제로 쓸모없을 뿐 아니라 결국은 세상에 드러나게 되기 때문이다.

셋째, 공직자들은 시민들과 좋은 관계를 유지하는 데 유의해야 한다. 그에 의하면 어떤 정치질서에서의 체제의 안정적 유지는 그러한 정체의 본래적인 견고함에서 비롯되는 것이 아니라, 시민들, 그리고 참정권을 갖고 있지 못한 자들과의 좋은 인간적인 관계를 유지하는 것이 관건이라는 것이다. 여기에서 우리는 국가질서에서도 제도보다 인간이 중요하다는 것을 깨닫는다.

독재정에 대해 열망하는 자들은 그 국가의 주요 인사들인데 민주정치에서 대중선동가들,[63] 과두정에서는 통치가문의 구성원들이거나 아니면 높은 공직을 가지고 있는 이들, 그리고 그것을 장기간 보유하고 있는 자들이다. (1308a)

넷째, 공직자들은 늘 헌정질서를 파괴하려는 시도에 대해 경각심을 가시고 있어야 한다. 민주정에서는 대중선동가들이, 과두정에서는 통치가문의 구성원들이 기존의 정치질서를 무너뜨리고 독재정으로 가려고 할 위험도 있는 바 공직자들뿐 아니라 시민들도 이에 대한 위험을 늘 의식하고 있어야 한다는 것이다. 경각심이 최고의 안전망이라는 것을 그는 강조한 셈이다.

다섯째, 공직자들은 저명인사들 간에 불화와 분쟁이 없도록 개인적으로 노력해야 함은 물론 법률을 빌려서라도 막아내어야만 한다. 이들 간에 적대 관계가 만들어지지 않도록 사전에 방어하도록 해야 한다. 이것은 국가의 주도 인사들의 대립으로 체제가 무너지는 것을 막으라는 교훈이다. 그는 악(惡)의 시작에 대해 범상한 이들은 모르고 참된 정치가만 이것을 내다볼 수 있다고 한다. (1308a)

여섯째,[64] 지위의 높낮이에 있어서 현격한 차이가 나지 않도록 해야 한다.

---

63) *Politica* 1313b에서는 이 선동가들을 '민주정치의 아첨꾼들'이라고 지칭했다
64) *Politica* 1308a~b에서는 이 항목이 여섯 번째가 아니라 일곱 번째로 되어 있다. 본래의 여섯 번째 항목은 재산증감의 비교와 그것에 따른 조치를 말하는 것으로 이는 그의 말대로 과두정과 혼합정에서 발생할 수

그것은 불평등 시비가 나올 수 있으며, 그리고 상대적 박탈에 대한 불만들이 나올 수 있기 때문이다. 그리고 반면에 갑자기 큰 영예를 갖게 된 자들은 국가에 위험이 되기도 하기 때문이다. 따라서 단기간에 큰 영예를 주는 것보다 장기간에 걸쳐 적당한 수준의 영예를 주어야 한다는 것이다.

일곱째, 현 정치질서와 조화되지 않는 삶을 영위하는 자들을 감시해야 하고, 그런 일을 위한 관리부서가 하나 있어야 한다. 이를테면 민주정에서는 그것과 맞지 않게 사는 사람들을, 그리고 과두정에서도 그것과 맞지 않게 사는 사람들을 살펴야 한다는 것이다. 나아가 같은 이유로 국가의 어느 한 영역이 갑자기 번영하게 되는 지도 주의 깊게 살펴야 한다. 거기에는 아무래도 불법적인 일이나 불공정하고 불평등한 여건이 있기 마련이라는 것이다.

따라서 항상 반대편의 사람들에게 국사(國事)를 맡기고, 공직을 줌으로 부자들과 가난한 자들 간의 차이처럼 번영한 영역과 그렇지 못한 영역 간에 균형과 조화가 이뤄지도록 해야 한다. 그리고 그 양자 사이의 중간층 내지는 중산층을 강화하도록 해야 한다. 그렇게 할 때 빈부차나 불평등에서 나오는 혁명을 사전에 막을 수 있다는 것이다. 여기에서 아리스토텔레스는 오늘날 우리나라의 경우 감사원은 물론 경찰청의 정보계 내지는 국정원의 국내인사 사찰 등을 국가유지에 필요한 장치라고 보고 있는 것이다.

여덟째, 공직자들이 그 직위를 이용하거나 직무를 통하여 사적 이익을 취하지 못하도록 조처를 취해야 한다. 이것은 민주정은 물론 공직이 있는 어떤 정체에서도 동일한 원칙이다. 시민들은 공직을 맡으면 자신의 일을 돌볼 시간적 여유가 없으므로 공직에서 제외되는 것을 그렇게 문제시하지 않는다. 하지만 공직자들이 공직도 취하고 그 자리를 통하여 사적 유익을 취하면 시민들은 이중적 소외 내지는 손해로 인해 분노한다는 것이다.

따라서 어떤 입법에 의해서나 아니면 경제적인 조치들을 통하여 이러한 것을 방지해야 한다. 나아가 공금횡령을 방지하기 위하여 임기가 종료된

있는 일이어서 민주정을 논하는 이 논의에서는 생략한다.

공직자들이 모든 시민이 보는 앞에서 공금을 인계해 주어야 하며 그의 재산 목록도 공개되어야 한다. 그 대신 공직업무를 훌륭하게 수행하고 잘 마친 이들에게는 영예가 주어지도록 법률로 정할 것을 가르치고 있다.

아홉째, 민주정에서는 부자들이 보호되어야 한다. 이는 과두정 하에서의 빈자들에게 적용될 원칙과 동일하다. 부자들의 재산은 일반시민이 권력을 행사하는 민주정에서 분할되지 않아야 하며, 오히려 보호되어야 한다. 아리스토텔레스는 근세·현대사에서 공산주의자들이 자본가들의 재산을 탈취하여 국유로 하든지 아니면 재분배하는 것과 같은 공산주의적 재산국유화 내지는 재산 공(公)개념을 배격한다.

아니 그는 더 거슬러 올라가서 플라톤이 *Politeia*에서 그토록 제창한 공산(共産)의 이념도 거부한다.[65] 그는 설령 부자들이 그렇게 하려고 하더라도 무슨 특별 예술행사나 스포츠행사에 지원하는 것을 제외하고는 그렇게 하도록 허락하지 않아야 한다고 가르친다. 마찬가지로 과두정에서는 가난한 자들에 대해 많은 관심이 기울어져야 한다고 보았다.[66]

2.9. 농민중심의 이상적 민주정

아리스토텔레스는 민주주의의 미래에도 희망이 있는데, 그것은 농민(農民)이 중심이 되는 국가라고 보았다.

그는 애당초 민주주의라는 정치제도가 문제가 많은데 그래도 가장 무난하면서 어려움이 없는 최상의 형태가 농민이 중심이 되는 민주주의라고 한다. 그것은 민주주의를 이루고 있는 다양한 국민들의 등급상 농민이 최고이기 때문이라는 것이다.(1318b-1319a)

그러면 왜 농민이 가장 좋은 민주정치의 주체인가? 거기에 대해 아리스토텔레스는 그들이 갖는 자체적인 특징과 그리고 그들 집단이 정치에 대해 갖는

---

65) Richard Saage, op.cit. 61
66) Aristoteles, *Politica*, V/6 f. 1307b ff.

관계적 속성의 측면에서 설명한다.

먼저 농민의 자체적 속성을 살펴보면, 농민은 대개 가난하여 삶의 필수품들도 구비하지 못하는 빈곤층이기 때문이라고 한다. 그리고 그들은 열심히 일을 하며 다른 사람들의 재산을 탐내지도 않는다고 한다.

그리고 그들은 정치나 공직의 업무보다 자신들의 노동을 더 즐거하며, 그러한 직을 통해 얻는 영예보다 물질적인 이득을 더 탐내는 것이다.

따라서 정치에 대한 관계적 속성에서 농민들은 정치나 권력에 대한 욕망이 별로 없다. 그들은 여전히 농사일을 하도록 허락되고 그들의 농토만 빼앗기지 않는다면 그들은 과거의 폭군정도 견디어 냈고, 현금(現今)의 과두정도 참아내는 것이다. 국정에서 그들은 공직자들을 선출할 수 있는 선거권을 지니고, 그들에게 책임을 묻는 권한만 있다면 다른 무엇을 더 바랄 게 없는 계층이라는 것이다.

아리스토텔레스는 농민들이 민주정의 시민으로 좋은 또 다른 적극적인 이유도 댄다. 그것은 그들이 어떤 자질을 갖춘 특정한 계층 출신이라는 점이라는 것이다.

이미 대부분 국가들의 고대 법률들을 보면 농민들에 대한 법을 제정하여서 그들이 이미 대대로 이러한 국가법에 익숙하고 그것을 잘 준수해왔기 때문이라는 것이다. 이를테면 농민들이 대대로 잘 지켜온 토지를 소유함에 있어 어떤 한도 내에서 가져야 하는 법 조문이나 또는 마을이나 아크로폴리스로부터 일정한 거리 내에서는 농사를 금지하는 법 조항같은 것이 이에 해당된다.

아리스토텔레스는 농민들 다음으로 민주주의의 가장 좋은 국민은 목축업(牧畜業)에 종사하는 이들이라고 생각했다. 그들은 농민들과 유사한 특징을 가지고 있을 뿐 아니라 체질이 강인하고 야외에서 야영을 할 수 있으며, 나아가 전쟁을 하기에도 적당한 잘 훈련된 사람들이라는 것이다.

다른 민주주의를 구성하는 사람들, 이를테면 기계공이나 장사치들, 그리고 노동자들 같은 계층은 농민들이나 목축민들보다는 많이 열등하며, 그들의 삶도 열악하다고 보았다. 하지만 이런 계층의 사람들은 민회에 거의 올 수가 있는데, 그 이유는 그들은 시간도 많고 도시 중심이나 시장바닥을 늘 어슬렁거리며 돌아다니기 때문이다. 반면 농민들은 이들과 달리 도시에 떨어져 온 국토에 산재해 있어 모이지도 않고 동시에 민회에 참석할 필요도 거의 느끼지 못하는 것이다.

따라서 아리스토텔레스는 차라리 이러한 어중이떠중이들이 어슬렁거리는 도시보다는 도시로부터 멀리 떨어진 농민들이 사는 시골이 오히려 탁월한 민주정 내지 혼합정을 수립하기에 더 좋은 영역일수 있다고 했다.[67] 도회자의 귀족출신인 아리스토텔레스가 꿈꾼 민주국가의 이상적 형태는 아이러니칼하게도 시골에서 농민 중심으로 만들어지는 나라였다.

3. Polybios와 Cicero에게서의 후속사와 중우정

플라톤과 아리스토텔레스의 이러한 정치사상 및 정체들에 대한 이론은 2세기 헬라의 역사가요 정치사상가였던 Polybios와 로마의 Cicero에 의해 계승되었다. 특히 민주정과 그것의 변질형태에 대해서는 폴리비오스가 정체변화의 순환론인 anacyclosis 이론을 내세우고 중우정을 뜻하는 ochlocratia 라는 개념을 처음 사용하므로 이 이론의 중요한 초석을 놓은 셈이었다.

그러면 중우정이란 무엇인지 개념사적으로 고찰해보고 이어서 폴리비오스와 키케로의 사상을 살펴보기로 한다.

3.1. 중우정의 의미

중우정(衆愚政, ὀχλοκρατία, ochlocratia)의 의미와 개념사는 뒤에 상술하겠지만, 이것은 한마디로 무질서한 대중이나 우중(愚衆, mob)이 주도하는

---

67) Aristoteles, *Politica*, VI/2, 1318b~1319a

정치를 말한다. 그것은 일반적으로 퇴락한 민주주의의 변형을 두고 지칭하는 개념으로서, 구체적으로는 어리석은 다수의 대중이 이끄는 다수주의(majoritarianism)에 대한 경멸적이고도 비판적인 용어로 사용되어 왔다.

이것과 교호적으로 사용될 수 있는 유사개념어로는 우리가 이미 사용한 대중의 무법성과 난폭성을 부각시키는 폭민정(暴民政), 대중의 무지함과 어리석음 폭로하는 우민정(愚民政) 등이 있다.

이것의 기원이 되는 '우중(愚衆, ὄχλος)'이라는 용어는 그것에 대한 정치적 사용을 한 아리스토텔레스에 의하면 애당초 투표권을 지닌 시민 내지는 일반 대중을 의미한다. 아리스토텔레스는 'Larisa의 시민보호대가 그들이 대중에 의해 선출되므로 그 대중(ὄχλος)의 환심을 사려고 하는 것처럼 귀족정의 구성원들이 대중(ὄχλος)에 인기를 얻으려고 그 비위를 맞춘다.'[68]라고 하면서 이 용어를 사용하고 있는 것이다.

하지만 이러한 중우정에 대한 문제의식은 이미 플라톤에게도 분명히 있었다. *Siècle de Louis XIV*(루이 14세시대사, 1751)[69]에서 프랑스 계몽주의 사상가인 Voltaire가 인류역사 최초의 황금기로 칭한 Perikles 치하의 아테네가 펠로폰네소스전쟁을 계기로 그 화려한 민주정이 막을 내리고 일부 책략가들의 농락으로 나라는 위기에 처하게 되었다. 이때 이미 소크라테스는 아테네의 민주정이 타락했음을 간파하고 있었다. 아테네 시민들은 소크라테스의 말처럼 '자기 영혼의 진보를 위해서'는 노력하지 않고 부요와 명예 같은 자신의 이익만을 추구하게 되었고, 권력욕이 있는 선동가들은 궤변을 가지고 민중의 마음을 사로잡으려고 했다. 결국 이러한 세력은 민중선동과 함께 여론을 조성하고 국가최고기관인 민회(民會)를 장악하였다. 그 결과로 결국 국정은 실패로 돌아가고, 사회는 혼란하게 되면서 전쟁까지 패하고 말았다.

---

68) Aristotle, *Politics*, trans. by H. Rackham, Loeb Classical Library, BkV v 5; 1305 b 25-30
69) Voltaire, *Siècle de Louis XIV*, critical edition edited by Diego Venturino and others, in The Complete Works of Voltaire (Oxford: The Voltaire Foundation)

이러한 국정의 혼미와 패전을 경험한 플라톤은 그것이 중우정 내지는 폭민정 (mobocracy)의 필연적 결과라고 비판하였다.

그는 폭민정의 특징으로 첫째, 다수 중우들의 요구에 부응하는 중우(衆愚) 부합적 인기정치, 둘째, 우수한 소수엘리트와 우둔한 다수를 동등하게 취급하는 불공정한 평등사상, 셋째, 정치적 영향력을 행사하게 된 다수 중우들의 도덕적 해이와 부패, 넷째, 소수 정치적 우수자들이 아닌 우중들의 주도로 이뤄지는 정치양상 등을 들었다.

하지만 '중우정(ochlocratia)'은 개념상으로는 가장 먼저 Polybios에게서 등장한다. 그에 의하면 중우정치란 민주정이 퇴락한 일종의 질병적인 정체로서 이를테면 우중들의 독재정과 같은 것이다. 이런 정체 하에서는 민중이 사안에 대한 반성이나 검토 없이 절대권을 휘두르고, 공익보다는 사익을 추구하므로 민중은 부패하고, 그들을 선동하는 선동정치가들이 일어나 결국 국가는 혼란에 빠지는 상태라고 한다. 그 이후 정치사상사에서 보편적으로 사용되지는 않았지만 민주주의의 변형으로 이따금씩 회자되어 왔다고 할 수 있다.

3.2. Polybios의 anacyclosis 이론과 중우정

3.2.1. Anacyclosis 이론

주전 2세기 헬라의 역사가요 정치사상가인 Polybios는 무려 전권(全卷)이 40권에 달하는 방대한 주저인 *Historiae*의 제6권에서 정체(政體)의 자연적 순환론인 anacyclosis 이론을 전개한다.[70] 이 용어는 그가 'πολιτειῶν ἀνακύκλωσις(정체들의 순환)'[71]이라고 사용한 표현에서 비롯된 것으로 하나의 정체에서 그것의 변형을 거쳐 다른 유형으로 순차적으로 바뀐다는 것을 의미한다.

그의 이론은 우선 하나의 창조적인 이론이라기보다 플라톤과 아리스토텔레스가 이미 전개한 정체론에 근거해 있다고 볼 수 있다. 폴리비오스도 그들

---

70) 구체적으로 기본적인 정체론은 제6권 3장에서 9장까지에서 다루고 있다.
71) Polybios, *Historiae*, VI,9,10

처럼 정체를 우선 여섯 유형으로 나누어 군주정, 귀족정, 민주정은 좋은 유형이라는 뜻으로 양성정체(良性政體)로, 독재정, 과두정, 중우정은 좋지 않은 유형이라는 의미로 악성정체(惡性政體)로 구분하였다. 전자는 그 정체의 본래 모습이요, 후자는 변질되고 뒤틀린 형태들(παρεκβάσεις)이다.

이러한 구분에서 특이한 것은 플라톤이나 아리스토텔레스가 시민다수에게 정치권력이 주어지는 양성의 정체를 민주정 대신 혼합정으로 보고 악성을 민주정으로 보았던 것을 폴리비오스는 중우정(ochlocratia)이라는 새로운 개념을 민주정의 자리에 넣고 있다는 것이다.

하지만 앞서 충분히 논의한 바처럼 아리스토텔레스의 사상에 민주정의 긍정적인 요소가 다분히 개진되어 그것을 이어받은 것으로도 볼 수 있다. 그리고 한 가지 더 차이가 있는 것은 순환하는 과정에서는 하나의 정체를 더 포함시켜 총 일곱 가지 정체로 보았는데, 이렇게 추가되는 것은 군주정 이전의 원초적인 왕정(王政)이다. 하지만 가장 중요한 차이는 이 논의의 말미에서 다루겠지만 최상의 정체로 군주정을 지적하지 않고 혼합정으로 본다는 점이다.

그러면 폴리비오스가 정체들을 양성과 악성으로 구분하는 주요 근거는 무엇인가? 그것은 한마디로 말하면 이익추구의 대상과 관련되어 있다. 양성이 시민 전체의 유익을 지향하는 반면, 악성은 일부 소수의 이익을 추구한다는 것이다. 세 가지 양성정체들이 있지만 그것들은 다스리는 자의 수적 차이만 있을 뿐 동질(同質)의 것이라고 보았다. 그리고 이것들에서는 최고의 국가권력의 소지자와 시행자가 동일주체라고 하였다.[72]

반면 악성정체들은 양성정체와 달리 자립적이고 독립적인 형태가 아니라 앞의 것들의 변질에 불과하다는 것이다. 그러한 변질은 각각의 경우에 해당되는 양성정체의 국가권력를 과잉되게 행사한 것에서 빚어졌다고 보았다.[73]

---

72) Edwin Graeber, *Die Lehre von der Mischverfassung bei Polybios*, Bonn, 1968, 72
73) Polybios, *Historiae*, VI,4,6

그의 anacylosis 이론의 기본전제는 어떠한 정체든지 본래부터 완벽하고 온전한 것은 없다는 것이다. 불완전한 인간들이 모여 정치공동체를 만든 것 자체가 불완전할 수밖에 없는 것이다. 따라서 정체의 기본유형으로 시민 전체를 위하는 양성정체라 하더라도 본질적 특성상 불안정하고 허약한 체제인 것이다. 따라서 그것들은 신속하게 악성정체들로 퇴락되어간다는 것이다. 그러면 이러한 퇴락은 순전히 자연적인 것이고 필연적인 것인가?

폴리비오스는 정치권력자들의 부패와 타락이 그 실제적 원인이기는 해도 이러한 하나의 정체에서 다른 정체에로의 변환은 '자연의 질서(φύσεως οἰκ ονομία)' 74)로서 불가피하다고 보았다. 75) 그의 정치사상의 저변에는 이렇게 고대인들의 의식을 직·간접으로 억눌렀던 운명론, 숙명론 같은 것이 깔려 있는 것이다.

그러면 폴리비오스가 말하는 정체의 순환과정은 어떠한가? 그것은 원시적 왕정-군주정-독재정-귀족정-과두정-민주정-중우정의 순(順)이다.

그에 의하면 하나의 국가는 원시적인 왕정으로 시작하지만 그것이 곧 군주정으로 정착한다는 것이다. 그는 그것을 '참된 왕정(王政)(βασιλεία ἀ ληθινή)' 76) 이라고 하였다. 이때는 영향력 있고 지혜로운 군주의 통치가 이뤄 진다.

군주정의 이상적인 모습은 그가 백성들에 의해 자발적으로 인정받고 그 스스로도 힘으로가 아니라 이성으로 다스리는 형태이다. 하지만 그 군주의 자녀들로 왕위가 세습적으로 승계가 되면 다른 상황이 발생한다. 선왕(先王)은 국민들의 관점에서 최상의 유익을 추구해온 반면, 자녀세대의 왕들은 특권의 식 가운데 절제하지 못하고 심지어 윤리적 방종의 형태인 성적(性的) 폭력까지 자행하게 된다는 것이다.

---

74) Polybios, *Historiae*, VI,9,10
75) C..O.Brink/F.W. Walbank, Der Aufbau des 6. Buches des Polybios, in: Klaus Stiewe u. Niklas Holzweg, *Polybios*, Darmstadt, 1982는 이러한 순환론은 '생물학저 법칙성'(236)이며 '자연적 진 화'(246)라고 했다.
76) Polybios, *Historiae*, VI,7,1

따라서 이러한 방종에 대한 백성들의 비판, 그리고 애당초 군주의 자식이라는 이유로 왕위를 계승한 것에 대한 백성들의 질투와 미움이 어우러져 불만이 고조되는 것이다. 이런 백성들의 도전 가운데 그것에 대한 억압과 왕권을 유지하려고 하는 시도에서 독재정(獨裁政)이 등장하게 된다는 것이다.[77]

그러면 그 나라의 영향력 있고 힘있는 일부의 인사들이 규합하여 독재자의 권력남용에 견제를 하면서 결국은 그 독재자를 타도해 버린다. 그렇게 하여 권력을 찬탈한 소수의 귀족들이 연합하여 권력을 쥐게 되는 귀족정(貴族政)이 발생하게 된다.[78] 이제는 한 사람의 단독 지배체제에서 몇 사람의 소수 지배체제로 전환되는 것이다. 이 때 귀족들은 권력을 분점하고 역할을 분담하여 처음의 군주정처럼 좋은 정치를 하게 된다. 이러한 선정의 조건은 그 지도자들이 지혜롭고 공의로운 이들이 되어야 한다는 점이다.

하지만 왕정의 세습처럼 귀족정도 귀족의 자녀세대로 세습이 되면서 상황이 달라지게 된다. 마치 독재정이 등장할 때 그렇게 했듯이 자신들의 지위를 이용하여 사욕을 채우면서 권력을 남용하는 이들 생겨나고 그에 대한 국민들의 반발이 거세지면서 과두정(寡頭政)으로 변질된다는 것이다.[79]

3.2.2. 민주정과 중우정

이제 백성들은 예전의 왕에게, 이번의 귀족들에게 가졌던 희망을 자신들에게서 찾으려 한다. 그래서 그들은 정치적 권력을 타락한 귀족들, 즉 과두들에게서 빼앗아 자기들의 손아귀에 쥐게 된다. 그들은 이전에 귀족들이 왕들에게 자행했던 것처럼 자신들도 과두정의 지도자들을 추방하거나 살해하기까지 하는 것이다. 여기에서 소수의 다스림에서 다수의 다스림으로 전환되고 민주주의(民主主義)가 등장하게 되는 것이다.[80]

---

77) Polybios, *Historiae*, VI,7,9
78) Polybios, *Historiae*, VI,8,2
79) Polybios, *Historiae*, VI,8,4
80) Polybios, *Historiae*, VI,9,3

그러나 왕의 자손들과 귀족의 자손들이 그렇게 했듯이 백성들도 자기들 손에 쥐어진 권력을 남용하게 된다. 그런 권력의 남용이란 민주주의 체제에서는 자유의 남용을 의미하는데, 제한 없는 자유 속에 정치적 표현이나 행위들도 난무하고 백성들은 자신들이 원하는 것은 다 이루려 하는데, 이런 와중에 국정이 혼미해지면서 중우정치로 퇴락하게 되는 것이다.[81]

이런 중우정에서는 전통적 가치는 다 땅에 떨어져 신들에 대한 숭앙이 없음은 물론 부모나 노인들에 대한 공경심도 사라지고, 나아가 국법(國法)도 무시하고 법치(法治)를 거부하게 되는 풍조로 변질된다는 것이다.

민주정이 자리 잡은 지 두 세대가 지나가게 되면 이제는 이전의 과두정에서 행해진 악들에 대해 경험한 사람들은 아무도 남지 않게 된다. 폐해의 과거사에 대한 기억의 부재 속에 민주정의 본래적 이상이던 자유와 평등의 가치에 대해서는 무관심하게 되고, 오히려 권력욕이 강화되게 된다. 나아가 소수의 부자들이 주는 뇌물을 받고 또한 그러한 부정적인 이익을 탐닉하게 되면서 권력욕을 품고 체제를 흔들려고 하는 야심가에 의해 휘둘리게 된다는 것이다.

결국 중우정체제에서는 백성들이 부패하게 되고, 국가는 극심한 혼란에 빠지게 된다는 것이다. 그리고 기존의 사회질서와 체계가 붕괴되고 사회는 야만적인 사회로 전락하고 마는 것이다. 폴리비오스가 이 이후의 과정에 대해서 구체적으로 밝히지는 않았지만 그의 순환론을 그대로 따라가면 아리스토텔레스가 서술했듯이 대중의 지지를 얻은 강력한 정치지도자의 등장으로 그에게 정치권력이 집중되어 이제 다시금 일인이 통치하는 군주정(君主政)이 등장하게 되는 것이다.[82]

여기에서 우리는 폴리비오스가 말한 중우들의 성격을 찾아볼 수 있다.

첫째, 다양한 정치경험의 부재이다. 그것은 정치력 행사의 부재라기보다 왕정이나 귀족정, 군주정이나 과두정 같은 정체에 대한 경험이 전무하다는

---

81) Polybios, *Historiae*, VI,9,5
82) Polybios, *Historiae*, VI,9,9

점이다. 이러한 경험의 부재는 그것들이 지닌 좋은 점은 물론 무엇보다 몰락하게 된 부정적인 요인에 대한 무지와 직결됨을 말하는 것이다.

둘째, 자유와 평등 같은 민주주의의 기본가치에 대한 무의식이다. 그들이 고수해야 할 이러한 가치의 본질에 대한 무의식은 그것을 보존하려고 하는 마음을 가져다주지 못하고, 변질과 파행을 방조하게 되는 것이다.

셋째, 공공의 유익보다 개인적인 사욕성취에 대한 욕망이다. 중우정이란 공공선(公共善)이란 가면을 둘러쓰고 있는 사적 탐욕의 진면목일 수 있다는 점이다.

넷째, 자유의 남용이다. 그것은 무엇보다 정치적 언어에서 잘 드러난다고 보는데, 이는 오늘날의 시각에서 보면 실증적 근거 없이 상대를 비난하는 매체상의 언어들도 포함될 수 있는 것이다.

다섯째, 뇌물수수 등과 같은 부패적 관행이다. 이것은 독재정과 과두정에서도 그러하듯 중우정에서도 예외가 아니라는 것이다.

마지막 여섯째로 법치를 거부하고 기존질서를 붕괴시키는 사회적 야만화(野蠻化)의 성향이다. 중우정에서 백성들은 민주주의를 지키고 그것의 가치를 구현하는 건전한 시민들이 아니라 법질서를 무시하고 탈법을 행하며 체제를 허물어뜨리는 폭도들로 변모한다는 것이다.

폴리비오스는 중우정의 이러한 예를 우선 아테네에서 찾는다.[83] 그에 의하면 아테네는 정치주체인 시민들의 불일관성이 문제이며, 또한 위에서 언급된 '급진적 민주주의(radical democracy)'의 여러 요소들이 노출되는 것이 문제였다.[84] 그는 플라톤이 *Politeia* 제6권(488a-e)에서 국가의 정체를 배에 비유한 것을 원용(援用)하고 있다. 그는 이 비유를 확장하여 아테네 시민들을 선장의 말을 듣지 않는 승조원에 비유하는데, 그들은 고요하고도 순조로운 항해에 재난을 가져와 배를 난파 직전으로 몰고 가는 무리들이라는 것이다.

---

83) Polybios, *Historiae*, VI,43
84) Brian McGing, *Polybios' Histories*, Oxford, 2010, 186

이러한 중우정의 형태는 테베(Thebe)에도 있었다.[85] 이곳에서도 국정의 모든 것을 군중들이 조정하고 있었다. 아테네의 중우정이 완고하고 악의적이었다면, 테베의 그것은 폭력적이고 투쟁적이었다.[86] 폴리비오스는 로마와 카르타고의 정체를 논의하는 뒷부분의 논의에서도[87] 후자가 중우정에 빠지게 되었다고 비판한다. 하여튼 중우정은 폴리비오스의 정체순환론에서 가장 마지막 단계에 오는 것이다.

3.2.3. 혼합정의 이상

이렇게 원시적인 왕정에서 중우정으로 이어지는 흐름과 그리고 순환하는 과정을 폴리비오스는 자연적인 것으로(κατὰ φύσιν), 또는 마치 숙명적인 것으로 불가피한 것으로 보았다. 하지만 그는 정체의 각 단계마다 권력주체들의 부패와 타락이 수반되었음을 지적한다. 이미 플라톤이나 아리스토텔레스도 정체의 유형들만 말한 것이 아니라, 이러한 정체의 변화를 충분히 진술하고 있었음을 볼 수 있다.

폴리비오스는 정치를 유기체적인 것으로 이해하여 각 정체의 단계들을 마치 생물체가 생장하여 소멸되는 전 과정에 비할 수 있다고 보았다. 말하자면 각 정체들은 식물처럼 시작 또는 발생(ἀρχή, γένεσις)-성장 또는 발전(αΰξησις)-완성 또는 정점(ἀκμή)-변질 또는 쇠퇴(μεταβολή)-몰락 또는 종국(τέλος)의 과정을 밟는다고 본 것이다. 그러면서 다음의 단계로 변모하여 간다는 것이다.[88]

"그러한 것이 정체들의 순환(politeion anakuklosis)이요, 자연의 섭리(phuseos oikonomia)인데, 그것에 따르면 정체들은 변화되고, 변형되며, 그것의 본래적인 형태로 되돌아 간다."[89]라고 폴리비오스는 말한다. 따라서

---

85) Polybios, *Historiae*, VI,44
86) Brian McGing, op.cit.
87) Polybios, *Historiae*, VI, 51
88) Polybios, *Historiae*, VI,4,12
89) Polybios, *Historiae*, VI,9,10

이러한 정체의 순환론을 정확하게 아는 이들은 마치 예언자처럼 어느 한 국가의 미래에 대해서도 말할 수 있다고 보았다.[90]

폴리비오스의 정체순환론이 일면(一面) 그럴듯한 논리적 정연성은 가지고 있는 것처럼 보이지만, 당대 로마제국의 정치적 흐름을 보면 이와는 일치하지 않았음을 볼 수 있다. 우선 로마제국에서는 이러한 정체의 순환이 순차적으로 발생한 것이 아니라 여러 시기에 걸쳐 다양한 정체가 고유한 힘을 가진 채 동시에 발생되었다고 할 수 있다. 이를테면 일인 지배자 같은 황제의 권력, 소수 지배자 같은 집정관들이나 원로원의 파워, 다수 지배자 같은 시민들의 목소리가 거의 같은 비중으로 뿌리내리고 있었고, 그것들 모두 다 같이 동시에 작용되었던 것이다.

따라서 폴리비오스도 이러한 로마제국에서 '도는 순환'이 아니라 '서 있는 순환'(stehende Kreislauf)을 본 것이다.[91] 반면 그가 정체의 순환론 내지는 생물학적 법칙성이 로마에 적용된다고 생각했다면, 그것은 어느 한 시기가 아니라 로마의 전(全)역사를 감안한 것으로 볼 수 밖에 없다.[92]

그러면 그는 무슨 정체를 최상의 것으로 보았는가? 앞서 암시한 바대로 폴리비오스는 최상의 정체를 군주정 같은 하나의 개별적인 정체에서 찾지 않고 각 개별적 정체들의 특장을 모은 혼합정(μικτή)에서 찾는다.

이러한 혼합정도 다양한 형태가 있는데, 그는 혼합정의 가장 이상적인 유형을 무엇보다 먼저 스파르타의 Lycurgus의 왕조에서 발견하였다.[93] 그리고 그것보다 못한 형태를 로마제국에서 찾는다.[94] 그러면 이 양자의 차이는 무엇인가? 그에 따르면 이 양자의 차이는 바로 logos의 존재와 부재에 놓인다. 스파르타의 왕조는 로고스를 지니고 있은 데 비해, 로마는 그것을 지니지 못했다는 것이다.

---

90) Polybios, *Historiae*, VI,9,11
91) Edwin Graeber, op.cit., 102
92) cf. C.O.Brink, F.W. Walbank, Der Aufbau des 6. Buches des Polybios, in: *Polybios*, hrg.von Klaus Stiewe und Niklas Holzberg, Darmstadt 1982, 239
93) Polybios, *Historiae*, VI,3,5~4,13
94) Polybios, *Historiae*, VI,10-18

말하자면 로마는 위에서 언급한 바처럼 세 가지의 요소가 조화를 이루지 못한 반면, 뤼쿠르구스왕조는 합리성은 물론 그것들의 조화된 형태를 지니게 되었다는 것이다.[95)]

이 지혜로운 스파르타의 왕은 혼합되지 않은 선정유형의 정체들이 그 내부에 악정유형으로 전락할 수 있는 요소들이 함유되어 있어 본질적으로 불확실하고 심지어 위험한 것으로 보았다. 철에 녹이 쓸고, 나무에 벌레가 생기듯이 군주정, 귀족정, 민주정에 폭군정, 과두정, 그리고 중우정과 같은 부정적 형태들이 생길 수 있다는 것이다. 이것을 고려한 뤼크루구스 왕은 그 단순한 정체가 지니는 모든 특장들을 한데 모아 하나의 혼합형을 만들었다는 것이고, 이것이야말로 최상의 정체유형이라는 것이다.

그러면 이 이상적인 혼합정이 변질되거나 퇴락되면 무엇으로 바뀌게 되는가? 폴리비오스는 그때도 중우정으로 바뀌게 된다고 보았고, 그러한 예를 카르타고에서 찾고 있다.[96)] 로마와 카르타고를 비교한 폴리비오스는 둘 다 혼합정의 형태를 취하지만 원로원이 권력을 장악한 로마에 비해 시민들이 주 영향력을 행사한 카르타고가 더 쉽게 중우정으로 전락할 수 있었다고 지적한다. 로마는 귀족들이 영향력을 잃지 않아 공적인 문제에 대한 결정에서 민중 중심의 카르타고보다 나았다는 것이다.[97)]

여기에서 우리는 같은 혼합정이라도 민중 중심의 카르타고보다 귀족이나 과두 중심의 로마의 정체가 낫다는 것을 간파할 수 있다. 이런 점에서 폴리비오스의 사상에 아리스토텔레스적인 영향이 있음을 간과할 수 없는 것이다. 카르타고는 결국 혼란을 맞게 되고 정체순환론에 따라 그것의 첫 단계인 원초적인 왕정으로 돌아갈 수 밖에 없었다는 것이다.

---

95) Polybios, *Historiae*, VI,10,12~14, cf. Brian McGing, *Polybios'Histories*, Oxford, 2010, 174 는 이것을 폴리비오스가 스파르타에서는 합리적 과정으로, 로마에서는 비합리적 과정으로 본 것으로는 해석할 수 없다고 하였다. 로마의 정체는 위기의 과정에서 발전되었고, 그 안에서 로마인들은 재앙에서 얻은 경험에 비추어 바른 결정을 내려왔다고 보았다. 이러한 바른 결정의 과정에서 로마인들은 이성을 사용했음이 분명하다고 옹호하고 있다.
96) Polybios, *Historiae*, VI, 51
97) Polybios, *Historiae*, VI, 51,6~8

하여튼 폴리비오스가 정체의 가장 완성된 형태로 본 혼합정에 대한 이러한 관점은 후대의 Cicero에게 고스란히 전수되었다.

3.3. Cicero의 정치사상과 혼합정

3.3.1. 세 가지 정치체제

폴리비오스의 anacyclosis론은 Cicero와 Machiavelli[98]에게로 내려 간다. 하지만 키케로는 정체들의 순환론을 언급했지만 폴리비오스처럼 그것을 고정적인 자연법칙처럼 간주하지는 않았다.

로마의 대표적 지성으로 손꼽히는 Marcus Tullius Cicero(B.C.106-B.C.43)의 국가론과 정치사상은 그의 대표작인 *De re publica*에 잘 드러난다. *De re publica*는 B.C.54~51 어간에 집필된 것으로 로마를 중심으로 한 국가와 정치에 대한 Cicero의 사상을 보여주는 그의 핵심 저작이다.[99]

모두 6권으로 되어 있는 이 저서는 사실 한 로마인에 의해 자기 나라의 공화국 체제 및 군주적 통치형태의 구조와 가치를 매우 치밀하면서 반성적으로 분석한 최초의, 아니 거의 유일한 책이라는 점에서 의미가 크다.

그는 기본적으로 polis의 정치를 중심으로 기술하고 있는 플라톤, 아리스 토텔레스, 그리고 폴리비오스의 정치이론들의 흐름을 잘 인식하고 그것들의 기본사상을 도입하면서도 복잡하고 거창한 논증을 위해서는 cosmopolis와 자연 법에 대한 스토아사상도 도입하고 있다. 특히 공화국 로마의 전통적 가치들과

---

98) Machiavelli, *Discourses on Livy*, I/2
99) 키케로의 *De re publica*는 로마의 정치제도를 반성적으로 성찰하고 분석한 대표적인 정치이론서로 출간 이후 적어도 주후 5세기까지 이 분야의 표준적인 텍스트였다고 할 수 있다. 그럼에도 불구하고 이 책은 후에 온전히 보존되지 않았고 단편들로만 내려오게 되었다. 오늘날 편집된 이 책의 원자료는 151장(張)으로 되어 있는 한 팔랑세스트(palimsest: 씌어있던 글자를 지우고 그 위에 다시 쓴 양피지 사본)였다. 4세 기에 씌어진 이 양피지 원고는 7세기에 이르러 밀라노 인근 Bobbio 수도원에서 아우구스티누스의 <시편 강해서> 텍스트를 위해 지워지고 재사용되었었다. 다행히도 키케로의 글이 완벽하게 지워지지 않아서 거의 대부분 판독할 수 있게 되었다. 이에 1819년 Angelo Mai에 의해 바티칸의 서고(書庫)에서 발견되어 1822년에 처음으로 간행되게 되었던 것이다. 특히 조금만 남은 뒷부분과 달리 정치이론을 다룬 1, 2권은 거의 온전히 보존되어 있었다. 그밖에 기독교변증가였던 Lactantius의 *Divinae Institutiones*와 아우구 스티누스의 *De civitate Dei*, 그리고 신플라톤주의자 Macrobius의 글에 일부분 텍스트내용이 수록되어 있었다. cf. James E.G. Zetzel(ed.), *Cicero: On the Commonwealth and On the Laws*, Cambridge University Press, 1999, introduction, xiv f.

제도들을 한편으로는 아리스토텔레스가 말한 시민적 덕목(德目)에, 다른 한편으로는 스토아사상에서 비롯된 우주 전체의 질서에 연결시키려는 노력을 하고 있다.100)

이 책은 플라톤의 대화록에서처럼 소크라테스식 대화형식으로 구성되어 있는 데, 여러 가지 제기된 질문들에 대해 Scipio Aemilianus101)라는 나이든 지혜자를 통하여 답변하는 방식을 취하고 있다. 여섯 권 가운데 첫 두 권은 정체론(政體論)과 국가론을 다루고 있는데, 그 가운데서 제1권은 총론적인 부분으로 군주제, 소수지배제, 민주제 등 전통적인 세 가지 정체들을 다루고 있고, 제2권은 이 이론을 로마제국에 적용하는 시도를 하고 있다.102)

그러면 이 저서에서 표방된 그의 사상은 플라톤과 아리스토텔레스의 정치론과 비교하면 어떠한가? 일견하면 Cicero의 *De re publica*와 Platon의 *Res public*(Politeia)는 전자가 현실중심적 이론인데 비해, 후자는 사변적 이상론을 펼친 짐에서 근본적으로 다르다고 할 수 있다. 인물에 있어서도 키케로는 세련된 정치가였고, 플라톤은 현실적으로는 정치적 책임이 없는 이상론자였다.103)

하지만 키케로는 아리스토텔레스와 폴리비오스를 통하여 자신에게로 내려온 플라톤의 세 가지 기본 정체론의 구분에 대해서는 동일한 견해를 지녔다. 그리고 그러한 국가의 기본적 정체유형들이 세월의 과정에서 퇴락할 수 있으며, 그러한 퇴락으로 그것의 변형들이 생겨나는 현상에 대해서도 같은 생각을 지녔다.104)

De re publica 제I권에서 키케로는 우선 Scipio의 입을 통하여 기본적으로 '국가라는 것(res publica)은 시민의 일(res populi)'105)이라고 정의한다.

---

100) ibid. xvii
101) 이 Scipio는 소크라테스가 죽은 수세기 이후, Cicero가 태어나기 몇 십년 전에 사망한 인물이었다. 하여튼 이 Scipio는 플라톤의 대화록에서 소크라테스같은 역할을 하는 지혜자로 등장한다.
102) James E.G. Zetzel(ed.), *Cicero: On the Commonwealth and On the Laws*, Cambridge University Press, 1999, introduction, xv
103) 일반적으로 키케로의 *De re publica*는 그의 *De Legibus*와 짝을 이루고, 이 두 권의 저작은 플라톤에게의 *Politeia*와 *Nomoi*에 상응하는 것으로 간주되어왔다. cf. Walter Nicgorski, Cicero and the Rebirth of Political Philosophy, in: *Political Science Reviewer*. Fall, 1978 - Vol. 8, No. 1, 71
104) cf. Alois Riklin, *Polybios, Cicero und die Römische Republik*, St. Gallen, 2002
105) Cicero, *De re publica*, I, 39

여기에서 키케로는 나라에서는 제도나 법이 중요하다고 해도 결국 사람이 국가의 주체라는 것임을 말하며, 또 왕 같은 단독 통치자나 원로원 같은 일부 국가지도자들보다 국민이 중요함을 암시하고 있다. 이 정의에서 우리는 키케로의 정치사상에 민주주의적 이념이 중요한 위치를 차지하고 있음을 볼 수 있다.

그러면 이런 맥락에서 키케로가 말하는 '시민(populus)'이란 도대체 누구 인가? 그런 시민이란 단순하게 함께 무리 지은 떼거리가 아니라, 적어도 두 가지의 특성을 지닌 이들인데, 즉 지켜야 할 법은 인지하면서 준수해야겠다고 합의하고(consensus iuris), 공익(公益)의 추구를 위해서 함께 노력하고 참여하는(communio utilitatis) 이들이라고 정의한다.[106]

전자는 의무(義務)이고, 후자는 책임(責任)이다. 국가를 위한 당연한 법 준수의 의무와 국가발전을 위해 공동의 짐을 지는 이들이야말로 진정한 시민 이고, 그것을 하지 않는 이들은 국가문제에 관여할 수 없는 한낱 무리에 불과 하다는 것이다.

그러면서 제1권 42장에 가서 정체를 구분하면서 공정하고 지혜로운 왕이 다스리는 군주정(regnum), 선출된 시민 일부가 다스리는 소수지배정(civitas optimatium), 그리고 시민들이 다스리는 민주정(civitas popularis)으로 구분하고 있다.[107] 하지만 이 세 가지 정체들은 문제들이 많은 제도들이다.

먼저 군주정(君主政)에서는 군주 자신을 제외하고는 공공의 법률과 정책 (communis iuris et consilii)[108]에 대해서는 무지할 뿐 아니라 책임감도 없다. 이를테면 관용도 있고 심지어 사랑도 많은 페르시아의 고레스(Cyrus) 대왕은 참으로 여러 군왕들 가운데 가장 훌륭하고 가장 지혜로운 왕으로 칭송을 받았지만, 이 경우도 국가가 한 개인의 결정에 의해 통치되었기 때문에 국사(國事)는 백성들이 바라는 관심사가 되지 못한 것처럼 보였던 것이다.

---

106) ibid. I, 39
107) ibid. I, 42
108) ibid. I, 43

다음으로 소수지배정(小數支配政)에서는 다스리는 자들이 백성들의 자유에 거의 참여하지 못하며, 또 백성들은 공적 심의와 힘에 아무런 역할도 하지 못하는 것이다. 키케로의 예에 따르면 마치 이전에 아테네를 잠시 다스리던 30인 참주회의의 정치[109]와 유사한 방식으로 마르세이유(Marseilles)는 일부 선출된 지도자들에 의해 가장 정의롭게 다스려졌다고 하더라도 그 백성의 여건은 여전히 노예상태를 포함하고 있었다는 것이다.

마지막으로 민주정(民主政)에 있어서 키케로는 먼저 이 아테네의 예를 든다. 아테네는 기원전 411년 사백인회가 권력을 장악한 과두정이 수립되었지만, 불과 4개월 만에 붕괴되어 민주정이 회복되었고, 이어서 앞서 언급한 30인 참주회의 소수지배정도 등장하지만 결국 민주파에 의해 전복되면서 그 이후 B.C. 338년 마케도니아에 점령당할 때까지 민주체제를 유지하게 되었다. 하지만 이 민주체제 때 아테네 시민들이 전권을 장악하자 폭도들의 농단과 광기가 득세했고, 결국 국민 스스로에게 재앙이 되고 말았던 것이다.[110]

이렇게 각 정체들은 그 내부에 각기 '유사한 악'[111]으로 가는 퇴락의 위험성을 지니고 있는 것이다. 이 모든 세 가지 정체들은 일반적으로 정치지도자와 백성들의 불법적, 무법적 상태와 사익추구로 인해 퇴락할 가능성이 많은데, 곧 군주정은 독재정으로, 귀족정은 과두정으로, 민주정은 중우정으로 전락될 가능성이 농후한 것이다.

그렇다고 키케로는, 그가 비록 그 이전의 정치사상가들처럼 정체의 순환론에 대해서는 언급을 하였지만, 그래도 이런 정체의 퇴락과정을 폴리비오스처럼 마치 어쩔 수 없는 자연현상이나 하나의 법칙처럼[112] 전개된다고는

---

109) 펠로폰네소스 전쟁에서 승리하여 아테네를 장악한 스파르타는 일종의 괴뢰정부형태로 30인참주회를 구성하고 아테네를 다스리게 했다. 하지만 1년정도 지나서 이 참주회는 결국 민주파들에 의해 붕괴되었던 것이다.

110) Cicero, op.cit. I, 44

111) 이 '유사한 악'에 대한 사상도 플라톤(Platon, *Politeia*, X, 609a)과 Polybios(*Historiae*, VI, 10, 3-4)에게서 발견된다.

112) Cicero, ibid, II, 45

주창하지 않았다.[113] 그는 정치적 변화과정의 결정론이나 그것에 대한 체념론을 주창하지 않고, 위기에 대한 적극적인 대응을 주문한다.[114]

3.3.2. 민주정의 네 가지 요소

키케로에게 있어서 *res publica*는 바로 *res populi*라 할 정도로 그에게서 국가공동체의 진정한 주인은 시민들이다.[115] 이 주인들의 성향과 욕구에 따라 국가의 성격도 규정되어진다고 한다. 그러면 시민들을 도대체 무엇을 원하는가? 그가 관찰한 바대로는 시민들은 무엇보다 먼저 자유(libertas)를 원한다. 그들에게 이 자유만큼 달콤한(dulcius) 것은 없다.[116] 이 자유야말로 키케로가 보는 민주정의 제1 특성이며 덕목이다.

그런데 시민이 최고의 권력을 갖는 제도가 아니고는 시민들이 자유를 향유할 수 없다. 군주정이나 소수지배정에서는 국민이 자유를 가질 수 없다는 것이다. 이런 제도 하에서 시민들은 불만이 증가되고, 그들의 관심은 오로지 왕들이나 귀족들의 지배로부터 자유케 되는 데 있다.

먼저 군주정에서는 모든 사람들이 자유하는 것이 아닐 뿐더러 노예제가 존재하게 된다고 한다. 나아가 군주정에서는 군주와 백성의 관계는 마치 부자관계처럼 되어 있어서 군주는 백성에게 애착을 가지고 대하지만, 백성들은 그의 관여로 인해 자유함을 느끼지 못한다. 이는 소수지배정에서도 동일한 문제이다.

왕은 선심정책(caritate)으로 백성들을 현혹하고, 소수지배자(optimates)들은 자신들의 설계(consilio)에 따라 백성들을 장악하고 임의로 나라를 이끌기에 이들의 생각과 달리 백성들의 불만은 커지게 되는 것이다.[117] 이 결과로 백성들은 왕이나 소수지배자들에게 복종을 거부하는 현상이 일어난다.

---

113) ibid. II, 47
114) ibid. VI, 10
115) ibid. I, 48
116) ibid. I, 47, 55
117) ibid. I, 55

그것은 그들이 이들에게 자유를 빼앗기고 있기 때문이라는 것이다.

그들이 자유를 빼앗긴다는 것은 그 지배자가 군주이건 아니면 소수지배자들이건 백성이 노예화되는 것을 의미하는 것이라고 키케로는 생각하였다.[118]

그러다보니 소수지배자들이 권력을 쥐거나 더더욱 군주가 지배하면 시민들이 안정되지 못하고 나라도 어지러워진다는 것이다. 키케로는 Ennius의 말을 빌려 '거기에는 신성한 결속(sancta societas)도 신뢰(fides)도 없다.'[119]고 한다.

키케로가 이 말을 할 때에는 자유의 문제만 아니라 평등(平等)의 문제를 거론 한 것이기도 하다. 평등은 민주정의 제2특성이며 덕목이다. 그는 자유만 있고 평등이 없다면 그 자유는 유명무실한 것이다. 따라서 모든 시민이 자유로우면서도 평등한 것이 민주주의의 이상이다. 이러한 자유와 평등은 키케로가 플라톤의 정치사상에서 끄집어낸 중요한 유산으로 민주주의의 두 날개이다.

백성들로 봐서는 최고의 이상이 구현되기 위해서는 자유가 평등(aequa)의 원리와 결합되지 않으면 안 된다고 보았다. 그는 자유의 원리와 마찬가지로 평등의 원리도 군주정이나 소수지배정에서는 발견할 수 없다고 한다. 따라서 백성들은 이러한 불평등과 부자유가 지배하는 정체들에서 해방되기 위하여 투쟁한다는 것이다.[120]

그러면 키케로가 말하는 평등은 어떤 상태일까? 평등이란 근본적으로 차별이 없이 동등하다는 것이다. 민주정 체제 하에서 백성들은 어떤 더 탁월하고, 더 자유롭고, 더 축복받은 그 무엇이 있음을 인정하지 않는다. 그리고 이상적으로는 그들이 지닌 유무식(有無識)으로 차별받지 않아야 하며, 나아가 국가로부터 받는 이익에서도 본질적인 차별이 있어서는 안된다.[121]

시민들에게 이러한 자유가 확보되고 평등이 유지되기 위해서는 어떻게

---

118) ibid. I, 55
119) ibid. I, 49: 'nulla [regni] sancta societas nec fides est'
120) ibid. I, 47
121) ibid. I, 48f.

해야할까? 키케로는 여기에서 법(法)의 필요성과 중요성을 얘기한다. 법치 (法治)는 민주정의 제3의 특성이며 덕목이다. 그는 모든 시민들에게 자유를 확보해 주기 위해서도 법이 필요하고, 평등을 유지하기 위해서도 관련된 법제정이 필요하다고 보았다.

'법이야말로 시민사회의 보증서(保證書)요, 법 아래에서는 다 평등하다(quare cum lex sit civilis societatis vinculum, ius autem legis aequale).'[122]고 그는 말한다. 시민들의 신분과 자산이 같지 않기에, 나아가 모든 시민들의 정신능력이 같을 수 없기에 법이 아니면 이런 동등성과 평등성을 유지할 근거가 확보되지 않는 것이다.[123] 키케로에 의하면 법을 잘 지키려하는 법 준수 의식이 있는 시민이 진정한 시민이다.

민주정에서 이렇게 모든 국민들의 자유와 평등을 법적으로 확보해 주는 근거는 그 정치체제 하에서 권력이 바로 국민들에 있기 때문이다. 이러한 국 민들의 주권(主權)사상이 민주정의 제4 특성이요 덕목이다. 물론 주권을 뜻 하는 영어의 'sovereignty'에 해당하는 헬라어나 라틴어의 정확한 대응 단어가 없고, 기껏해야 '권위'를 뜻하는 'auctoritas'나 '힘'을 의미하는 'potestas'가 있지만, 그것도 키케로는 '원로원에서의 권위(auctoritas in senatu)'[124]만 말했을 뿐이었다.[125]

그래도 키케로는 앞서 살핀 바대로 민주정의 가장 중요한 가치는 자유 인데, 이 자유는 압제의 부재(不在) 및 안전확보감만 의미하는 것이 아니라 정치권력에 참여하는 것을 뜻한다고 보았다.

민주정에서 국가의 주권자(主權者)들은 바로 국민들이다. 따라서 그들 에게는 참정권도 있고 투표권도 있다. 그리도 그들은 명령이나 공무(公務)를 위임하기도 하며, 나아가 유세에 참여하고 지지요청도 받게 된다. 나아가

---

122) ibid. I, 49
123) ibid. I, 49
124) ibid. II, 61
125) cf. 키케로에게서의 국민의 주권사상에 대해서는 cf. Graham Maddox, Popular Sovereignty in Democracy and Republic, IPSA, http://paperroom.ipsa.org/papers/view/14006.

그들이 곧 법률과 법정을 관장하는 자들이요, 전쟁과 평화, 조약들, 모든 개인들의 신분과 부요를 주관하는 자들이다. 그들은 '국가'라는 명칭 'Re publica' 그 자체가 바로 're populi', 즉 '대중의 일(관심)'인 것이라고 보고 있다.

3.3.3. 민주정의 위기와 중우정

민주정의 특징에서 바로 그것의 위기가 발생하고, 그것의 퇴락인 중우정이 등장하는 것이다.

첫째, 자유의 문제로 민주정의 위기가 도래한다.

키케로는 군주가 국민을 선심으로, 소수 지배자들이 궁리로 그들을 현혹시키는 것처럼, 민주정에서의 시민들은 자유의 기치로 사람들을 현혹시킨다고 하였다.[126]

키케로는 플라톤의 말을 빌려 시민들은 군주정과 소수지배정에서 자유에 너무 목말라했기 때문에, 그들이 권력을 지녔을 적에 그들은 자유를 탐욕스럽게, 또 광란스럽게 남용을 하면서 문제가 발생한다고 보았다.[127]

키케로가 설명하는 바에 따르면 민주체제 하에서 시민들은 모든 것에서 자유를 주장하기 때문에, 개별 가정에도 가장(家長)이 없고, 아버지들은 아들들을 두려워하는 반면, 아들들은 자기 아버지들을 무시하게 되는데, 그러면서 이들은 아무런 부끄러움을 느끼지 않고 극도의 자유함을 구가한다는 것이다. 이제는 시민과 외국인들 간에 구별이 없으며, 학교에서는 학생들은 선생을 경멸하고, 선생들은 학생들을 두려워하고, 심지어 아첨하는 비극까지 발생한다는 것이다.

그리고 젊은이는 늙은이의 근엄함을 가져가고, 반면 늙은이는 어린아이들의 놀림감으로 전락한다는 것이다. 노예들은 너무 많은 자유를 가지고 행동하고, 여성들은 자기 남편들과 동일한 권리를 지니게 된다는 것이다. 이런

---

126) ibid. I, 55
127) ibid. I, 66

무법천지의 악(惡)은 심지어 동물세계까지 임하여 개와 말, 그리고 당나귀도 이런 자유의 분위기 속에서 자유롭다는 것이다. 그것들이 제 마음대로 엉뚱한 길로 가려는 것을 제어해야 할 정도로 자유롭게 군다고 한다.[128] 말하자면 이러한 민주정의 국가에는 나라 전체에 자유가 차고 넘친다는 것이다(in eius modi re publica plena libertatis esse omnia).[129] 키케로는 상기한 플라톤의 우려를 로마사회에 그대로 전하고 있다.

키케로는 오랜 경험을 통한 지혜로 이런 경구를 던진다. 어떤 것이든 너무 좋고 성공적이면, 일반적으로 정반대로 바뀌게 된다는 것이다. 그것은 일기 (日氣)에서도, 수확(收穫)에서도, 사람의 몸에 있어서도 그렇지만, 무엇보다 국가에 있어서도 그렇다는 것이다. 국민 전체로 봐서도 그렇고, 개개 시민 으로 봐서도 극단적인 자유는 극단적인 예속상태를 가져온다는 것이다. 아이 러니칼하게도 "이런 순전한 자유로부터 가장 부당하고 가장 가혹한 노예제를 도입하는 독재자가 발생한다."[130]고 그는 경고한다.

실로 시민들이 진정한 자유로 간주하는 과도한 방종이야말로 중우정의 전형적인 모습이며, 그것이 결국 독재자들이 자라는 밑둥치가 된다는 것이다. 이렇게 자유는 극도로 방종적인 시민들을 노예로 만들게 된다는 것이다.

둘째, 평등의 문제로 민주정의 위기가 도래한다.

키케로에 의하면 민주정은 보편적 평등의 논리로 중우정에 빠지고 위기에 직면하게 된다고 한다. 우선 그는 국민들 전체에 무차별적인 평등의 원리를 적용하기는 어렵다고 보았다. 왜냐하면 국민들은 이성과 능력의 차이도 있지만, 본래부터 그들의 경제적 상태에서나 가계(家系)에서, 그리고 신분상 차이가 없을 수 없다는 것이다.

그런데 그 엄연한 차이를 감안하지 않고 보편적 평등을 말하고 적용하는 것은 도리어 민주정의 위기를 가져올 수 있는 것이라고 보았다. 키케로는

---

128) ibid. I, 67
129) ibid. I, 67
130) ibid. I, 68 : "itaque ex hac maxima libertate tyrannus gignitur et illa iniustissima et durissima servitus"

군주정에서는 군주 외에는 그 누구도 정의의 공유(共有)나 사려있는 책임을 수행할 위치에 있지 않고, 귀족정에서는 일반 시민들이 공적 논의나 권력에서 아무런 역할수행을 하지 못하기에 자유를 거의 확보하지 못한다는 것이다. 그리고 민주정에서는 모든 것이 시민 자체에 의해 이뤄지기에, 비록 그것이 공정하고 적정하게 이뤄진다고 하더라도 그 제도가 이 신분의 차이(gradus dignitatis)를 고려하지 않으므로 그것이 표방하는 평등성 자체가 바로 불평등한 것(ipsa aequabilitas est iniqua)이 될 수 밖에 없다고 비판하고 있다.[131]

이렇게 키케로에게서 평등의 원리는 아리스토텔레스에게서 보였던 것처럼 무차별적인 보편적인 평균이 아니었던 것이다.

키케로는 신분의 차이를 고려한 차별적 평등을 주창하므로 무차별적 평등의 민주정의 존립에 대해서는 근본적으로 회의적 입장을 취하고 있는 것이다. 이러한 점에서 그는 아리스토텔레스보다는 플라톤의 입장에 더 근접하고 있다고 할 수 있다.

하지만 그는 앞선 세 명의 국가정체론자들과 달리 민주정을 과두정에서 발생한다든지 또 민주정에서 전제정이나 독재정이 발생한다고 생각하지 않고 그것을 귀족정으로 가는 서막의 과정이라고 생각하였다.

셋째, 이 자유와 평등, 질서와 안정을 연결하는 법의 제정이나 실행의 문제에서 민주정의 위기가 도래한다.

시민들이 자유를 만끽하고 평등하게 사는 민주정이 좋은 정체이지만, 자유(自由)와 평등(平等)이 온전하게 결합될 수 있는지, 그리고 그러한 자유가 국가의 안정과 질서유지와 어떻게 연결할 수 있느냐가 관건이라고 할 수 있다.

이 문제에 대해서 키케로는 우선 극단적인 자유함을 향유해 본 시민들이 자신들의 자유를 어느 정도 제한하고 억제하는 법의 제정에 동의할 리가 없다는 것을 암시한다. 이미 극단적인 자유 속에 통제를 벗어난 중우들의

---

131) ibid. I, 43

폭력이 일어날 가능성이 높아 그것을 막기에는 광활한 대양(大洋)의 파도나 맹렬히 타오르는 불을 제어하기보다도 더 어려울 것으로 보았다.[132]

이에 자유가 주는 불평등을 평등으로 연결하고, 또 자유가 주는 불안정을 안정으로 가게 하여 체제의 견고함을 유지하기 위해서 법의 제정이 필요하지만, 시민들 스스로가 법(法)과 법정(法廷)을 장악하고 있기 때문에 자신들의 족쇄를 채우는 일을 쉽게 감행하지 않을 것으로 추정되는 것이다. 그럼에도 법률을 제정한다면, 시민들이 그들 자신들에게 유리한 방향으로 만들 것이 분명하며, 그렇게 제정한다고 하더라도 그들이 법을 잘 지킬지는 회의적이라고 키케로는 생각하고 있다.

상기한 바대로 법은 민주정의 기반인데, 이러한 법치가 이뤄지지 못함에서 민주정의 불안정이 발발하게 된다. 법으로 제어되지 못하는 시민들의 자유의 광기는 그들을 방종과 무질서로 가게 하고, 그것이 결국 그들을 중우로 전락시키며 민주체제의 위기를 불러오게 되는 것이다.

그리고 법이 제정되었다고 하더라도 무제한적 자유의 향유를 주창하는 시민들이기에 결국 무법천지가 되어 중우들만 설치게 되고 나라는 위기에 빠지게 된다는 것이다.

그리고 넷째, 시민들의 주권사상에서 민주정의 위기가 도래한다.

키케로는 소수지배 권력을 의미하는 원로원(元老院)이 국정 전체를 총괄했을 적에 국가는 결코 안정되지 못하였고, 그런 불안정은 군주제에서는 더 말할 나위가 없다고 했다.[133] 그런 불안정은 무엇보다 시민 다수가 그런 체제 하에서는 자기들의 자유를 빼앗기고 있다는 인식에서 비롯된다는 것이다. 따라서 시민들에 주권이 주어지는 민주정에서는 만일 그들이 상호 간에 갈등이 없이 화목하고, 또 국가의 안정과 자유의 관점에서 만사를 판단한다면 나라가 안정될지 모르지만, 이것도 현실적으로 쉽지 않은 일이라고 보았다.

---

132) ibid. I, 65
133) ibid. I, 49

우선 모든 시민들이 공동의 관심사를 갖는다면 조화와 화목을 이루는 것이 매우 쉽겠지만, 시민들의 관심은 각양각색이어서 부조화와 갈등이 발생할 수 밖에 없다는 것이다.[134]

또 민주정의 주체인 일반시민들은 흔히 배우지 못한 하층계급으로 불리는 이들이 다수여서 그들에게 주권이 주어진 국가에서 그들의 깊지 못한 판단이나 시행착오로 중우정으로 퇴락되고 위기가 도래할 것으로 키케로는 진단한다.

나아가 정치권력에 참여하는 시민들이 국익(國益)이나 공익(公益)에 공동적 책임을 지기보다는 사익(私益)만 추구할 때 민주정은 견고함을 유지할 수 없다는 것이다.

키케로는 또 플라톤의 말을 빌려 권력을 쥔 시민들의 비도덕적이고 폭력적인 행태도 국가를 안정되지 못하게 한다는 것이다. 특히 군주나 참주 내지는 소수지배자들이 매우 친절하거나 관대하지 않았다든지 또는 시민들에게 자유를 너그럽게 주지 못한 경우에 권력을 잡은 시민들은 그들을 박해하든지 공격하고 심지어 그들을 권력을 남용한 군주들 내지는 독재자들이라고 규정하면서 고발까지 한다는 것이다.[135]

이렇게 하여 민주정도 중우정으로 퇴락되면서 국가의 발전을 기대할 수 없게 된 것이다. 키케로는 5세기 아테네에서는 아레오바고(Areopagus)의 보수적인 의회가 급진적 민주주의에 의해 그 권한의 대부분을 빼앗겨버리고, 시민들의 결정과 명령이 아니고는 아무것도 할 수가 없게 되었을 때, 실제로 국가는 그것의 찬란한 영예를 유지하지 못했음을 지적하고 있다.[136]

---

134) ibid. I, 48
135) ibid. I, 66
136) ibid. I, 43

3.3.4. 이상형으로서의 혼합정

키케로는 전통적인 세 가지 정체론의 문제점을 지적한다. 그가 최악으로 본 정체는 이전의 사상가들처럼 군주제의 퇴락의 형태인 독재제이다. 이런 정체는 어떻게 발생하게 될까? 정체의 변화의 흐름을 보면 군주제는 대개 중우정에서 오고, 가끔은 과두정에서도 온다.

역사의 흐름을 보면 이 두 가지의 변화가 다 관찰되는 듯하다. 따라서 다른 세 명의 이전 이론가들의 생각들은 물론 키케로의 사상도 부분적으로는 타당한 것으로 보인다. 20세기에 등장한 독재정들을 보더라도 독일의 경우는 민주정에서 온 데 비해,[137] 다른 국가의 독재유형들은 다양한 과두정에서 발생한 것을 볼 수 있다. 이러한 후자의 현상은 스탈린 시대를 중심으로 한 구(舊) 소련, 중국, 그리고 쿠바 같은 공산주의 진영의 국가들에서도 잘 드러난다.

하여튼 이렇게 세 가지 정체론의 문제점을 적시하면서 그것들을 비판한 키케로는 군주정, 귀족정, 민주정 등 세 가지 유형들이 그래도 상기한 법 준수와 공익추구라는 시민의 두 가지 기본을 갖추고 있다면 감내할만한 제도라고 한다.

하지만 그가 현실적으로 이상적인 정체로 간주한 것은 이 세 가지 정체들의 장점만을 결합한 제4의 정체인 혼합정의 공화국(共和國)이었다. *De re publica* I, 45에서 그는 '내 생각으로는 가장 바람직한 네 번째 정치형태가 있고',[138] 그것은 혼합정(混合政)이라고 한 것이다.

*De re publica*의 첫 두 권에서 집중적으로 다룬 키케로의 혼합정은 플라톤의 그것처럼 군주정과 민주정의 혼합이거나 아니면 아리스토텔레스의

---

137) 제1차 세계대전이 종전 직전인 1918년 11월, 독일에서는 소위 11월 혁명이 일어나 황제 빌헬름 2세는 퇴위되어 네덜란드로 망명하면서 제정체제가 붕괴된 이후, 독일 역사상 처음으로 민주주의와 공화정이 실시된 소위 바이마르공화국 시대가 열렸다. 1933년 히틀러의 제3제국 정권이 국가의 전권을 장악하기까지 존속했던 이 공화국은 시민들의 저항이나 투쟁을 통해 성립된 정권이 아니라 제1차 세계대전에 패한 책임을 회피하기 위해 기득권세력이요 호전(好戰)집단이었던 관료, 군부, 그리고 대자본가들이 독일사회민주당(SPD)에 국정운영권을 넘겨주면서 성립되었다는 태생적 한계가 있었다.

138) ibid. I, 45: itaque quartum quoddam genus rei publicae maxime probandum esse sentio

그것처럼 과두정과 민주정의 혼합이 아니라, 군주정과 귀족정, 그리고 민주정 등 세가지 정체들의 혼합형이다.

앞서 살펴본 대로 아리스토텔레스는 플라톤의 혼합정 이론을 비판하면서 그런 혼합은 최악의 조합이며, 기왕 혼합하려면 모든 정체들의 좋은 점을 다 조정하여 혼합하면(moderatum et permixtum tribus)[139] 될 것이라고 했는데, 키케로가 그의 제안대로 제4의 정체로 혼합정을 제시한 셈이다. 그는 세 가지 기본적 정체유형과 그것의 변형들은 취약하거나 문제가 있는 반면, 이러한 혼합형은 그런 개별정체들의 역점을 보완해주는 온건하고 균형 잡혀 있으며 정의로운 유형이라고 하였다.

그것은 군주제가 주는 부요함, 과두정이 주는 통찰력, 그리고 민주주의가 주는 자유를 다 지니고 있는 정체라는 것이다.[140] 나아가 그는 이런 혼합 정에서 권리, 의무, 기여의 혼합도 말하고, 또 힘, 권위, 자유의 혼합도 주창 한다.[141]

그런데 이러한 혼합정이 잘 시행되기 위해서는 정치지도자들과 시민들 모 두가 각기 지녀야 할 올바른 자세가 요구되는데, 먼저 시민들은 상기한 바 대로 철저한 법준수와 공익에 대한 관심 및 추구이다. 불법이 난무하고 모두 다 사익추구에만 골몰한다면 혼합정도 실패할 수밖에 없다는 것이다.

키케로는 이미 로마의 왕정(王政) 시대에 이러한 군주정, 소수지배정, 민주 정의 요소들이 혼합된 적이 있었다고 보았다. 그러나 그 요소들이 따로 따로 있었고 상호 조화를 이루지 못했다는 것이다.[142] 말하자면 각 정체가 지니고 있는 힘, 권위, 자유가 서로 하나가 되도록 융화되어야 했는데, 그렇지 못했 다는 것이다. 이러한 융화를 키케로는 수금과 피리, 그리고 노래가 어우러지는 음악에 비유한다.[143]

---

139) ibid. I, 45
140) ibid. I, 54
141) ibid. II, 57
142) ibid. II, 42
143) ibid. II, 69

그래서 이런 혼합정에서 정치지도자들은 플라톤 이래로 부여해 왔던 통치의 지혜(智慧)와 기획력(企劃力)이 필수적이라고 한다. 키케로는 *De re publica* 제2권 전체를 통하여 로마의 경우를 예로 들면서 국가경영에 있어서 지도자 개인의 이성(理性)과 기획(企劃)의 역할을 지속적으로 강조하고 있는 것이다.[144]

그러면서 키케로는 이러한 혼합유형이야말로 단순히 이론적인 이상으로 그치는 것이 아니라 바로 로마제국에서 가장 최상의 모습으로 구현되었다고 보았던 것이다.[145] 그는 로마의 어두운 그림자도 보았지만 찬란한 영광도 주목하였다.

그에게서 자신의 조국 로마야말로 안정성과 기능성을 지닌, 현실적으로 최상의 국가였다. 하지만 역사의 아이러니는 그는 자신의 최후의 역저인 *De re publica*가 완성된 지 채 2년도 경과되지 않아 로마공화국이 몰락하는 것을 목도했으며, 나아가 그 자신도 두 번째의 삼인집정관들에 의해 국가의 적으로 몰려 살해당하고, 공화국은 제정(帝政)의 군주국으로 바뀌게 되었다는 점이다.

4. 나가는 글

이상으로 우리는 고대 헬라철학과 로마 사상에서의 민주정 내지는 중우정의 논의들을 고찰해 보았다.

전체적으로 볼 때 아리스토텔레스의 정체론은 이상주의적인 플라톤의 그것보다 더 현실적이라 할 수 있다. 특히 그의 민주주의 이론은 플라톤의 그것보다 훨씬 더 복잡하고 치밀하게 전개되어 있다. 무엇보다 그는 당대 여러 국가들에서 이뤄지고 있던 정치질서들을 예리하게 살펴 상호 간에 잘 비교

---

144) cf. James E.G. Zetzel, ed., *De re publica: Selections*, by Cicero, Cambridge: Cambridge University Press, 1995, 159
145) ibid. I, 29

하고 있고, 나아가 정확한 경험적 관찰과 철저한 논리적 분석을 통하여 논의를 전개시키고 있음을 볼 수 있다.146)

또한 플라톤이 민주정을 주로 군주정과 비교하여 살폈다면, 아리스토텔레스는 그것을 과두정과 비교하고 있다. 둘 다 민주주의를 하나의 이상적 정치질서로 본 것은 아니었지만, 플라톤에 비해 아리스토텔레스는 민주주의에 대한 절대적인 적대자는 아니었음이 분명해 보인다.147) 물론 그 역시 민주정으로부터 일정한 거리를 두려고 한 것은 부인할 수 없는 사실이다.

플라톤이나 아리스토텔레스는 공히 진리를 아는 지혜로운 군주에 의해 통치되는 군주정이 아니라면 현실에서는 혼합정이 실현가능한 정체들 가운데 가장 좋은 것으로 제시하였다. 물론 플라톤은 군주정과 민주정의 혼합을 얘기했으며, 아리스토텔레스는 스승의 혼합정 유형을 최악으로 평가하면서 과두정과 민주정의 혼합정(混合政)을 제시하였다. 그리고 키케로는 군주정, 귀족정, 민주정이 장점을 살려 통합하고 조화시킨 혼합정을 이상적인 정체로 내세웠다.

모든 정체가 그러하지만 특히 민주정에서도 어떤 극단의 형태가 아니라 중용(中庸)의 가치가 중요하다는 것은 이들 모두가 다 강조하였다. 말하자면 굳이 민주주의 체제를 도입하려면 '유연한 민주주의', '중용의 민주주의'를 해야 한다는 언질이다.

그들이 공통적으로 지적한 극단적 민주주의라는 것은 그것의 핵심가치인 자유와 평등을 절대화하는 시스템이다. 말하자면 민주주의 국가에서 정치권력을 쥔 시민들이 절대자유와 절대평등을 주창하는데서 문제가 생긴다는 것이다. 그러한 시민들의 주장은 결국 자유방임주의에 빠져 계몽도 교육도 들어설 공간이 없어 야만과 무정부주의 세상을 만들 것이라고 우려하였다. 따라서 플라톤이나 아리스토텔레스에게서 건전한 민주주의와 혼란한 민주

---

146) Manfred G. Schmidt, *Demokratie-theorien*. Eine Einführung, Wiesbaden 2008, 40
147) Christian Schwaabe, *Politische Theorie 1. Von Platon bis Locke. Grundzüge der Politikwissenschaft*, Stuttgart, 2007, 29

주의의 경계는 바로 자유와 평등가치의 절대성이다.

그리고 그것이 중우주의로 가는 것은 대중선동가들의 등장으로 인한 선동정치의 대두로 인해서이다. 선동정치가들은 구호 상으로는 민주주의를 수호한다고 하지만 실제적으로는 개인의 욕망과 정치적 야욕을 품고 있는 자들이라는 것이다. 이들은 대중을 선동하여 가문과 재산, 심지어 교육수준까지 포함한 상대적 박탈감에 빠져있는 대중의 마음을 휘어잡기 위해 부자나 과두들과 같은 기득권들을 공격하는 것이다.

이러한 선동정치를 민중이 수용하여 그러한 대중선동가들을 지지하느냐 하지 않느냐 하는 점이 시민참여 민주주의와 대중선동 중우주의의 경계라고 본 것이다. 따라서 분별력 있는 판단과 중용의 덕을 고수하려는 시민들의 높은 정치의식과 민도가 관건인 셈이다.

플라톤과 아리스토텔레스, 그리고 폴리비오스와 키케로가 민주주의와 그것의 변형인 중우적 선동정치를 운위한 지 2,000년의 세월이 넘었지만 우리가 살아온 20세기만 해도, 아니 또 오늘날도 세계 도처에서 이러한 선동적 중우정치로 인한 민주주의의 위기를 목도할 수 있다. 그것은 종종 사실이 아닌 허위로 군중을 들끓게 한 2017년 초반에 일어난 우리나라의 대통령 탄핵 정국과 대선의 과정에서도 고스란히 노정되었다. 그러한 선동정치는 이제 협의적 정치의 영역을 벗어나 종교와 문화, 사회 전반의 현상으로 확산되고 있다고 해도 과언이 아니다. 특히 오늘날은 자기 PR의 시대요, 또 매스컴의 발달과 SNS의 활발한 사용으로 이러한 대중선동적 분위기와 토대는 더욱 더 잘 구축되어 있다.

따라서 플라톤과 아리스토텔레스는 민주주의가 주권재민(主權在民)의 원칙과 자유와 평등같은 고상한 이상을 지키면서 그 정체의 이상을 유지하려면 몇 가지의 장치 내지 대책이 필요하다고 주장한다.[148]

---

148) 민주주의의 기본핵심가치 세 가지로 흔히 국민주권, 자유, 그리고 평등을 들기도 한다.cf. Manfred Hättich, *Begriff und Formen der Demokratie*, Mainz/München, 1991, 12~15.

첫째는 분명한 법치(法治)의 실행이다. 법률로 시민들의 과도한 자유요구와 절대적 평등권은 물론 대중선동 정치가들의 활동을 규제하는 것이다.

둘째는 이러한 법치나 제도 확립만으로는 되지 않으므로 시민들의 의식이 달라지고 민도가 향상되어야 한다는 것이다. 특히 아리스토텔레스가 말한 중용의 태도와 키케로가 강조한 법준수 의식을 철저히 고수해야 하며, 선동 정치가들에 휘둘리지 않는 분별력과 중심이 있어야 한다는 것이다. 민주주의도 선동정치가들에 의해 휘둘리고 법을 지키지 않으면 중우정으로 전락한다는 것이 그들의 경고이다.

셋째는 키케로가 가르친 바대로 모든 국민들은 법을 지켜야 하는 준법 정신도 있어야 하고 동시에 국익(國益)이나 공익(公益)의 추구를 위해서 함께 노력하고 참여해야 한다. 전자는 국민의 의무(義務)이고, 후자는 국민의 책임(責任)이다. 이렇게 국가를 위한 당연한 법준수의 의무와 국가발전을 위해 공동의 짐을 지는 이들이야말로 진정한 시민이라고 할 수 있는 것이다.

넷째는 정치권력은 시민 개개인을 평균인으로 보고 동등하게 대하는 것이 아니라 개인의 능력이나 소질을 인정하고 그것을 적재적소에 활용해야 한다는 것이다. 그리고 소수 부자들의 기득권과 입지를 무시하거나 폐하려 하지 않음은 물론 그들을 공격해서는 안 된다고 지적한다.

즉, 민주주의의 기본원리로 받아들여지고 있는 다수결의 원칙이나 다수주의(多數主義)를 머리수로만 계산하는 수적 다수주의 내지는 양적(量的) 다수주의를 취하지 말고 재력이나 능력이 되는 이들은 더 많은 몫에 해당 되도록 하는 질적(質的) 다수주의를 취하라고 권고한다.

말하자면 시민다수가 수적 우위를 바탕으로 전횡을 휘두르는 '대중귀족정(Massenaristokratie)' 또는 '대중독재정(Massentyrannis)'은 주의해야 한다 는 것이다.[149]

---

149) cf. Manfred G.Schmidt, op.cit. 46

다섯째, 아리스토텔레스가 이상적인 방안으로 제안했듯이 가능한 중산층 (中産層) 위주의 나라가 되면 좋겠다는 교훈이다. 부자와 빈자들은 극단으로 치우치는 반면, 중산층 시민들은 교양과 합리성이 있으며, 분쟁과 파벌이 적으며, 가장 안정된 집단이므로 이들이 중심이 될 때 국가의 안정과 발전이 있다는 가르침이다.

여섯째, 선동정치와 중우정치로 국가가 혼란에 빠지지 않기 위하여 거짓 정보유포와 민심을 들쑤시는 인위적 선동에 대해서는 중한 책임을 물어야 하며, 나아가 법적 장치를 통하여 엄한 처벌이 수반되어야 할 필요가 있다는 가르침이다.

마지막으로는 시민들은 재산, 교육 정도, 신분, 그리고 관심사에서 다양한 차이가 있더라도 상호존중을 통하여 이해하고 화합하며 조화를 이루어야 한다는 것이다. 그래야 국가가 안정되고 발전할 것이라고 한다. 그리고 공동의 국가적 이익을 위해서는 공동의 태도를 취해야 한다는 것이다. 이를테면 harmonia와 homonoia의 덕목이 필요하다는 것이다. 특히 정치지도자들이 공익(公益)을 젖혀두고 사익(私益)을 추구하는 데만 골몰한다면 정치의 위기와 국가의 불안정이 도래한다는 것이다.

민주주의 사회에 대한 이런 고대 지혜자들의 교훈이 이 시대에 그대로 적용될 수 없지만 우리가 제3부에서 논하는 현실적 대안 모색에 중요한 시사점을 던진다고 하겠다.

I 참고문헌 I

Aristotelis Politica, ed. David Ross, Oxford: Clarendon Press, 1963

Aristoteles, *Politik*, hrsg. von Otfried Höffe, Berlin, 2001

Aristoteles, *Politik*. Band 9 der Werke in deutscher Übersetzung, begründet von Ernst Grumach, herausgegeben von Hellmut Flashar, übersetzt und erläutert von Eckart Schütrumpf, Akademie Verlag, Berlin ab 1991. Buch I (Band 9.1, 1991), Buch II-III (Bd 9.2, 1991), Buch IV-VI (Band 9.3, 1996), Buch VII-VIII (Band 9.4, 2005).

G. Balandier, *Political Anthropology*, Random House, 1970

Damir Barbarić, Das Maß. Ein Grundbegriff der politischen Philosophie Platons, in: Andreas Eckl und Clemens Kauffmann(hrg.), *Politischer Platonismus*, Würzburg, 2008, 7~15

C..O.Brink/F.W. Walbank, Der Aufbau des 6. Buches des Polybios, in: Klaus Stiewe u. Niklas Holzweg, *Polybios,* Darmstadt, 1982

Cecil D. Burns, *Democracy: Its defects and advantages*, New York 1929

Cicero, *Der Staat (De re publica)*, lat.-dt. hrsg. und übers. von Karl Büchner. 4. Aufl., München/Zürich: Artemis und Winkler 1987

Raphael Demos, *The Philosophy of Plato*, New York, 1939

Andreas Eckl, Platons Kritik an Freiheit und Gleichheit in demokratischen verfassten Gesellschaften, in: Andreas Eckl und Clemens Kauffmann (hrg.), *Politischer Platonismus*, Würzburg, 2008,129~137

Dorothea Frede, Die ungerechten Verfassungen und die ihnen entsprehenden Menschen, in: Ottfried Hoffe, *Platon Politeia*, Berlin: Akademie Verlag, 1997

Francis Fukuyama, America at the Crossroads: Democracy, Power, and the *Neoconservative Legacy*, Yale University Press, 2006

Paul A. Gilje, *The Road to Mobocracy: Popular Disorder in New York City*, 1763-1834, The University of North Carolina Press, 1987

Edwin Graeber, *Die Lehre von der Mischverfassung bei Polybios*, Bonn, 1968

Manfred Hättich, Begriff und Formen der Demokratie, Mainz/München, 1991

Otfried Höffe(hrg.), *Aristotles. Politik*, Berlin, 2001

Jake Jacobs, *Mobocracy*, Life Sentence Publishing,2012

Wolfgang Kersting, *Platons 'Staat'*, WBG 1999

George Klosko, *The Development of Plato's Theory*, New York/London, 1986

Machiavelli, *Discorsi sopra la prima deca di Tito Livio*, Machiavelli, Niccolò (1531). *The Discourses*. Translated by Leslie J. Walker, S.J, revisions by Brian Richardson (2003). London

Graham Maddox, Popular Sovereignty in Democracy and Republic, IPSA, http://paperroom.ipsa.org/papers/view/14006

Brian McGing, *Polybios' Histories*, Oxford, 2010

Walter Nicgorski, Cicero and the Rebirth of Political Philosophy, in: *Political Science Reviewer*. Fall, 1978 - Vol. 8, No. 1, 63-101

Henning Ottmann, *Geschichte des politischen Denkens. Die Griechen. Von Platon bis zum Hellenismus*, Bd. 1/2, Stuttgart/Weimar 2001

Platonis opera, hrsg. v. John Burnet, Bände 1-5, Oxford 1900-1907, 2. Aufl. 1905-1913

Platon, *Sämtliche Dialoge*, übersetzt von Otto Apelt, Leipzig 1916-1937 (1.-3. Auflage), unveränderter Nachdruck in sieben Bänden: Meiner, Hamburg 2004

James Platt, *Democracy*, London, 1888

Politikwissenschaft: Theorien-Methoden-Begriffe, Pipers Wörterbuch zur Politik 1, hrg.v. Dieter Nohlen, Piper, München, Zürich, 1985

Polybios, *The Histories*, six volumes: Greek text with English translation by W. R. Paton , III (L138) Books V-VIII, Loeb, Harvard University Press, Cambridge1923

Polybios, *Die Verfassung der römischen Republik, Historien* VI Buch, übers, v. Karl Friedrich Eisen, Reclam 2012

A Historical Commentary on Polybios (Oxford University Press), Vol.I (1957) Commentary on Books I-VI

Walter Reese-Schäfer, *Antike politische Philososphie zur Einführung*, Hamburg 1998

Alois Riklin, *Polybios, Cicero und die Römische Republik*, St. Gallen, 2002

Richard Saage, Demokratie-theorien, Demokratie- theorien. Historischer Prozess-Theoretische Entwicklung-Soziotechnische Bedingungen. Eine Einfuhrung, Wiesbaden, 2005

Erenbert Josef Schächer, Die Demokratie bei Aristoteles in entwicklungsgeschichtlicher Sicht, Salzburg, München, 1967 Joseph Paul Doleyal, *Aristoteles und die Demokratie*, Mannheim, 1974

Franz Ferdinand Schwarz (Hrsg.), *Politik. Schriften zur Staatstheorie*. In: Reclams Universal-Bibliothek, Stuttgart 2010

Clay Shirky, *Here Comes Everybody: The Power of Organizing Without Organizations*, Penguin 2009

Clay Shirky, *Cognitive Surplus: Creativity and Generosity in a Connected Age*, Penguin 2010

Manfred G. Schmidt, *Demokratie-theorien. Eine Einführung*, Wiesbaden 2008

Christian Schwaabe, *Politische Theorie 1. Von Platon bis Locke. Grundzüge der Politikwissenschaft*, Stuttgart, 2007

Barthélemy St. Hilaire, *Politique d'Aristote.* - Paris : Ladrange, 1874

Shelby Steele, *A Bound Man: Why We Are Excited About Obama and Why He Can't Win*, Free Press 2007

Alexis Tocqueville, *De la démocratie en Amerique* (1835/1840), *Democracy in America*, trans. and eds., Harvey C. Mansfield and Delba Winthrop, University of Chicago Press, 2000

Peter Weber-Schäfer, *Aristoteles*. In: Klassiker des politischen Denkens I. Hrsg. von Hans Maier, Heinz Rausch, Horst Denzer, Beck, München 2001

Barbara Zehnpfennig(hrg.), *Die "Politik" des Aristoteles*, Berlin, 2012

James E.G. Zetzel, ed., *De re publica: Selections*, by Cicero, Cambridge: Cambridge University Press, 1995

----------------------, *Cicero: On the Commonwealth and On the Laws*, Cambridge University Press, 1999

제2부

대중선동정치의 다양한 유형

Civil Democracy & Popular Ochlocracy

제2부

대중선동정치의 다양한 유형

1. 룰라의 복민적 선동정치

"우리 정부는 결코 포퓰리즘정부는 아닙니다. 하지만 우리 정부는 늘 포퓰러
할 것입니다." - 룰라 -

1.1. 복민주의적 대중정치의 배경

브라질의 전임 대통령 룰라(Lula)[150]는 20세기 후반기 세계의 가장 대표
적인 대중정치가 가운데 한 명으로 그 명망을 떨쳤다. 특히 국민들을 행복
하게 살게 하겠다는 그의 정치이념은 기존의 선동정치 내지는 중우정치와는
그 의도와 목표, 결과에서 사뭇 다른 차원을 보여 주었다. 어쩌면 성공한
그의 복민적(福民的) 선동정치는 자신의 개인적인 삶의 여정과 무관치가
않다. 그의 정치가 오늘날 브라질의 모습을 만들었다면 그것에 직결되어
있는 그의 삶은 '브라질의 현대사 그 자체이자 과거와 미래가 공존하는
거울'[151]이라고 칭해진다.

---

150) Luiz Inácio Lula da Silva(1945~)는 일반적으로 룰라(Lula)로 약칭되는 브라질의 노동운동가, 정치인
으로 2003년 1월 브라질의 제35대 대통령에 취임했으며 연임하여 2010년 1월까지 재임하였다.
151) Brito Alves, *A Historia De Lula: O Operário Presidente*(브라질의 선택, 룰라), 박원복역, 서울,
2003, 역자서문, 13

1.1.1. 인생사적 배경

대중지도자들은 일반적으로 그들만이 가지고 있는 독특한 성격을 지니고 있는데, 이러한 성격은 그들의 독특한 생장환경과 결부되기도 한다.

룰라는 브라질에서 삶의 환경이 매우 열악하고 척박한 북동부 지역의 Pernambuco주 출신이다.[152] 가일층 가정의 상황은 자기 지역의 상황보다 더 악조건이었다. 그의 부친인 Aristides Inácio da Silva는 직업이 부두노동자였는데, 문맹으로 '무지(無知)의 극치'[153]에다가 매우 폭력적이었다. 게다가 그에게는 룰라의 생모인 Eurídice Ferreira de Mello 외에 그녀의 사촌여동생은 물론 다른 여인들이 더 있었을 뿐 아니라, 무엇보다 가족들, 특히 룰라의 모친에게 매우 폭력적이었다. 여덟 명의 자녀들 가운데 일곱 번째인 룰라는 부친에 대해 매우 불쾌한 기억만 가지고 있었다.

반면 애칭으로 린두(Lindu)[154]로 불리어진 그의 모친은 그가 열 살 때 그와 다른 자녀들을 데리고 상파울루로 이주하여 매우 힘든 삶 가운데서도 자녀들을 키워낸 여장부내지 여전사와 같은 훌륭한 여인이었다.[155]

따라서 Brito Alves가 지적하는 바대로 룰라의 긍정적 사고방식, 생각보다는 행동을 중시하는 성격, 그리고 가능한 대화의 방식을 취하고 화해의 자세를 취하는 것은 이러한 가족적 유산에서 느낀 반작용일지 모른다.

룰라가 타인이나 대중을 두려워하지 않고 그들 앞에 나서서 그들을 설득할 수 있었던 하나의 중요한 배경은 그의 길거리 생활 경험이었다. 공부하는 것을 반대하던 부친으로 인해 그는 십대 초에 독학을 하면서 길거리에서 구두닦이와 물건을 파는 행상인 생활을 하였다. 이러한 거리 생활로 인해 그의 내성적 성격이 외향적으로 바뀌었으며, 그 외에 낯선 타인과의 대화와 소통의 기술, 상대를 설득하는 능력을 기르게 되었던 것이다.[156] 뿐만 아니라

---

152) 구체적으로 말하면 이 주의 수도인 Recife에서 내륙으로 150마일정도 떨어진 소도시 Garanhuns에서 태어났다. cf. Richard Bourne, *Lula of Brazil*, University of California Press 2008, (대통령의 길, 룰라), 박원복옮역, 서울, 2012
153) Brito Alves, op.cit., 42
154) 흔히 애칭 Dona Lindu(린두 아주머니)로 불리었다.
155) 모친에 대한 룰라의 기억이나 생각에 대해서는 Denise Paraná, *Lula, o filho do Brasil*, 을 참조하라.

그가 십대에 했던 다른 직업들, 이를테면 세탁소일, 사무실 보조원, 나사 생산공장의 근로자, 선반공 등의 다양한 노동경험은 그로 하여금 인간의 삶에 대해서는 물론 세상에 대한 이해의 폭을 더욱 넓게 해주었다.[157]

그렇다고 하더라도 브라질처럼 계층차도 심하고 규모도 큰 나라를 이끄는 정치지도자가 되는 데에는 이러한 대화술이나 소통력만으로는 부족할 것이다. 말하자면 강력한 지도력이 수반되어야 하는데, 이러한 지도력은 어디에서 나온 것일까?

그것은 아마도 룰라가 노조원으로 활약하다가 브라질 최대 노조 가운데 하나인 금속노조위원장을 수행한 것에서 시작되었을 것으로 보인다. 7년간의 시도 끝에 드디어 쟁취한 이 자리는 그에게 창의력과 지도력, 절제와 같은 강한 의지력과 신념, 저돌적이면서도 융통성 있는 협상술, 무엇보다 강력한 자도자적 카리스마를 가져다 주었던 것이다.

지도력도 브라질 같이 부정과 부패는 물론 군사정권독재의 그늘이 짙은 곳에서는 강한 투쟁력을 수반하여야 했다. 그러면 룰라에게서 이러한 투쟁력은 어디에서 온 것일까? Brito Alves는 그것은 병원에서 치료 한 번 못 받고 죽은 첫 번째 부인과 임신 중이던 아들의 사망에 대한 경험에서도 나온 것일 수 있지만 무엇보다 형 Jaime와 동료들의 체포와 고문, 그리고 투옥에 있었다고 보았다.[158]

룰라로 하여금 노조에 가입하여 노조운동에 적극적으로 동참하게 권유한 그의 형은 정치적으로 중도적인 성향인 룰라와 달리 공산주의 이념에 물든 자였는데, 그는 물론 룰라와 함께 일하던 노조 집행부 수 명이 공산주의자라는 누명을 쓰고 체포되었던 것이다. 룰라는 이들이 모진 고문을 당한 것을 보고 의분과 함께 기득권 세력에 대한 강력한 투쟁심이 생겨났다고 한다.

---

156) Richard Bourne, op.cit., 42ff.
157) Richard Bourne, op.cit., 44. 1990년대에 행해진 한 인터뷰에서 룰라는 그래도 청소년 시절이 가장 행복한 시절이었다고 토로하고 있다.
158) Brito Alves, op.cit., 85f.

이러한 경험이 그의 투쟁심의 뿌리를 이룬 것이 분명하지만, 1976년에서 80년 사이에 브라질 전역에서 벌어진 강력한 노동운동과 파업의 중심에 서게 되면서 룰라는 투쟁력과 지도력은 물론 전국적 지명도까지 얻게 되었던 것이다. 군부독재의 철권통치가 국가 전체를 억압하던 시절 이러한 투쟁은 근로자들의 의식을 증진시킨 것과 더불어 룰라 자신의 정치의식을 크게 향상 시키게 되었다. 그렇게 하여 룰라는 군부의 감시와 직, 간접적인 위협 속에서도 점차 전국적인 인물로 부상하게 되었던 것이다.

물론 룰라가 대중정치가로 등장하게 된 것은 이러한 경험적인 취득요인 외에 생래적인 요인들도 있었는데, 이를테면 비폭력을 고수하는 합리적이고 온건한 성격, 그러면서도 직선적인 성격과 진솔함, 그리고 개방성의 태도 같은 것이라고 할 수 있다. 이러한 그의 성격은 파업의 소용돌이 속에서도 그로 하여금 대화와 타협을 중시하고 가능한 합의를 도출하는 방식으로 노조를 이끌도록 하였던 것이다. 그리고 그것이 대선 같은 결정적인 계기에 정당들 간의 연합을 추구하도록 했던 것이다.

1.1.2. 사상적 배경

Brito Alves는 룰라가 브라질 정계에 얼굴을 드러낸 1970년대 상파울루와 그 위성도시들에서 정치운동의 배경을 다음과 같은 다섯 가지로 정리한다: 첫째, 노조운동으로부터, 둘째, 지식인의 참여로부터, 셋째, 해방신학에 심취한 종교인들의 관심으로부터, 넷째, 다양한 이데올로기의 범주를 포괄하는 사회운동에 적극 참여한 사람들로부터, 다섯째, 이러한 변화의 건설적인 발전을 기대하는 사회 분위기로부터 라는 것이다.[159]

이러한 요소들 가운데 룰라에게는 무엇보다 먼저 노조운동적 배경이 우선이겠고, 다음으로는 해방신학(解放神學)이라고 할 수 있을 것이다.

노동운동에서 정치운동으로 전환하는 데에는 어쩌면 보다 체계적이고 포괄

---

159) Brito Alves, op.cit., 101

적인 이념, 국민 전체와 국가 전체에 영향을 줄 수 있는 어떤 근원적인 이념이 필요할 것이다. 1980년 브라질의 노동자당(Partido dos Trabalhadores, 약칭 PT)이 창당되면서 룰라는 노조운동가에서 정치가로서의 불가피한 변신을 하지 않으면 안 되었다. 이 노동자당의 창당은 견고해 보이던 군정의 약화 등 당시 기존 브라질 정계의 근본적인 지각변동을 일으킬 만큼 폭발적인 힘을 보여주는 것이었다.

이 창당에 초대를 받은 소위 국가원로들 가운데 문맹퇴치법 교육으로 세계적인 명망을 얻은 Paulo Freire(1902~1997)는 주목을 끌만했다. 비록 자신이 직접 창당현장에 참여하지는 못하고 대신 Moacir Gadotti 교수를 보냈지만, 그와 Frei Betto는 룰라에게 중남미(中南美)를 풍미하던 해방 신학에 경도되게 했던 것으로 보인다.

브라질 해방신학의 대부격이었던 프레이리의 교육사상은 룰라에게 마르크스주의보다 훨씬 매력적인 것이었다. 해방신학이란 근본적으로 기독교의 본질을 죄로부터의 해방으로 통한 영적 구원보다는 빈곤과 차별, 사회적 폭력과 정치적 억압으로부터의 수평적 해방을 주창하며 인간다운 삶을 향유하는 소위 '사회적 구원'으로 보는 사상이어서 빈곤층과 노동자들을 중심으로 한 정치운동에 어울리는 가르침이었다.

특히 창당 과정에서 룰라와 긴밀하게 유대했던 프레이 베뚜는 1978년 해외 망명에서 귀국하여 CEBs(Comunidades Eclesiais de Base, 기초 교회 공동체)를 조직하고 있었는데, 이 단체는 철저히 해방신학으로 무장된 카톨릭 단체였다. 베뚜는 기본적으로 '정당은 사회운동으로 탄생하며, 그것도 외부에서 내부가 아닌 아래에서 위로 이뤄져야 한다.'[160]는 사상을 가지고 있었고, 이러한 정치운동의 기본을 룰라에게 각인시켰던 것으로 보인다. 베뚜 같은 카톨릭 성직자들은 하나님의 나라가 천국에서 이뤄지기에 앞서 사회정의의 구현을 통해 브라질과 같은 현실에서 먼저 이뤄지기를 원하고 있었다.

---

160) Brito Alves, op.cit., 104

이 해방신학적 가르침들은 충실한 카톨릭 신자로서 어떤 정치적, 이데올로기적 신념보다 종교적 신앙이 더 중요했던 룰라로 하여금 마르주의를 신봉하는 급진 좌익운동가들로부터 늘 일정한 거리를 유지하게 하는 이념이 되었던 것이다. 나아가 해방신학적인 이념은 그로부터 20년도 더 지난 2002년 대선에서 '룰라, 평화와 사랑'(Lulinha Paz e Amor)과 같은 좌파적 구호와 전혀 어울리지 않는 구호를 선거의 슬로건 중 하나로 내세우게끔 했던 것이다.

1.2. 정서적 선동선거전략

룰라가 오랜 도전 끝에 브라질의 대통령이 되는 2002년도 브라질 대선에는 이 나라 역사상 27번째 대통령선거로 가장 많은 19명의 후보들이 난립하였다. 룰라는 기호 13번으로 노동자당(PT)의 후보로 출마했지만, 다른 정당들, 이를테면, 자유당(Partido Liberal), 브라질 공산당(PC do B-Partido Comunista do Brasil), 국민동원당(PMN-Partido da Mobilizaçao Nacional), 그리고 브라질의 공산당(PCB-Partido Comunista Brasileiro) 등 여러 정당의 연합 후보도 나섰다.

이 대선에서 룰라가 노동자당 후보로 나왔을 때, 룰라의 인기는 가히 폭발적이었다. 선거결과는 그의 인기를 잘 보여주고 있다. 2차 경선에서 그가 5천 2백 80만 표 가량얻은 데 비해 상대후보인 José Serra후보는 3천 3백만 표 가량 얻은데 그쳤다. 룰라가 얻은 표를 분석해보면 그는 브라질 전 지역에서 1위를 하였으며, 소득별, 학력별, 성별 등 다양한 층계에서 보더라도 그는 타 후보들을 물리쳤고, 나아가 동시에 치러진 주지사 선거에서 노동자당으로 출마한 후보들의 득표총계보다 2,500만 표나 더 획득했던 것이다. 이는 노동자당을 위시한 연합한 당들의 인기가 아니라 룰라 자신의 인기로 승리했음을 보여주는 결과라 할 수 있다.

일종의 미스테리 같은 이 놀라운 선거결과를 두고 Brito Alves는 '현대적 세바스치아니즘(Sebastianismo)' 이라고 칭했다. 북부 아프리카의 무어족들을 쳐서 옛 포르투칼의 영화를 재건하려다가 실종되어 포르투칼인들의 의식 속에 마치 민족의 구세주처럼 각인된 16세기 말의 젊은 왕 Sebastião에 빗대어 룰라도 브라질의 영광을 회복할 일종의 메시야적인 인물에 비견된 것이었다. 아니면 룰라의 출신지이면서 빈궁한 지역이었던 북동부의 오지에서 소외된 자들을 위해 평생을 바친 Cícero 신부에 비유되기도 했다.

구(舊) 소련에서 공산주의가 무너질 때 소련국민들은 자국이 문명의 주류(主流) 국가에서 멀어졌었다고 인식하고 변화가 있어야 한다는 것을 깨닫고 있었다. 선거 당시 브라질 국민들도 자국에서의 뭔가 새롭고도 근본적인 전환이 필요하다는 인식을 강하게 하고 있었다. 대선(大選)과 같이 치러진 상·하원 의원 선거에서 현역의원 46%가 탈락한 것은 변화에 대한 국민들의 열망이 얼마나 강력하게 표출되었는지를 잘 보여주는 결과라고 하겠다.

브라질은 이 당시 불안정한 환율과 공공부채, 실업증가와 임금감소, 과도한 인플레이션, 기아와 기근, 무엇보다 총체적인 부패 등으로 총체적이면서도 심각한 국가적 위기에 직면해 있었다. 아울러 세계적으로도 미국의 9.11 테러와 아프카니스탄 전쟁 및 이라크 사태, 그리고 세계경제의 극심한 침체 등 큰 위기들이 이어지고 있는 때였다.[161]

이러한 국내외의 혼란스러운 상황 속에서 치러진 대선에서 브라질 국민들은 나라를 안정시키고 2등 국가로 전락한 자국의 영광을 되찾아야 한다는 열망으로 가득 찼고 그러한 희망을 룰라에게 표로써 던졌다고 볼 수 있을 것이다. 말하자면 국가적 메시야상을 그에게서 찾으며 그에게 투표를 함으로 일종의 심리적 카타르시스를 체험했다고 볼 수 있다. 그리고 이러한 브라질 국민의 정서를 룰라는 놓치지 않았던 것이다.

이렇게 룰라는 전 국민의 관심을 받았지만 특별히 가난하고 소외된 자들에게는 가히 구세주(救世主)같은 인물로 비춰진 것이다. 사회의 밑바닥 층의 삶으로부터 가장 주목받는 정치지도자로 등장한 놀랍게 반전된 그의 삶이

---

161) Brito Alves, op.cit., 211

그러했고, 또 그런 이들에 대한 그의 애정과 관심이 그러했던 것이다. 가난한 유권자들은 그에게 표를 던짐으로써 국가의 회복뿐 아니라 자신의 개인적인 삶에서도 경제적, 사회적, 문화적인 면 등에서 해방과 상승을 꿈꾸게 되었던 것이다.

그래서 룰라가 후보로 나선 노동자당의 주요공약 가운데 하나는 Fome Zero(기아 제로) 운동이었다. 여기에서 fome는 '배고픔' 또는 '기아'를 의미 하는 것으로 이 운동은 일종의 기아퇴치운동이다. 이 정책으로 룰라는 기아에 허덕이고 있는 브라질의 빈곤층을 대상으로 선거운동을 벌였던 것이다.

말하자면 그의 공약은 브라질의 경제적 및 사회적 불평등에 대한 직접적인 해결방안을 제시하는 것이었다.

이 당시 브라질에는 전체 GDP 1,300billion $ 가운데 무려 32%를 소유 하고 있는 최상위 부유층 10퍼센트(1,800만)가 있는 반면, 5,400만 명은 하루에 1달러보다 더 적은 돈으로 사는 등 빈부차가 너무 극심하였다. 이에 룰라 정부는 fome zero 정책의 시행을 통하여 브라질 국민의 가장 인간다운 삶의 기반부터 구축하려 한 것이었다.

이렇게 전통적인 노동자 지지기반 세력에 대한 선거전략만 아니라 소위 기득권층에 속했던 상공인들과 군부, 그리고 소(小)부르조아계층을 상대로 한 전략도 나오게 되었다. 우선 룰라의 노동자당은 마르크스-레닌주의를 신봉하지 않았으며 비록 공산당들과의 연합후보로 출마했지만 공산주의 이념하고는 분명한 선을 그었던 것이다. 그것은 룰라의 사상적 성향 때문이 기도 하지만, 그가 자국민의 기질을 잘 알고 있었기 때문이기도 하였다.

브라질 국민은 삼바 같은 축제에서도 잘 드러나지만 근본적으로 낙천적 이고도 온건한 민족으로 투쟁적 혁명 같은 것은 별로 선호하지 않는 민족이 었다. 그리고 그 나라의 역사도 유럽이나 아시아의 공산주의 나라들에서 보이는 것 같은 혁명의 과거를 보여주지 않고 있는 것이다. 그들은 과격한 급진주의 보다는 온건한 점진주의를 더 선호하고 투쟁보다는 대화와 타협을 소중한 가치로 여기고 있었다. 룰라는 이러한 국민의 성향을 잘 읽고 있었다.

따라서 이러한 공산주의적 이념보다는 민족주의, 국내시장 보호정책, 나아가 보호무역주의 등을 표방하였는데, 이런 이념들은 그동안 브라질 사회에 그어졌던 이념의 경계를 허무는 것으로 중도층, 심지어 우익 보수층도 룰라 후보에 대한 마음을 열게 된 계기를 만들었던 것이다.

이러한 2002년도의 대선전략은 룰라가 상파울루 주지사후보로 나섰던 1982년도의 선거전략과 여러 점에서 비교된다. 당시에 그는 노조지도자로서 선거전에서 노동운동의 전형적이고 상투적인 전략과 구호만 외쳤을 뿐이었다. 이를테면 '노동자는 노동자에게 투표하자.' 라는 슬로건이든지, 아니면 '생존을 위해 북동부에서 온 이주민, 염색공장 노동자, 정치범으로 구속되었던 룰라' 같은 구호를 외쳤던 것이다.[162] 말하자면 전형적인 좌파적 노동지도자로서의 모습을 부각시켰는데 결과는 실망스럽게 겨우 4위에 그치고 말았던 것이다. 물론 그의 노동자당 외에 유사한 민주노동당(PDT)이 있었지만, 노동자들조차도 룰라의 정당보다 이 후자를 더 선호했던 것이다.

룰라는 20년 전의 이러한 선거패배는 무엇보다 전략의 실패임을 깨닫고, 적어도 두 가지 점에서 변화를 추구하였던 것이다. 하나는 연설은 물론 슬로건을 바꾼 것인데, 무엇보다 과거의 모습을 드러내지 않고 현재적이고 미래적인 비전을 제시하겠다는 것이었고, 다른 한 가지는 노동자층 외에 사회의 다른 계층으로 지지층을 확대하는 것이었다. 물론 이러한 두 가지 선거전략 외에 다른 정당들과의 유대내지 연합에 대한 필요성도 절감하고 이를 시도하였던 것이다.

하지만 그 이후 1989년, 1994년, 그리고 1998년의 브라질 대선에서 매번 노동자당 후보자로 나온 룰라는 선거 때마다 유력한 후보였음에도 불구하고 윤리적인 문제와 같은 돌발변수와 공산주의자라는 오해 등으로 세 차례나 연이어 실패하고 말았다. 마지막인 1998년 대선에서는 러닝메이트로 나온 좌익

---

162) Brito Alves, op.cit., 147

레오넬 브리졸라가 룰라를 '국민의 사람, 국민의 후보로 국민의 안녕과 복지를 이룰 사람'으로 소개했어도, 그의 지리한 연설은 제쳐두고서라도 국민들에게 룰라는 그 구호의 실행자로 각인이 되지 않아 또 다시 실패의 길을 걷게 했던 것이다.

그러나 2002년 대선, 이제 그는 가난하고 소외된 이들만 아니라 전 국민을 대상으로 사랑과 행복의 메시지를 던지는 전략으로 기존의 방식에 궤도수정을 가했다. 그는 빈부와 도농의 경계를 뛰어넘어 모든 국민들에게 자신의 애정을 표시했고, 국민 전체의 행복한 삶을 약속했다. 그리고 자신의 집권으로 브라질은 평화의 나라, 희망의 나라가 될 것임을 선포했다.

그러면서도 자기 스스로는 비범하고 신비로운 지도자 행세를 하지 않고 사람들에게 낮은 자세로 따뜻하게 다가갔다. 그리고 자신도 가정이 있고 소시민의 행복을 아는 평범한 사람임을 부각시켰던 것이다.

그러면서 룰라는 사람들의 성서와 마음을 사로잡는데 주력했다. 그는 국민의 관심사일수도 있는 여러 가지 정책적인 문제들에 대해 논리적이고 합리적인 설명을 하려고 하지 않고 이상과 환상을 제시하면서 그들의 정서를 자극했던 것이다. 룰라야말로 대표적인 정서적(情緖的) 선동정치가라고 할 수 있을 것이다. "미국의 Martin Luther King, Jr.가 자국의 흑인들과 백인들의 마음을 풍부한 감성으로 가득 채웠던 것처럼 룰라도 브라질 국민의 꿈과 환상을 적극 활용하였던 것이다."[163]

게다가 룰라의 성격적 기질이나 행동의 스타일도 이지적인 사람이라기 보다는 감성이 풍부하고 열정이 충만한 사람이었다. 무엇보다 그는 국민들을 계층에 무관하게 위무(慰撫)하였으며, 사상이나 정책에 있어서도 철저히 국민의 행복을 최고의 가치로 여기는 복민주의(福民主義)를 표방했던 것이다.

---

163) Brito Alves, op.cit., 185f.

1.3. 위민적 정책

룰라는 가난을 겪었기 때문에 빈자층과 소외계층이 겪는 어려움과 아픔들을 잘 알고 있었고, 따라서 그러한 문제를 해결하고자 하는 배려의 마음을 지니고 있었다.

대통령 후보 때도 그러했지만 당선된 이후에는 빈곤층의 소득향상을 통한 경제적 불평등의 개선, 빈곤층의 취업률 제고와 그들에 대한 실질적인 지원, 그리고 나아가 그들의 인간다운 삶의 회복을 위해 많은 노력을 하였다. 그러나 그가 가장 중요하게 생각한 위민(爲民) 정책은 배고픔으로부터의 해방이었다. 그가 내세운 가장 소박하면서도 획기적인 정책은 브라질의 모든 국민들이 하루에 세 끼 식사를 하는 것이었다.

"우리의 형제자매 가운데 단 한 명이라도 굶주림을 겪고 있다면 우리는 수치심으로 얼굴을 가리고 다닐 충분한 이유가 될 것입니다. 저의 재임기간 말기에 모든 브라질 국민이 아침, 점심, 저녁식사를 할 수 있게 된다면 제 인생의 목표는 달성된 것입니다. 저는 약속하겠습니다. 이 나라에서 굶주림을 없애겠습니다. 이것이야말로 사회계층이나 정당이나 이념의 구분을 떠나서 우리 모두가 목표를 삼을 수 있는 것이며, 목표로 삼아야만 합니다. 굶주림을 겪고 있는 모든 국민을 위해 정부가 가진 모든 힘과 역량, 그리고 모든 방법을 동원해서라도 가장 성스러운 '인간의 존엄성'을 지켜내야 합니다."[164]

2003년 1월1일, 여러 번의 도전 끝에 마침내 권좌에 오른 룰라가 대통령 취임식 때 한 유명한 연설문 일부이다. 후보자 때의 공약과 취임사의 연설, 그리고 그 이후의 그의 정책은 일관성이 있었다.

룰라가 대통령으로 취임하던 즈음에 가난한 농업지역과 도시 변두리에는 수백만의 브라질인들이 기아(飢餓)에 허덕이고 있었다. 그래서 룰라는 이미 대선후보 때에도 Fome Zero 운동을 펼쳤던 것이다.[165] 그리고 취임하면서

---

164) Richard Bourne, op.cit., 6
165) Richard Bourne, op.cit. 160. 룰라는 Fome Zero의 정책을 시행하기 전에 그와 친교가 있던 Itamar Franco대통령에게 기아문제 해결의 아이디어를 주어 시행하게끔 도와주었다. 그것이 어쩌면 Fome Zero의 이전(以前) 버전이라고 할 수 있다.

이러한 정책의 연장으로 빈민들에 대한 종합복지정책인 Bolsa Família 정책을 발표했던 것이다. '가족바구니'로 번역되는 이 운동은 룰라가 2003년 대통령에 취임할 때부터 추진한 것으로 가난한 가정들을 직접 지원하는 혁신적이고도 획기적인 복지 프로그램으로서 그야말로 일부 특권층을 제외하고는 국민들로부터나 국제적으로 찬사를 받은 가장 대표적인 복민정책이었다.

이러한 복지정책으로 룰라 정부는 국민을 빈곤으로부터 구제했으며, 나아가 국가경제에 활력을 불어넣게 되었다. 구체적으로 2009년까지 무려 1,100만 가정을 지원했고, 2,040만 명을 빈곤에서 구제하였으며, 나아가 3,600만 명을 중산층으로 편입시켰던 것이다.166)

이 Bolsa Família는 극빈자들 또는 극빈가정들을 지원하는 일종의 조건적 현금지원 프로그램이다. 이것은 기존에 있던 복지프로그램들인 학비지원 프로젝트인 Bolsa Escola(교육지원금), Bolsa Alimentação(식량보조금), 근로자들에게 매일 조식과 점심을 제공하는 근로자 시비지원 프로젝트인 Cartão Alimentação(식사쿠폰), 또 전기와 냉난방, 휘발유 같은 에너지를 지원하는 Auxílio Gas(가스지원금) 등을 하나의 재정지원시스템으로 통합한 것이었다.

이 지원을 받을 자격이 되는 가족들은 가족 수입지원을 받고 그런 지원에 맞게 어떤 인간발달조건을 의무적으로 성취해야 한다. 이를테면 교육, 영양공급, 백신 접종, 그리고 그 밖의 추가적인 사회 서비스 사용 등이다. 그리고 재선을 앞두고 공약으로 나온 농촌의 전기사업(Luz Para Todos)167)이나 농지개혁 등은 이러한 빈자층에 대한 복지사업의 확대 프로그램으로 간주할수 있다.

하여튼 이 보우사 파밀리아 프로그램은 2011년까지 1,270만 가정을 지원했는데, 이로 인해 개별적으로는 무려 5천만 명의 브라질 국민이 혜택을 받은셈이었다. 이 프로그램은 그것을 가장 필요로 하는 사람들의 손에 현금을 쥐어주므로 위기에 빠진 빈곤층 가정들을 빠르게 지원하는 복민적 프로그램이었다.

---

166) ibid.
167) 'Luz Para Todos'는 '모두를 위한 빛'이란 뜻이다.

추정컨대 2008~9년여간의 경제위기 속에서 이러한 사회보장지원 프로그램이 없이는 브라질 국민의 12% 이상이 빈곤의 경계 아래 떨어져 나갈 수 있었을 것이다. 특히 이 프로그램으로 인해 브라질 아동들의 70% 정도가 제2차 교육과정을 수료하게 되었던 것이다.[168]

이 지원 프로그램으로 인해 브라질 국민의 절반 이상이 중산층으로 편입된 긍정적인 결과가 나왔지만, 그럼에도 불구하고 작금 브라질에는 전체 인구의 약 10%에 해당하는 1,600여만 명이 매달 USD 45$ 미만의 극심한 가난 속에 살고 있다. 이들 극빈층의 연령분포를 보면 절반이 청소년들과 청년들이고, 또 지역적으로는 북동쪽 지역에 사는 주민들이다.

룰라의 이러한 빈곤층에 대한 포괄적이고도 획기적인 지원정책은 초기에는 사회지도층과 야당에서 재원의 부족이나 포퓰리즘 정책이라고 비판하여 반대했었지만 룰라의 끈기 있는 설득과 국민투표로 인해 결국 실시가 되었던 것이다. 그 결과로 인해 2010년 브라질 지리통계원(IBGE)의 자료에 따라 룰라의 집권기 초기인 2003년과 말기인 2009년을 대비해보면 극빈층은 29.9%에서 17.4%로, 하층은 16.4%에서 13.4%로 떨어진 반면, 중산층은 43%에서 53.6%로, 상류층은 10.7%에서 15.6%로 증가하는 등 괄목할 만한 변화가 일어났음이 눈에 띄는 것이다.

그리고 실업률을 비교해보면 2004년의 11.5%에서 2010년 6.7%로 급감하게 되었던 것이다. 뿐만 아니라 2002년 룰라가 압도적인 지지로 대통령에 당선된 뒤에 자금시장과 서방경제 미디어들이 브라질에 대해 큰 우려를 품게 되었었지만, 빈곤율이 이렇게 눈에 띄게 감소되고 브라질 경제가 회생되자 룰라를 바라보는 그들의 시각은 완전 달라지게 되었다.

그리고 해외자본들도 들어오게 되었는데, 이를테면 2008년 한 해에만 브라질에 투자된 해외자본이 무려 45 billion $에 달하게 되었다.[169] 그리고

---

168) A. Jaspe, 112
169) Alvaro Jaspe, Lula da Silva's Brazil: a genuine third way and NEM for the Latin American continent? *Development Studies Association Bulletin*, September 09, 2009, p. 105

브라질의 GDP는 5.8%나 향상되었던 것이다.[170]

룰라를 이어 2011년 브라질 역사상 최초의 여성대통령으로 취임한 지우마 호세프(Dilma Roussef)도 전임대통령 룰라의 복민정책을 계승하여 빈곤 퇴치와 빈민층 지원정책을 계속 강화해 나갔다. 취임한 지 반년이 지난 즈음인 2011년 6월 호세프 대통령은 Brasil Sem Miséria(비참함이 없는 브라질)이라는 새로운 빈곤퇴치계획을 발표했는데, 이 계획은 4년 동안 수조 원의 특별 지원을 통해 1,600만 빈곤층을 극심한 가난에서 탈피시키겠다는 야심찬 또하나의 복민정책이었다.

국제사회안전협의회(ISSA)[171]의 진단에 따르면 이러한 호세프의 프로젝트는 룰라 시절 거시경제의 안정과 무려 2,500만 명을 빈곤에서 탈피하게 한 Bolsa Família 같은 앞서 성공한 복지정책을 확대하는 것이었다.

호세프 정부의 Brasil Sem Miséria 복지 프로그램은 룰라 정부의 Bolsa Família의 규모를 더 확대함으로써 현금지원을 확장하는 것이었다. 가정마다 세 명에서 다섯 명에 이르기까지 지원받을 자격이 있는 자녀들의 숫자가 증가하므로 정부는 130만 명의 아이들을 더 지원해야 했던 것이다.

지원하는 정도는 매달 US 22$에서 200$에 이르는 금액이었고, 정부는 이러한 지원금 확대정책으로 80만 가정이 추가적으로 지원받기를 기대했다. 그러나 최근에 정부의 기대와 달리 정보의 부족, 단절, 그리고 행정적인 문제로 자격이 있는 가정들이 제대로 지원을 받지 못한 결과가 드러나기도 했다.

새로운 빈곤퇴치 프로그램의 다른 측면은 교육이나 헬스 케어 같은 공공 서비스에의 접속의 개선, 수도, 전기, 하수처리 같은 인프라 구조의 개선이다. 이러한 프로그램은 일자리 창출과, 직업훈련, 개인신용을 통한 브라질 국민들의 경제적 수단들을 개선함으로써 '생산적 포괄성(productive inclusiveness)'을 증가할 것이 분명하다.[172]

---

170) ibid. p. 107
171) International Social Security Association
172) ibid.

1.4. 복민적 선동주의

선동주의의 전형적인 유형에는 공산주의 지도자들이나 극우주의자들처럼 어떤 분명한 이데올로기에 따른 선동주의가 있고, 또는 일본처럼 민족주의적 형태나 아니면 노동자들 같은 사회적 특정계급에 근거한 것도 있지만, 빈민층을 향한 룰라의 선동주의 같은 유형도 있다. 이 유형은 무엇보다 가난한 자들의 인간다운 삶을 보장해 주려는 것으로 복민적(福民的) 선동주의라 할 수 있다.

룰라의 이러한 선동주의적 정치는 21세기 중남미(中南美)를 휩쓸던 전형적인 좌파 선동주의, 이를테면 볼리비아의 Morales, 에콰도르의 Correa, 니카라과의 Ortega, 그리고 정도는 약하다 하더라도 우루과이의 Vázquez 또는 아르헨티나의 Kircheners의 정치행태와는 확연히 다른 유형이라고 있다.[173] 이런 의미에서 룰라 정권에 대한 미국의 두려움은 기우였다고 할 수 있다.

그의 정치는 서방민주주의나 사회주의도 아닌 사회주의적 민주주의라 할 수 있고, 그의 경제정책은 서구자본주의도 공산주의도 아닌, 미국적 우파도 중남미적 좌파도 아닌 제3의 길이라고 할 수 있다.[174] 그의 정책에는 중남미 좌파지도자들의 정치이념을 휩쓸던 반미(反美)주의, 반(反)자본주의가 드러나지 않는다.

그의 노선은 미국의 자유무역의 우산 하에 놓여있던 1990년 대의 고통스런 신자유주의적 경험과 극단적인 신(新)포퓰리스트(neo-populist) Hugo Chávez에 의해 가장 전형화된 국유화 지향적이고 반미적(反美的)인 포퓰리즘(anti-gringo populism)사이에서 아메리카대륙에서 부상하는 국가들을 위한 자립적인 제3의 길을 제시한다.[175] 이러한 독특한 lulismo(Lulaism)와 굳이 유사한 경우를 찾는다면 브라질에서 그 이전의 대통령 가운데 Cardoso의

---

173) Alvaro Jaspe, op.cit., 109
174) 룰라정권시절의 브라질의 경제상황에 대해서는 Edmund Amann, Brazil's Economy Under Lula, in: World Economics, Vol.6. NO.4, Oct.-Dec. 2005, 149pp.
175) A. Jaspe, op.cit. 109

예를 말할 수 있을 것이다.

하여튼 룰라 자신은 그러한 중남미(中南美)의 전형적인 좌파적 지도자상으로 나타나는 포퓰리스트(populist)보다 포퓰러(popular)한 대통령으로 알려지기를 선호했다.176) 하지만 그의 대중, 특히 빈곤층을 파고 드는 그의 정서적 호소법과 정책에는 분명 복민의 이상으로 포장한 선동적 요인들이 내재되어 있음을 부인하기 어렵다. 두 번째 당선에서 룰라는 누구보다 그의 복민적 정책에 매료된 5천 8백만 명에 달하는 사회적 최약자층의 압도적인 지지를 받았던 것이다.177)

이러한 빈자 중심의 선동주의의 배경에는 무엇보다 먼저 그의 가난했던 과거와 같은 개인적 삶이 배경이 되었다고 할 수 있다.

물론 실제적인 결과는 재선시기가 다가왔을 적에 드러난 여론처럼 빈자층의 지지가 그다지 지속적이었던 것이나 강한 것은 아니었다고 할지라도, 그의 선거전략이나 정책의 중심에는 보우사 파밀리아 같은 빈자층을 향한 복지 정책이 놓여 있었던 것이다. 그래서 많은 브라질 국민들은 그를 '가난한 자들의 아버지(Pai Dos Pobres)'라고 부르고 있다.178)

이러한 복민정치는 브라질의 국가발전에 건설적이면서 능동적인 영향을 끼쳤음을 부인하기 어렵고, 특히 BRICS와 같은 용어에서도 잘 드러나듯이 브라질의 국격(國格)을 대외적으로 크게 향상시켰던 것이다. 특히 아프리카에서의 이집트처럼 중남미(中南美)에서의 자국의 리더십을 공고히 구축한 역할을 하였다고 볼 수 있다.

아울러 룰라 식의 국가경영은 브라질 내부의 정치적 발전에도 상당히 긍정적인 역할을 한 것으로 보인다. 2002년과 2006년 연이은 대선에서의 승리 이후 룰라 정권 하의 브라질은 1985년 이래 최고의 민주주의적 상태에 도달한 것으로 볼 수 있다.179)

176) Maitena de Amorrortu, *Cambio* 16, 20-1-03
177) A. Jaspe, op.cit., 109
178) Richard Bourne, op.cit., 230

하지만 룰라 이후에도 브라질의 국가적 과제는 산적해 있다. 무엇보다 과감한 정치적 및 행정적 개혁, 세금제도 개선, 노동법 개정, 그리고 교육개혁 등 국가의 중요한 과제들을 통하여 OECD 국가들의 수준으로 이끌어 올려야 한다. 이런 과제를 위해서는 좀 더 지도이념에서 보다 더 탈 이데올로기화되며 유연한 외교정책수립이 필요하며, 나아가 시장개방 및 시장친화적인 경제정책 도입이 필요할 것이다. 이 모든 것은 룰라 이후 정부의 과제라 할 수 있다.[180]

2. 탁신의 마케팅적 선동정치

태국에서 선동정치 내지 포퓰리즘이 등장하게 된 것은 어느 사회에서나 마찬가지로 한편으로는 국민들의 정치적 민도(民度)가 높지 않음을 의미하면서 다른 한편으로는 국민들이 그만큼 국가나 정치에 대한 기대치가 상승했던지 또는 정치적 관심이 증가했음을 보여준다. 그런 의미에서 선동정치의 등장은 정치적 맹아(萌芽)의 단계에서 정치적 성숙의 단계로 가는 필수적인 과정인지도 모른다.

특히 태국의 경우 오랜 군부독재 체제에서 1973년도 이래 점진적인 경제성장과 교육확대 등을 통하여 민주화의 싹이 텄지만, 그러면서도 공산주의의 위협이 있어 군부의 정치적 파워가 완전히 사라지지 않고, 정치도 민주주의(democracy)보다는 금권정치(timocracy)로 흐르게 되었던 것이다. 말하자면 민중의 힘보다 돈의 파워가 더 강했던 것이다. 정경유착, 금전을 통한 표매수, 이권을 위한 야합과 뒷거래 등이 적어도 1990년대 초까지 이어졌다.

그러다가 1990년대 초 군부 쿠데타 정권이 정치의식이 향상된 일반시민들에 의해 실각하면서 두 가지 형태의 대중정치참여가 일어났다. 하나는 농민정치운동이고, 다른 하나는 도시중산층 정치운동이었다. 전자는 도농(都農)

---

179) A. Jaspe, op.cit., 108
180) Paulo Roberto de Al meida, Never Before Seen in Brazil: Luis Inácio Lula da Silva'grand diplomacy, in: Revista Brasileira de Política Internacional, 53 (2): 160-177 2010

간의 빈부격차의 심화와 농업경제의 쇠락으로 인한 불만에 기인한 것이었고, 후자는 보다 선진화된 사회개혁과 정치개혁을 요구하는 목소리였다.

태국 정치무대에서의 탁신(Thaksin)[181]의 전격적인 등장은 우선 비즈니스맨으로서의 그의 성공이 바탕이 되었다고 할 수 있다. 태국경제의 여러 위기들 가운데서도 그가 세운 친나왓(Chinnawat)은 첨단기술 분야 진출과 지혜로운 경영으로 위기를 잘 극복하고 태국경제를 이끄는 거대한 산업체로 발전했다.

특히 1997년도의 심각한 국가금융위기와 경제위기는 그를 단순한 기업인으로서만이 아니라 국가경제를 살릴 수 있는 경제적 리더십에서 단연 주목을 받게 했다. 아울러 같은 해에 개정된 새로운 헌법도 이렇게 사업기반을 둔 정치인들 내지 정당들에게 유리하게 선거시스템을 바꿔놓아 기업가 출신인 그의 정치적 부상에 매우 긍정적으로 작용하게 되었다.

소속정당에 있어 탁신은 처음에는 명망 높은 참롱(Chamlong Srimuang, 1935~) 전 방콕시장이 주도하는 팔랑다르마당(黨)(Palang Dharma Party)에 입당했는데, 그의 입당은 도리어 그 당의 분열과 위기를 가져오는 계기가 되었다.

팔랑다르마당은 참롱의 정치적 성향에 따라 '깨끗한 정치'라는 이미지를 갖고 있었는데, 특권추구는 물론 부패정치인들과의 연결고리를 지닌 것으로 알려진 탁신의 입당으로 인해 결국 상당 수의 당원들이 탈당함과 동시에 당내에서도 파벌 간의 심각한 갈등이 형성되기 시작했다. 가일층 방콕시민들도 참롱 시장의 세 번째 연임을 거부하기에 이르렀다. 이에 참롱 식의 정치를 지지하던 이들이 그에 대한 비판들을 쏟아내자 탁신은 전국을 돌며 학계와 지방지도자들과 토론하며 새로운 시대에 맞는 소위 '과학적 사상'을 적용할 새로운 정치적 패러다임을 찾아 나섰던 것이다.

---

181) Thaksin Shinawatra(1949~)은 태국의 화교출신 기업인이자 정치인으로 자국의 제31대 총리(2001 ~2006)를 지냈다.

이는 마치 프랑스의 근대적 사회주의이념을 '공상적 사회주의'로 몰아가고, 자신의 사회주의를 '과학적 사회주의'로 표방한 마르크스의 논법과 유사해 보인다.

하여튼 그 결과로 1998년 7월 탁신은 불과 23명의 발기인들만 데리고 새로운 정당인 타이락타이(Thai Rak Thai, 이하 TRT로 약칭)를 창당했다. 이렇게 소규모로 새로운 정당을 창립할 당시에는 당면한 국가위기를 극복하는데 일조하는 것이었지, 국정을 맡아 이끌 것이라곤 그들 스스로도 예상하지 않았던 바였다.

하지만 막상 선거전에 돌입하자 생각이 달라졌다. 탁신과 TRT의 치밀한 마케팅적인 선거전략과 감성적이고도 선동적인 홍보효과로 마침내 2001년 1월의 총선에서 타이락당은 압승을 거두었다. 남부지역에서만 집권민주당에 패배를 했지, 나머지 전 지역에서 민주당을 지역에 따라 최소 세 배 이상 따돌렸다.

그렇게 하여 총체적인 부정선거에도 불구하고 전체 500석 가운데 절반에 단 두 석만 모자라는 248석이나 얻었으며, 정당지지율에서도 집권당의 25.9%를 훨씬 상회하는 37.1%를 얻게 되었다. 그렇게 하여 탁신은 권좌에 오르게 되었던 것이다. 탁신은 이 2001년 선거에서 농촌지역 등에 대한 선심성 공약이 들어있는 여러 가지 정책 제시로 인해 이미 선동주의적 정치가로 소문이 나 있었다.

하지만 선동정치를 통한 그의 중우정치는 4년 뒤인 2005년 2월 선거에서 더욱 두드러졌다. 그는 앞선 총선에 비해 훨씬 더 다듬어진 공약들을 제시하면서 국민들의 환심을 사려고 했다. 주로 소외되어 온 북동부 지역 같은 농촌지역에 대한 많은 지원을 포함한 그의 공약들은 반대 측의 시각에서 볼 적에는 결과적으로 돈을 주고 표를 사는 식이었다.

특히 그의 정당인 TRT는 '국민이야말로 우리 당의 심장이다.'라는 구호를 던지므로 감성주의적인 선거전략으로 국민들의 마음을 파고들었다. 특히 탁신은 대중연설 등에서 1인칭을 사용하면서 자신이야말로 기존의 국가 엘리트 계급에 저항하는 새 시대의 지도자로 포장하였다. 결과는 남부만 제외하고 TRT의 압도적 승리였다. 전체 유효득표에서 2001년의 1,100만 표를 훨씬 상회하는 1,900만 표를 받았고, 득표율에서도 무려 61%에 이르렀다.

이 선거 이후 탁신과 그의 정부는 태국 국민들을 자신들이 거의 다 장악했다고 생각하고 내적 부패와 반대자들에 대한 탄압의 길을 걸었지만, 태국 국민들은 그들이 생각하는 만큼 그렇게 중우(衆愚)들이 아니었던 것이다.

2.1. 이중적 면모

대부분의 선동정치가들이 이중성을 지니고 있지만 탁신의 경우 이 점이 더욱 두드러진다. 탁신에 관한 중요한 저서를 남긴 파숙 퐁파이칫(Pasuk Phongpaichit)과 크리스 베이커(Chris Baker)는 글182)의 초두에서부터 탁신에 대한 일반적 이미지가 이러한 이중성임을 지적한다.

그들에 따르면 사람들은 탁신에 대해 '선악의 이분법적 구도'로 생각하는 경향이 있다고 한다. 말하자면 그를 한편으로는 태국을 번영하게 만든 '위대한 영웅', 다른 한편으로는 '엄청난 규모의 돈을 벌기 위해 정계로 진입한 비즈니스맨' 내지는 '더러운 정치인'으로 본다는 것이다.

어떤 이들에게 그는 '질투심 많은 구시대 엘리트에게 박해받는 탁월한 지도자'였고, 다른 이들에게는 '부패하고 부도덕할 뿐 아니라 돈으로 권력을 획득하고 권력을 통해 다시 돈을 벌어들이는 위험한 인물'이었다.

하여튼 탁신은 룰라처럼 가난한 노동자 출신으로서 민중 중심의 정치를 전개한 것이 아니라, 부유한 기업가요 일반적으로 노동자나 소외계층과도 이질적인 입장에 설 수 있었는데도 정치적 야망을 위해 그들을 선동하였던 것이다. 그리고 권좌에 있으면서 권력을 이용하여 자신의 부요를 축적했으므로 표리가 다른 정치가라 비춰졌던 것이다.

---

182) Pasuk Phongpaichit, Chris Baker, *Thaksin*, 정호재 옮김, 서울 2010

2.2. 이중적 비즈니스: 경제적 비즈니스와 정치적 비지니스

태국인들에게 탁신은 무엇보다 먼저 대기업을 운영하는 대단한 기업가였다. 아니, 그가 국민들에게 어떤 이미지로 나타났는지에 앞서 스스로 자기 정체성을 비즈니스맨(businessman)으로 규정하고 있었다고 할 수 있다. 그는 본래부터 사업가였으므로 경제적 비즈니스를 해온 것은 당연한 일인데, 그는 정치도 비즈니스처럼 자신의 유익을 위해 했고, 또 실제로 자기의 정치권력을 이용하여 자신과 가족의 경제적 유익을 도모하려고도 하였었다.

이 비즈니스 개념은 자신의 정체성에만 적용되는 것이 아니라 그의 국가관(國家觀)에도 드러난다. 탁신에게서의 국가는 하나의 거대한 기업인 셈이었다. 1997년도에의 한 연설에서 탁신은 '기업은 국가요, 국가는 기업이다. 이 둘은 같은 것이다.'라고 했다. 말하자면 그에게서 국가는 기업이요, 정치는 일종의 기업경영이다.

따라서 자신도 태국이라는 거대기업을 경영하여 국민들을 먹여 살리는 역할을 하기 위해 정치에 뛰어들었다는 것이다. 본인 스스로 기업태국의 경영자요, CEO 총리가 되고 싶은 것이었다. 말하자면 정치는 껍데기이고, 경영이야말로 하나의 거대기업인 태국을 움직이는 본질이라고 본 것이다.

이렇게 국가를 기업으로, 정치를 기업경영으로 환원하는 그의 논리의 저변에는 비즈니스 경영방식이 기존의 행정적, 관료적 국가운용방식보다 더 우월하다는 인식이 깔려있었던 것으로 보인다. 그리고 시대의 흐름에 대한 그의 해석에 기인한 것이기도 하였다. 그는 과거와 달리 이데올로기의 시대는 지났으므로 이제 정치도 이데올로기의 관점에서 볼 것이 아니라 국가경영의 차원에서 보아야 한다고 생각했다.

이러한 그의 경제환원주의적 국정관(國政觀)은 무엇보다 지성인들에게는 많은 우려를 가져다 주었다. 하나의 나라에는 경제만 있는 것이 아니라 국방, 문화, 교육 등 다양한 분야들이 있는데, 탁신의 관점은 마치 나라에 경제뿐인 것처럼 그것에만 주력했던 것이었다. 심지어 그는 경찰조직마저도 국가

소득을 올리는 데 도움을 주는 역할을 해야 한다는 견해를 피력하기까지 했다.

그러나 탁신이 그 자신을 기업으로 성공한 사람으로 소개하듯이 농민들과 서민층 국민들은 그가 태국이라는 기업도 자기의 사업처럼 새로운 궤도에 올려놓을 것이고, 그 혜택이 본인들에게도 돌아온다고 기대하였던 것이다. 하지만 정작 탁신의 사상에는 1990년대 후반까지만 해도 '국민'이 국가의 주연(主演)으로 자리잡지 못하고 있었다.

그의 관심은 국민의 자유와 인권, 삶에 놓이지 않고 국가경제에 놓이게 된 것이었다. 물론 2001년의 선거직전에 이르면 '숨을 쉴 적마다 국민을 생각한다.'고 국민이 정치의 목표임을 밝히게 되었던 것이다.

2.3. 사상적 배경

탁신 정치의 사상적 배경에는 경제적 환원주의 외에 더 근원적인 두 가지 종교적 및 정치철학적 사상이 놓여 있다. 먼저 종교적으로 룰라가 해방신학에 뿌리를 두고 있고 카톨릭적 배경을 지녔다면, 탁신은 불교사상을 배경으로 가지고 있다.

태국불교에서의 붓다다사(Buddhadasa, 1906~1993)는 인도힌두교에서 라드하크리슈난(Radhakrishnan)에 해당한다. 이 두 사상가들은 두 가지 아시아의 대표적인 전통적 종교사상을 현대화하는 데에 결정적인 공헌을 한 이들이다. 후자가 20세기에 힌두교사상을 재정립했다면, 붓다다사는 불교사상을 현대적으로 재해석하는데 핵심역할을 했다.

붓다다사의 기본적인 불교관은 내세지향적이 아니라 현세 지향적이며, 개인적 열반행(涅槃行)이 아니라 공동체적 사회실천이었다. 말하자면 태국불교의 대표적인 소승불교의 가르침보다는 우리나라 불교 같은 대승불교적 가르침에 가까운 것이었다.

기독교적으로 이해하면 복음을 전하며 순례자로 이 세상을 살면서 천성을 향해간다는 전통적 인생관이 아니라, 이 세상에서 신적소명에 따라 문화의 진정한 변화를 꿈꾸는 문화변혁자로서의 삶을 가르치는 기독교 인생론의 새로운 버전과 유사한 식이다.

붓다다사는 불교도는 내세의 열반에 들어가는 것이 목적이 아니라 현실 세상을 개선시키는 것이라고 보았다. 그는 각자는 자기중심주의나 개인주의에서 떠나 자신이 관계적 존재임을 고려하여 공동체를 중시하고, 나아가 물질적 발전보다는 도덕적 향상에 더 주력해야 한다고 가르쳤다. 물론 그를 존경하는다 탁신은 이 사상적 스승의 가르침 중에서 물질적 발전보다는 도덕적 개선이어야 한다는 가르침에 대해서는 외면하였지만, 이런 사회를 만드는 자는 사리사욕이 없는 도덕적 지도자여야 한다는 그의 가르침은 자기에게 적용하기 시작했다.

붓다다사에 따르면 세상사람들을 평화와 행복 속에서 함께 살도록 하는 것이 불교적 가르침이요, 이런 과제는 사적 욕심이 없고 도덕적 비전이 있는 지도자를 통해 이뤄질 수 있다고 보았다. 탁신은 자기 자신이야말로 붓다다사가 말한 사리사욕이 없는 이상적 국가지도자로 자처한 것이었다. 그래서 그가 생각하는 이상적인 정치는 국민들이 자기 자신의 개인적인 권리와 자유는 국가에 양도하고, 국가는 사심이 없고 도덕적 리더십을 가진 사람들에 의해 기업과 같이 운영되는 것이었다.

그리고 이러한 논리를 정당화하기 위해 그는 붓다다사의 이상(理想)에 서구의 사회계약론(社會契約論) 사상을 가미한다. 장 자크 루소(Jean-Jacques Rousseau)의 〈사회계약론〉의 유명한 첫 귀절 '인간은 자유롭게 태어났지만, 동시에 모든 곳에서 사슬에 묶여있다.'를 국민들이 국가를 위해 천부적인 자유를 포기하고 정부의 법과 규칙이란 사슬에 종속된다는 것으로 해석했다. 2002년 11월 아시아 정당회의 개회연설에서 그는 '사회계약론의 핵심은 공익을 위해 개인의 자유를 희생하는 것이다.' 라고 정리하였던 것이다.

하지만 이러한 탁신의 해석은 루소의 사회계약론의 본의를 왜곡한 것이었다. 루소는 사회계약을 말하기 전에 자유와 평등을 지향하는 시민들의 '일반 의지(一般意志)'를 말하는데, 그에 따르면 절대적으로 국가의 주권이나 법률, 그리고 정부도 바로 여기에서 나온다고 보았다.

따라서 개인이 통치자나 공익을 위해 자기의 권리와 자유를 희생시키는 것이 아니라, 각 개인이 자기의 고유하고 절대적인 자유와 평등을 최대한 확보 하면서 공동의 이익을 위해 약속을 통해 국가를 형성한다는 것이다. 그 약속도 주권자인 시민 개개인 상호 간의 약속이라는 것이다.

이렇게 볼 때 탁신의 논리는 루소의 사회계약론에 가깝다기보다 도리어 마키아벨리즘(Machiavellism)[183]의 논리에 근접한다고 할 수 있다. 권좌에 있을 때 그는 국가로 포장되는 자기정권의 유지와 발전을 위해서는 어떠한 논리나 방법도 허용된다는 독재적인 정치 이념을 표방했다고 볼 수 있다. 대부분의 대중선동정치가들은 권좌에 오르기 전에는 민중 중심의 논리를 펴지만, 권좌에 오른 후에는 권력유지를 위해서 반민중적인 사상을 펼쳤음을 감안해보면 탁신도 예외가 아니었음을 알 수 있다.

2.4. 지방 소외계층 선동

1998년 탁신의 타이락타이당이 막 출범할 때는 핵심당원들은 주로 전직 관료들이나 비교적 큰 회사의 CEO들이었다. 하지만 탁신은 곧 중소기업을 파고 들어 자신과 자신의 정당이야말로 위기에 처한 중소기업의 구세주라고 선포하기 시작했다. 그러면서 중소기업의 부흥을 통해 국가가 직면하고 있는 금융위기와 경제위기를 극복하려고 시도하였다.

하지만 경제계는 탁신의 계산대로 그의 정당을 그다지 적극적으로 지지하지 않았다. 또 그는 이런 정책과 더불어 자신의 지지층을 도시에서 찾고자 했다.

---

183) 르네상스 시대의 이탈리아의 사상가요 정치철학자인 마키아벨리(Niccolò Machiavelli, 1469 ~ 1527)가 그의 저서 `군주론(君主論)'에서 주장한 것으로서 국가를 발전시키고 국가의 목적을 달성하기 위해서는, 어떤 수단이나 방법도 허용되어야 하고, 심지어 개인적 차원에서의 도덕에 반하는 부정(不正)이나 불의 (不義)라 할지라도 용납되어야 한다는 국가지상주의적(國家至上主義的) 정치사상을 뜻한다.

하지만 이것도 그다지 성공하지 못했다.

그러자 탁신은 자신의 정치적 주요 기반지역을 찾아 방콕을 떠나 지방의 농촌 지역으로 눈길을 돌리게 되었다. 사실 태국은 1998년 선거 당시 농업 인구가 인구의 절반을 넘을 정도로 유권자들 대다수가 농촌에 살고 있었다. 더욱이 이미 1990년대 이후 농민들은 시위를 통해 정치의식이 상당히 향상 되어 있었다. 금융위기 초기에는 농산품 가격의 상승으로 되레 이익을 보았 으나 중반 이후에는 국제 쌀 가격이 급락하면서 농촌도 위기를 맞게 되었다. 그래서 농촌은 가계부채의 증가와 함께 빈민층이 급증하게 되었고, 아울러 도시에 와서 사는 농촌 출신 거주자들도 농촌의 가족들을 지원하기는커녕, 오히려 그들에게 더 의존하게 되어 농촌거주자들을 더 어렵게 만들면서 농촌 문제는 복잡한 사회문제로 발전되게 되었다.

태국 정부가 금융 및 경제위기의 타개를 위해 IMF 지원 조치 등 다양한 경제회복방안을 내어 놓았을 때, 농민들은 농촌부채탕감은 물론 농산물에 대한 정부의 가격지원 내지는 보장을 강력하게 요구하였다. 하지만 정부의 반응이 미온적이자 그들은 방콕으로 몰려와 도로나 도시 유휴지를 점령하고 정부를 향해 연일 과격한 시위를 하게 되었다.

1999년 초 농민시위가 절정에 달했을 때, 탁신은 이들에게 눈길을 돌려 농촌의 소외계층을 향한 지원정책을 주창하면서 정치적 접근을 하게 되었던 것이다. 농민들의 가장 주요한 관심은 부채탕감이었는데, 그는 농가부채의 모라토리움(지불유예)을 자기 정당의 주요정책으로 내세우면서 태국의 농가 들을 부활시키겠다는 기치를 내걸었던 것이다.

민주당 정부가 농민들의 아우성을 외면하면서 시위에 대한 강경책만 구사 할 때 탁신의 TRT는 2000년 8월 정략적으로 태국농가의 부활프로그램으로 세 가지 지원책을 발표하였다. 그것은 곧 농가부채지불유예, 모든 농촌마을에 100만 바트 펀드의 회전(回轉), 농촌 의료서비스였다. 그 결과 북동부 지역의 농민들부터 민주당 타도를 외치며 탁신의 TRT에 대한 지지를 나타냈고,

거대한 조직인 〈빈민연합〉 등의 단체들과 다수의 NGO 등에서 탁신 지지를 표방하게 되었던 것이다. 이로 인해 탁신은 선거전에서 결정적인 지지세력을 확보하게 된 것이었다.

2.5. 통제적, 쇄국적 애국주의적 선동

*The Open Society and Its Enemies*에서 Karl R. Popper는 사회를 '닫힌 사회(closed society)'와 열린 사회(open society)로 구분한다. 열린사회에서는 각 개인은 어떤 인격적 결정을 할 수 있고, 전통이나 이데올로기에 대해 비판적인 태도를 취할 수 있다. 열린 사회에서의 정부는 국민들의 다양한 요구에 경청하고 그들의 비판에도 관용적이다. 그리고 그 안에서의 정치적 매카니즘은 투명하고 유연하다. 관용주의와 박애주의, 평등성과 정치적 자유가 열린 사회의 근본적 특징이다.[184) 반면 닫힌 사회에서는 비관용주의가 지배하고, 정치적으로는 자유민주주의가 아니라 권위주의와 전체주의의 형태를 보인다.

탁신은 권력을 잡은 이후 국내적으로는 매우 통제적인 방식으로 국정을 운영하였다. 반대자들의 목소리를 들을 열린 귀를 갖지 않고 가일층 탄압을 하였으며 상당히 닫힌 사회의 방향으로 국정을 이끌었다. 반면 대외적으로는 쇄국적 경향의 스타일을 보이면서 고립의 길을 걸었다. 이렇게 함으로 그는 한편으로는 시민들을 통제하는 경찰국가(警察國家)의 길을, 다른 한편으로는 애국심을 부추기는 방식을 취하므로 애국적(愛國的) 선동주의의 길을 택한 셈이었다.

2003년 마약과의 전쟁이 일어날 때였다. 탁신 정부의 강경단속으로 인해 연일 수많은 마약상들이나 중개상들이 경찰의 총격으로 사망하게 되자 국내외 인권단체들은 정부에 대해 강경한 비판을 쏟아 내었다. 심지어 국제사면

---

184) Karl Popper, *The Open Society and Its Enemies*, Volume One, Routledge (1945, reprint 2006), chapter 10 part I

위원회와 유엔까지 나서게 되었는데, 그 때 탁신은 '유엔은 나의 아버지'가 아니며, '태국은 독립국가'임을 천명하게 된다. 그리고 정부산하 공무원들에게 외국언론들을 가능한 접촉하지 말 것을 지시하기도 하였다.

그리고 표현의 자유에 대해 적대적이었던 탁신과 그의 정부는 TV를 비롯한 방송 및 언론을 철저히 통제하였다. 그는 자신을 비판하는 것은 곧 국가를 비판하는 것이요, 자기 정책을 반대하는 것은 나라를 훼방하는 것으로 간주하였던 것이다. 말하자면 독재자들의 전형적인 스타일대로 자신과 국가를 동일시하여 자신에게 반대하는 모든 것은 불법적인 것으로 규정하였고, 경찰을 총동원하여 인권단체들이나 재야단체들의 반정부운동에 대한 대대적인 감시와 탄압을 하였던 것이다. 그러고 보니 탁신의 통치방식은 나라에 오래 드리워진 군부의 어두운 통치를 그대로 본받고 있었던 것이다.

그러면서 그는 국민을 위한다든지 국가를 위한다든지 하는 식의 과거 독재자들이 상투적으로 사용하던 전형적인 선전적(宣傳的) 애국주의를 표방하게 되었던 것이다. 심지어 그에게는 국익이 더 중요했고, 민주주의는 국가가 지향하고 도달해야 할 목표점이 아니라 단지 도구적 가치에 불과했던 것이다. 민주주의는 국가의 목표가 아니라 도구였고, 국민행복과 국가발전이 정치의 궁극적 목적이라고 생각했던 것이다.

나아가 탁신은 이러한 애국주의를 민중을 선동하는 하나의 중요한 수단으로 사용하게 되었다. 실제로 2000년에는 TRT 안에 '새로운 애국주의자' 그룹이 생겨났다. 이 애국주의 그룹은 자신들의 애국주의는 과거의 형태처럼 인종차별주의나 영토주의, 파시즘 등 부정적인 요인들에 기초하지 않고 자주적이고 자립적인 것으로 태국의 미래번영을 위해 국민단결을 외치는 긍정적인 것으로 보았다.

외국자본에 의해 자국의 경제가 침탈당하는 것으로 간주하고 모든 외세의 간섭을 배격하려고 하면서 나라의 경제적 자립성과 문화적 고유성을 지키려고 하였다. 이는 마치 19세기 말 서구열강의 공격적 민족주의 앞에서 자국의 국권과 문화적 정체성을 고수하려는 아시아, 아프리카 지역의 방어적 민족주의의 모습과 유사해 보였다. 탁신은 태국민들이 정부를 중심으로 단결만하면 세계 최고의 나라가 될 수 있다고 애국심을 자극하며 선동했던 것이다.

2.6. 중우정치를 위한 두 가지 처방: 금권정치와 감성정치

선동정치는 반드시 새디스트적(sadistic)인 선동정치가들과 마조히스트적 (masochistic)인 중우들의 조합으로 이뤄지기 마련이다. 선동으로 정치하는 이들은 논리적인 합리성과 비판적 시각이 결여된 다수 중우들에 대한 충동질과 자극으로 정치생명을 이어간다.

적나라하게 표현한다면 독재자들이나 선동정치가들은 중우들의 피를 빨아 먹고 산다고 해도 과언이 아니다. 이들이 사용하는 무기는 두 가지인데, 즉 돈과 정서 (情緖)이다. 정서는 사람을 자극하는 것이므로 대중연설이나 언론들과의 인터뷰 등에서 많은 노력을 필요로 하는 인격적 도구인데 비해, 금전은 뿌리면 되는 비교적 간편하게 사용할 수 있는 물질적 수단이다.

탁신은 애당초 돈을 버는 방법과 돈이 지니는 위력을 아는 기업가였다. 그가 권좌에 오른 이후에 치러진 2005년 선거에서는 소위 실탄이 많았다. 탁신의 TRT는 전통적으로 전국의 전 지역에서도 그러했지만 특히 민주당이 압도적으로 강세인 남부 지역에서 매표행위를 일삼은 것으로 드러났다.

그들은 각 지역의 선거운동 책임자들에게 선거에 이기면 10바트의 돈을 주겠다는 유혹으로 노골적인 불법거래 제안을 했다. 하지만 이러한 시도가 언론에 노출되어 대량 금전살포는 무위로 돌아갔고, TRT는 남부지역 54석 가운데 불과 1석만 건졌을 뿐이었다. 하지만 방콕을 위시한 다른 전 지역에서 TRT는 압도적인 승리를 쟁취하였다. 이 선거결과는 태국민의 정치적 민도를 보여주는 선거였다고 할 수 있다.

사실 금전으로 표를 매수하는 것은 개인의 물욕을 자극하므로 유권자들로 하여금 국가나 지역의 발전을 위해 잘 준비된 좋은 후보자들에게 투표하는 것을 막고 자신들이 내세우는 후보에게 무조건 표를 찍게 하므로 국가나 공동체를 불행으로 이끄는 불법적이면서 매우 저질적인 행위라고 할 수 있다. 이러한 금전 제공보다는 대중의 정서를 자극하는 행위는 선동정치행태 가운데 그래도 점잖은 편에 속하는지 모른다.

대중의 마음을 움직이는 연설은 지성적 논리가 아니라 감성적 언어라는 것은 주지의 사실이다. 따라서 대중선동가들은 대중의 정서를 자극하고 그들로 하여금 동요하게 하는 감성적 접근을 시도한다.

이를테면 페르시아와의 전쟁에서 헬라권 폴리스(polis)들을 하나로 묶기 위해 Isocrates가 외친 '우리는 같은 헬라인(ελληνικοι)'이라는 논리에서 드러나듯 '한 민족'이라는 민족주의적 감성에 호소하든지, 아니면 '만국의 노동자여, 단결하라.'고 외친 레닌의 구호에서 보듯이 자본가들에게 착취당한다고 생각하는 프롤레타리아트의 피해감정에 호소하는 방식 등이다.

탁신은 오늘날의 선동정치가들 가운데서도 대표적인 감성적 선동가중의 한 명이었다. 특별히 그의 주요 선거전략 가운데 하나는 민중의 감성을 자극하는 캠페인을 사용하는 것이었다. 그에 비하면 브라질의 룰라는 그래도 현실적인 분석과 이지적인 설명을 한 경우라고 보아도 틀리지 않을 것이다.

탁신은 선거전에서 대중회견장이나 민중을 향해서만 감성적 연설을 하는 것이 아니라 그가 총리로 등장하는 결정적인 순간에 헌법재판관들에게도 감정적 호소를 하였던 것이다.

그의 감성적 선거전략을 열렬히 지지하는 이들은 빈민을 위한 회의, 대중이 선호하는 승려 루앙따 마하부하(Luangta Mahabua) 추종자들, 전직관료들, 사회개혁가들, 그리고 탁신의 군사관학교 룸메이트들이었다.

2.7. 정치적 마케팅전략

마케팅이란 말 그대로 마켓(market), 즉 시장(市場)을 여는 일을 의미한다. 시장을 만든다는 것은 제품을 누구에게 팔지, 어떤 식으로 팔지, 또 얼마에 팔지를 결정하는 일이다. 말하자면 구매예상고객, 판매방법, 그리고 판매 가격을 정해야 한다. 그러나 이 세 가지보다 더 중요한 것은 어떤 상품을 내어놓을 것이며, 그것을 어떻게 포장하여 광고할 것인가 하는 문제이다. 상품에 따라 장이 제대로 열려 매출이 올라가느냐, 아니면 아예 파장이 되느냐 하는 갈림길에 놓이는 것이다.

그런데 시장에 내어놓는 상품은 생산자의 기호나 판매자의 취향에 맞춰야 하는 것이 아니라, 소비자의 눈높이에 맞춰야 한다. 그러면 소비자의 눈높이 란 어떤 것일까? 그것은 소비자가 필요로 하는 것(needs)과 원하는 것(wants)이다. 전자가 없어서는 안 될 필수적인 것이라면, 후자는 갖고 싶어 하는 기호적이고 취향적인 것이라 할 수 있다.

그러므로 없어도 되지만 있으면 더 좋은 wants에 해당하는 상품들보다는 반드시 있어야 하는 needs가 더 중요한 것이라 할 수 있다. 말하자면 덧붙 여진 즐거움인 wants에 비해 needs는 소비자들에게 기본적인 삶을 영위하 는 절박한 것들이라 할 수 있다. 예를 들어 구분하여 보면, '커피를 마시고 싶다' 가 wants라면, '목마르다' 는 needs이고, '피자를 먹고 싶다' 가 wants라면 '배고프다' 는 needs이다. 따라서 소비자들의 wants보다 needs 처럼 절박한 것을 채워주는 것이 마케팅 성공의 일차적인 목표인 것이다.

그리고 보니 정치에 있어서도 국민들의 wants보다는 needs에 초점을 맞추는 것이 가장 강력한 정치적 메시지가 될 수 있고, 또 자극적인 선동이 될 수 있는 것이다. 피자나 돈가스를 먹고 싶다고 외치는 사람들의 목소리는 절박하지 않지만, 배고프다고 아우성치는 이들의 목소리는 일종의 한맺히고 피맺힌 절규인 셈이다.

탁신은 이러한 전략을 잘 구사하였다. 그는 정당이란 국민의 needs를 만족 시켜주는 기관이고, 정치는 그들의 절박한 기본욕구를 충족시켜주는 마케팅 으로 본 것이다. 그런데 부유한 이들은 wants는 있지만, needs는 없을 것이고, 반면 가난한 자들은 wants에 앞서 needs로 충일해 있다. 따라서 그는 인간 으로 사는 데 절박하게 요구되는 needs를 지닌 농촌이나 도시의 빈민층을 파고들었던 것이다. 그리고 그들의 그러한 기본욕구를 충족시키기 위한 선거 공약적 마케팅을 하게 된 것이다.

그렇지 않아도 탁신 스스로가 본래부터 사업을 해온 장사치였던 것이다. 1990년대 삐삐 사업에 뛰어들 때부터 탁신은 브랜드 홍보와 마케팅을 위해 전략을 도입했던 것이다. 다만 그는 이제까지의 경제적 마케터(economical marketer)에서 정치적 마케터(political marketer)로의 변신을 하게 된 것이다.

하지만 경제적 마케팅과 달리 정치적 마케팅은 더 고도의 전략이 필요하다. 그것은 한편으로는 더 어렵기도 하지만 다른 한편으로는 더 쉽기도 하다. 더 어렵다는 것은 경제적 마케팅처럼 실험을 하기도 어렵고, 또 잘 안된다고 하더라도 쉽게 바꾸기 어렵다는 점이며, 나아가 소수를 대상으로 하는 게 아니라 많은 다수를 대상으로 한다는 점이다. 더 쉽다는 것은 소비자의 취향에 따라 다양한 상품을 내어놓아야 하는 것과 달리 계층이나 그룹에 따라 하나의 크면서도 단순한 정책을 내어 놓으면 된다는 점이다.

하여튼 이러한 정치적 마케팅을 위해 탁신은 외국의 컨설턴트들을 초청하기도 했다. 그리고 자기 자신은 물론 자기정당인 TRT를 브랜드화하기 위하여 1991년 SC Matchbox라는 광고회사를 세우기도 했다. 지금까지도 남아있는 방콕외곽 Phayathai에 있는 이 유한회사(有限會社)를 통해 다른 정치지도자와는 차별화된 이미지화와 정당의 브랜딩을 통해 상품화를 시켰던 것이다. 그는 자신이 서민들의 문제를 해결할 명품(名品) 정치가요, 그의 정당은 태국을 살릴 수 있는 명품 정당임을 부각시켰다.

2003년에 나온 Nichapha Siriwat의 *Branding Thai Rak Thai*[185]는 탁신과 그의 정당이 취한 이러한 전략을 잘 설명하고 있는 책이다. 그가 내세운 브랜드화는 당명과 당의 이미지 메이킹에 있어서, 그리고 정당의 메시지에 있어서 두드러졌다.

---

185) Nichapha Siriwat, *Branding Thai Rak Thai*, Bangkok: Henkh Phapblitching, 2003

그리고 무엇보다 농촌에 대한 3대 지원책인 부채지불유예, 마을금고 지원, 의료서비스에서 needs가 필요한 농촌 지역에 대한 그의 마케팅정치가 잘 보인다. 수많은 공모에서 채택된 Thai Rak Thai는 범죄와 싸우고 빈자들을 도와주라는 캠페인으로 유명한 Thai chuai Thai라는 방송국명을 변형시킨 형태이다.

그리고 '새롭게 생각하고, 새롭게 행동하며, 모든 국민을 위한다.' 라는 슬로건을 내걸었다. 당기(黨旗)에도 태국국기의 홍, 백, 청색을 넣어 당과 국가가 등식화되어 있다는 이미지를 보여주려고 했다. 그리고 탁신을 부각시키는 신문광고에는 '국민들의 문제를 해결하기 위해 제 인생의 지식과 경험을 사용하게 해 주세요.' 라는 문구를 내세웠는데, 이는 국민들의 needs에 대한 해결사로서의 자신을 부각시킨 것이었다.

3. 고이즈미의 매체적 선동정치

선동주의와 그것을 통한 중우주의적 정치방식은 시민들의 정치의식이 덜 발달된 옛 시대나 오늘날 제3세계의 문제만은 아니다. 인간이 본래 감정적이고 욕망적 존재인 것은 차치하고서라도, 권력쟁취를 위해 수단과 방법을 가리지 않는 정치가들이 있고 그것에 휘둘리는 대중이 있는 곳은 언제 어디서나 예외 없이 늘 선동주의가 있기 마련이다.

물론 정치의식 같은 민도가 향상되고 합리주의적 사고가 지배하는 곳에서는 상대적으로 선동주의적 정치가 자리 잡기 훨씬 어려울 것이다. 주로 소위 선진국인 이러한 국가들에서는 구시대적 직접선동주의나 단순선동주의는 뿌리내리기 어렵지만, 새로운 유형의 선동주의는 얼마든지 발생할 가능성이 있는 것이다.

말하자면 대중연설 같은 직접적인 방식이 아니라 SNS 같은 간접 방식의 디지털 선동주의가 발생하기 쉽고, 또 금전을 통한 매표나 반대당에 대한 음해 같은 것을 통한 단순선동주의가 아니라, 민족주의나 국가주의, 아니면 종교 같은 것을 통한 선동주의는 이런 국가들에서도 충분히 일어날 수 있다.

그리고 이러한 선진국형 선동주의 역시 중우정치를 수반하여 국민들을 중우로 몰아갈 수 있다. 이렇게 만들어지는 중우정치는 예전과 다른 새로운 형태의 중우정치이다. 예전의 중우정치에서는 액면 그대로의 중우들이 있었다면 계몽된 시대에서의 중우들은 비중우(非衆愚)로 포장된 형태로 등장한다.

그리고 고전적 중우주의가 가난하고 정치의식이 약한 농민을 중심으로 한 농촌형 중우주의의 모습을 띠었다면, 오늘날의 중우주의는 정치적 민도도 높고 SNS를 자유로이 활용하는 도시민을 중심으로 한 도시형 중우주의라 할 수 있다. 그리고 과거의 중우주의가 사회의 주류에서 밀려난 빈자들이나 소외자들 중심의 형태였다면, 오늘날의 그것은 소외자와 주류그룹 간에 두드러진 차이를 보이지 않는 복합형(複合形)을 보이고 있다.

이를테면 일본의 경우, 예전의 고이즈미 수상과 근년의 아베 수상을 보면 과거사 문제나 영토 문제 등에 있어 일본 민족주의를 기반으로 한 선동정치와 중우주의의 경향을 강하게 보이고 있음을 볼 수 있다. 그리고 영국이나 미국 같은 민주주의가 만개한 나라들에서도 SNS를 통한 새로운 포퓰리즘과 중우정치 형태를 목격할 수 있다.

이렇게 볼 때 선동주의나 중우정치는 구시대의 폐기된 역사적 유물이 아니라 여전히 살아있는 현실적 정치이데올로기라는 것을 알 수 있다.

3.1. 새로운 정치지도자

2천 년대에 접어든 이래, 일본도 고이즈미와 아베를 통해 선동주의 및 중우정치의 경험을 했다. 새로운 군국주의와 강한 나라를 표방하면서 국민들을 선동하고 있는 근년의 아베 정권의 경우 아직은 진행형이고 그 미래가 불투명하여 최종적인 논의는 보류해야 하지만, 적어도 이전의 고이즈미 준이치로(小泉純一郞)와 그의 정부는 어떤 의미에서 선동성을 지닌 대중영합주의의 성공적 형태를 보여주었다. 성공적이라는 말은 그의 정책이 아베 정권과 달리 일본국내에서뿐만 아니라 대외적으로도 그렇게 부정적인 평가를 받고 있지 않은 형태였다는 뜻이기도 하다.

이러한 고이즈미의 선동정치는 우선 아베 수상에 비해 그가 갖고 있는 개인적인 특징에 기인하기도 한다. 그는 이혼한 후 재혼하지 않고 독신으로 살았으며 검소하고 청렴하게 지낸 것으로 알려져 있다. 특히 전투적이고 도전적인 아베 수상의 인상과 달리 헤어스타일이 보여주는 개인적인 풍모부터 정치가(政治家)라기 보다는 마치 예술가(藝術家)다운 분위기를 풍겼다.

실제로 고이즈미 수상은 클래식을 좋아하고 콘서트장을 즐겨 찾았으며 혼자서 지하철을 타고 다니기도 했다. 말하자면 그는 기존의 정치가들과는 전혀 다른 스타일을 보여주면서 국민들에게 참신한 이미지를 풍겼던 것이다. 이러한 신선한 이미지와 특이한 인상은 포퓰리즘적인 정치를 하는 개인적인 기반이 되었다고 할 수 있다.

특별히 그는 자기 이미지를 방송매체들을 통해 최대한 부각시켰다. 아마 일본정치사에서 이렇게 매스 미디어를 활용하여 정치적 성공을 이룬 예는 고이즈미의 경우 외에는 찾아보기 어려울 것이다. 그는 전국 일간지나 텔레비전 뉴스같은 전통적인 매스 미디어에만 등장한 것이 아니라 소프트 뉴스나 와이드 쇼, 그리고 토크 쇼 등에 참여함으로 매체 등장을 확대시켰다.

아베 수상이 선동적 정치를 하더라도 해외는 물론 일본국민들 가운데서도 우려하거나 반대하는 이들이 많은 데 비해, 고이즈미는 대체적으로 많은 환호를 받았다. 그의 대중적 인기는 우선 그의 모습이 담긴 T-셔츠나 포스터들이 매우 선호적인 상품이었다는 점에서 잘 드러난다. 특히 그가 수상으로 등장한 첫해에 일본의 매스 미디어에 그는 가히 슈퍼스타처럼 인기 있는 출연자였던 셈이었다.

이렇게 매스 미디어를 이용한다는 점에서 고이즈미의 정치는 현대판 신(新)선동주의의 한 유형으로 볼 수 있다. 그는 소위 telegenic[186]에 해당되는 스타일이었고, 그와 그의 참모들은 정교한 미디어 전략을 구사했던 것이다. 실로 고이즈미의 정치적 포퓰리즘의 전략은 텔레비전이 없으면 성취되기 어려울 수 있었을 것이다.

고이즈미는 이렇게 이미지의 참신함만 보인 것이 아니라 실제로 일본정치의 오랜 관행이었던 밀실정치와 파벌정치를 배격하고 국민들의 인기에 기초하여 수상도 되고 정치도 하게 되었던 것이다. 말하자면 과거 일본의 정치권력이 밀실이나 파벌에서 나왔다면, 고이즈미의 경우는 순전히 국민들의 지지에서 권력을 얻었다는 것이다. 권력쟁취의 이러한 형태는 일본정계로 봐서는 신선하고 특이한 형태였는데, 이렇게 함으로 그는 국민들의 뜻이나 기호에 영합하는 정치, 즉 포퓰리즘과 선동정치의 방식으로 나아가게 된 것이다.

2001년 고이즈미는 세 번째 도전한 자유민주당 총재선거에서 총재로 당선되어 제87대 일본의 수상(首相)으로 취임한다. 하지만 수상 취임 이후 그는 야스쿠니신사를 참배하면서 군국주의의 부활에 대한 우려를 가져다 주었는데, 그로 인해 한국과 중국 등 인근 피해국들부터 거센 비판을 받는다.

그 이후 2006년 9월에 이르기까지 5년 5개월 동안 세 차례에 걸쳐 수상직을 연임하면서 북한에 대한 지원, 자위대의 이라크 파병, 그리고 일본 국내의 큰 논란거리였던 우정민영화 추진 등 파격적인 행보를 보이면서 전후 일본 수상들 가운데 비교적 장수하면서 가장 큰 인기를 누리는 가운데 퇴임을 하게 되었다.

수상으로 재직하는 동안 고이즈미는 경제적인 측면에서 신자유주의적이고, 정치적으로는 민족주의적이면서 군국주의적인 포퓰리즘을 펼치면서 국민을 선동하며 새로운 형태의 중우정치를 펼쳐나갔던 것이다. 실제로 일본학계에서도 고이즈미의 정치를 '일본형 포퓰리즘'이라고 부를 정도로 언동에서나 정책 등에서 그는 독특한 대중영합적인 정치를 펼쳤던 것이다.[187]

---

186) 'TV카메라를 잘 받는'이라는 뜻이다
187) 大竹英雄, 日本型 Populism, 中公新書 2004

3.2. 일본형 포퓰리즘

그러면 고이즈미의 일본형 포퓰리즘은 어떠한 특징을 지니고 있는가?

가장 먼저 일본민족의 자존감(自尊感)을 세워주는 형태로 전개되었다고 할 수 있다. 일본은 제2차 세계대전 이후에 패전국가로서의 아픔과 군국주의적 지배로 인한 한중(韓中) 및 동남아 지역에서의 악행에 대한 부담으로 인해 국민 의식 속에 식민지 지배 트라우마와 패배주의가 자리잡고 있었는데, 고이즈미가 이것의 돌파구를 찾으면서 일본인들에게 패배주의와 죄책감으로부터의 해방을 가져다주려고 했던 것이다.

그 돌파구의 핵심사항이 야스쿠니신사(靖國神社) 참배였던 것이다. 2001년 8월 13일, 수상으로 취임한 지 불과 몇 달이 지나지 않아 고이즈미는 개인 자격이라 하면서 일본수상으로는 처음으로 야스쿠니신사 참배를 감행하였다. 그리고 그 이래로 아베에 이르기까지 모든 일본정치가들에게 한중(韓中)은 물론 미국과 서방의 신랄한 비판에 공식적으로 신중모드를 취한 경우가 있었기는 했으나 야스쿠니신사 참배는 더 이상 금기사항이 되지 않았다.

실로 일본에서의 선동정치와 중우정치는 야스쿠니신사 참배와 관련이 있다고 해도 과언이 아니다. 그것은 일본 민족주의와 군국주의의 부활, 아니면 적어도 그런 것에 대한 향수의 부활이라 할 수 있다. 고이즈미의 뒤를 이은 아베 신조(安倍晋三)는 수상직에 오르기 전에 매년 여름 종전 기념일마다 야스쿠니신사를 참배해왔다. 하지만 수상직에 올랐을 때는 참배를 자제해 왔고, 그를 계승한 후쿠다 야스오(福田康夫)도 마찬가지였다.

하지만 이후 새롭게 권좌에 오른 아베는 2013년부터 야스쿠니신사를 다시금 참배하기 시작했다. 현직 일본 총리의 야스쿠니 참배는 2006년 고이즈미 수상 이후 7년 만이다. 아베 총리는 "정권 1년을 보고하는 의미에서 출범 1주년이 되는 오늘을 택했다."며 "일본이 가야 할 길을 제시하고자 참배했다."고 했다.

이 야스쿠니신사 참배에는 사실 일본제국주의와 전쟁, 천황제, 종교, 민족적 정체성과 관련된 복잡한 문제가 얽혀 있는데, 이 모든 뜻을 수렴하여 그 한마디로 정리해보면 그것은 일본의 정체성과 자존감 회복이라고 할 수 있다.

따라서 고이즈미는 양심 있는 국내 인사들의 우려와 전쟁 피해 국가들의 극심한 반대에도 불구하고 이 하나의 행위를 통해 일본 국민들에게 정체성과 자존감 회복은 물론 민족주의와 군국주의(軍國主義)의 망령까지 부활시켰던 것이다.

그렇지 않아도 대중의 인기에 정치적 기반을 둔 고이즈미에게 야스쿠니는 국민 선동을 위한 최적의 도구였던 것이다. 그리고 국민들은 그의 경건한 신사참배 행위를 통해 그의 다른 국수주의적인 정책에 대해서는 우호적인 시각을 지니면서 성원을 보내게 되었던 것이다.

일본 국내의 양심적 지식인 중 한 명으로 꼽히는 동경대 다카하시 데쓰야 교수는 '결코 피할 수 없는 야스쿠니 문제'에서 일본인의 '감정의 연금술(錬金術)' 내지는 감정적 카타르시스에 대해 언급한다. 그에 의하면 침략적 전쟁과 식민지화 정책으로 역사에 중대한 과오를 범한 일본인들이 자신들의 죄의식을 누르고 민족에 대한 긍정적인 마인드를 가지면서 민족주의적 정서를 정당화시키는 메카니즘이 있다는 것이다.

그것은 먼저는 자신들이 '세계 유일한 피폭국(被爆國)'라는 피해자적 자가 인식이고, 다음으로 야스쿠니신사 참배라는 것이다. 그는 전쟁 유가족들이 신사참배를 통해 전사자가 신적 존재로 숭배되는 것을 지켜보면서 아픔이나 슬픔보다는 도리어 영광스러움을 느끼게 되며, 나아가 민족의 어두운 과거보다 현재와 미래에 일본이 강하게 일어나야 한다는 다짐을 하는 쪽으로 감정이 교묘하게 전환된다는 것을 지적한다. 이런 과정을 거쳐 감정의 연금술은 일본이 스스로를 '평화(平和)국가'라고 규정하는 단계까지 나아간다는 것이다.[188]

---

188) 다카하시 데쓰야, 결코 피할 수 없는 야스쿠니 문제', 현대송 옮김, 역사비평사

고이즈미의 포퓰리즘 정치에는 이러한 감정의 연금술이 기저에 놓여있다고 할 수 있다. 신사참배 외에 그는 역시 전후 일본에서 다른 하나의 금기사항이었던 자위대의 해외파병을 결정하였다. 이라크에 육상자위대, 그리고 페르시아만에 해상자위대를 파견하였던 것이다. 이러한 군대의 해외파병은 이제 일본도 미국의 편에 서서 세계문제에 군사적으로 개입한다는 것을 보여주는 행위였다. 가일층 독도(獨島)에 대한 영유권 주장, 역사교과서의 왜곡에 대한 방조와 실질적 후원, 나아가 종군위안부 사과와 배상에 대한 거부 등에서 일본 국민들로 하여금 역사의 과오에 대한 책임을 외면하게 하고, 양심을 무디게 하면서 국수주의적 민족주의를 강하게 일으켰던 것이다.

3.3. 마니교적 선동주의

고이즈미의 선동정치 가운데 중요한 하나의 축은 그의 신자유주의적(新自由主義的) 정책이었다. 그는 자유주의적 신념을 가지고 있었는데, 그것에 따르면 개인의 자유는 존중되고 사회도 자유스런 공동체가 되어야 한다는 것이다. 그는 이러한 신념을 가지고 일본사회와 정치를 개혁하려고 하였다. 그래서 나온 구체적인 실행방안들은 우선 정부의 사이즈를 축소하고, 공공분야에서 소비를 감축하며, 그렇게 함으로 경쟁력을 강화하는 것이었다.

그 중 대표적인 정책 가운데 하나가 우정국(郵政局)의 민영화였는데, 이는 우편사업, 간이 생명보험 사업, 우편저금 사업 등 우정관련 세 가지 사업을 민영화하는 정책을 말한다. 그의 국정에 대한 그의 신념은 대체적으로 신자유주의적(neo-liberal)이라고 평가되는데, 우정국의 민영화는 바로 이러한 경향에 맞는 것이었다.

따라서 고이즈미는 우정국 민영화 작업을 오랫동안 꿈꾸어 왔었다. 이미 1979년에 대장성 정무차관 취임 때부터 시작하여, 그 후 우정장관으로 있을 때, 그리고 하시모토 내각의 후생장관으로 재직하고 있을 때 줄곧 이 개혁을 강조해왔다. 그러다가 자신이 집권하게 되자 명치유신(明治維新) 이래 가장 큰 개혁으로 간주하면서 국정개혁의 가장 우선적이고도 핵심적인 과제로 내세웠던 것이다. 그래서 2005년 8월 참의원에서 부결되었음에도 불구하고 폐기하지 않고 9월 총선에서의 자민당 압승을 통하여 재상정하여 결국은 중의원과 참의원에서 통과시키게 되었던 것이다.

그러면 고이즈미는 왜 이 우정국 개혁에 정치적 목숨을 걸었을까? 일본 사회에서 우정국의 운영 문제는 복잡한 이해관계가 얽혀있는 전형적이고 고질적인 문제였다. 고이즈미는 이 일본의 환부를 도려내지 않고는 정치 개혁, 관료개혁, 나아가 국가개혁이 어렵다고 생각했다. 그것은 관료-노조-후원정치가들이 공생적 이익구조 속에 강하게 얽혀 있었기 때문이었다. 이는 마치 미국 사회로 말하면 판매상들과 정치가들 사이에 금전적 후원과 정치적 지원이 그물처럼 연결되어 있어 정말 처리하지 못해 온 총기 매매 허용과 같은 문제였기 때문이다.

고이즈미에게서 우정사업은 일본의 '구조적 부패의 핵심'이었다.[189] 거대한 관치(官治)금융으로 인한 민간의 피해, 국가 재정의 불필요한 낭비, 발전이나 변화에 대한 의식이 전혀 없는 철밥통같은 일자리와 직원들의 나태함, 대가성적 정치헌금과 정치인들의 대가성 돌봐주기 등 노(勞)-사(社)-정(政)이 얽힌 구조적 부패의 온상이었다.

이제 우리의 관심은 그러면 이러한 고질적인 구조적 문제의 개혁을 고이즈미가 어떻게 돌파해 나가는가 하는 점이다. 흔히 다원주의 사회에서의 민주적 해결방안은 대화와 소통, 조정과 타협이라고 한다. 하지만 고이즈미는 이러한 방식보다는 강한 개인적인 신념에 기초하여 자신의 신념을 국민들에게 알리고 그들을 설득하면서 대중의 힘을 빌려 문제를 해결해 나가는 방식을 취한다.

대부분의 선동정치가들처럼 고이즈미도 일종의 신념주의자이다. 그는 자기의 신념을 마치 하나의 이데올로기처럼 신봉하며 그것을 반드시 실현

---

189) Hideo Otake, "Cycles of Populism in Japan, 1975-2004: Prime Minister, Koizumi in Historial and Comparative Perspective." 2004년 한국정치학회 연례학술회의발표문, 66

하려고 하는 정치적인 의지를 가지고 있다. 그리고 자신의 신념과 반대되면 반대세력과 대립구도를 만들어 정략적으로 밀어붙이는 것이다.

그의 기본적인 세계관은 선과 악, 정의와 불의, 밝음과 어두움이 명확하게 구분되는 가히 종교적인 마니교주의(Manicheanism)라 할 수 있다. 그리고 정치에서의 이러한 관점은 우리 편과 남의 편을 나누는 냉전주의(冷戰主義)적 사고방식이다. 그렇다면 반대 입장에 서 있는 이들은 대화와 타협의 대상이 아니라 대립과 투쟁의 대상이요, 배격하고 타파하고 정복해야 할 적들이 되는 것이다. 그리고 그 적들을 공격하고 정복하기 위해서는 우군들을 규합할 뿐 아니라 그 우군들이 전선에서 잘 싸우도록 후방에서 그들을 지원할 이들을 모아야 하는 것이다.

고이즈미는 우군을 만들고 대오를 정비하기 위하여 우정개혁안이 참의원에서 부결되자, 민영화의 찬반 여부를 국민에게 물어야 된다면서 중의원을 해산해 버리고 9월 11일에 총선을 치르게 했다. 자신의 수상 자리를 걸고 던진 이러한 의회 해산은 우정민영화 개혁안을 기어이 통과시키겠다는 그의 정치적 도박이었다.

이 총선에서 그는 우정민영화를 추진하려는 자민당이야말로 진정으로 국가를 바로 세우려고 하는 개혁적인 정당이요, 이를 반대하는 야당들과 자민당의 이탈파는 기존의 악구조 속에서 불의한 이익을 계속적으로 탐하려는 나쁜 정치세력으로 단정지었다.

그의 이러한 선동주의적인 정치논리와 수사는 민심을 얻는데 성공하였다. 그는 다양한 매스 미디어를 최대한 활용하여 국민들에 호소하고 그들을 선동한 것이다. 그렇게 민중의 힘을 동원하여 반대세력들로 낙선하게 하고 그들이 다시금 민영화 반대세력으로 잔존하지 못하도록 한 것이다. 국민들은 텔레비전에서 그가 발하는 현란한 레토릭(rhetoric)에 홀려 중우들이 되어간 것이다.

아베 수상은 고이즈미식 포퓰리즘의 자식이다. 이 새 일본 수상은 일본 내에서 인기 있는 정치가였고 실제로 대표적인 선동정치가이지만, 그에게 한 가지 문제가 있다면 그것인 전임자인 고이즈미가 그보다 더 인기가 있었다는 점이다. 아베가 국민의 시선을 끌고 도전적인 정책들을 발표하고 호전적인 언행을 일삼지만, 미국 Columbia 대학에서 일본 정치를 가르치는 Gerald Curtis에 의하면 '그가 자기의 머리카락을 어깨까지 내려오게 하고, 엘비스의 노래를 들으며 엉덩이를 흔들 수 있지만, 그는 결코 다른 고이즈미는 될 수 없다.'고 한다.[190] 하지만 우리나라와의 독도 문제와 과거사 문제, 중국과의 열도 분쟁 등에서 나타난 그의 최근의 행보를 보면 그 역시 일본의 민족주의적 광기를 부추기며 만만찮은 국수주의적인 선동정치를 하는 것을 목도하는 것이다. 하지만 최근에 발생한 그의 부인과 결부된 자금 수수건은 그의 선동정치뿐 아니라 그의 정치이력까지 어떤 방향으로 끌고 갈지 알 수 없는 일이다.

룰라의 선동정치가 국민을 위한다는 복민적 형태이고, 탁신의 선동정치가 돈과 마케팅을 통한 경제적 형태라면, 고이즈미는 언론이나 대중매체를 이용한 매체적 유형이라고 할 수 있다. 이 정치가들이 사용한 세 가지의 선동정치 수단들은 이 시대에 가장 대표적 선동정치의 도구가 됨을 볼 수 있다.

4. 나가는 글

이렇게 중우정치론은 하나의 담론으로 끝나지 않고 근·현대사에서 각국의 정치 실제에 구현되어 왔다. 특히 20세기에서 21세기에 이르기까지 다양한 유형의 대중이용 정치가 나타나 그것이 갖는 순기능과 역기능의 측면이 다 드러났던 것이다.

현대사(現代史)에 전세계적으로 일어났던 선동정치와 중우정치는 다양한 면모를 지니고 있다. 그 모든 유형을 종합적으로 고찰해 보면 아마 다음의 4가지 유형들로 정리될 수 있을 것이다.

---

190) Hans Greimel, Populist, unambiguous Koizumi tough act to follow, *The Japan Times* Sep 28, 2006

첫째, 아프리카에서는 해방(解放) 유형으로 나타났다. 21세기 초에 일어난 튀니지와 이집트, 그리고 리비아의 경우 SNS를 통한 대중 동원 방식이 시민혁명을 가능케 하여 독재를 종식시키고 민중을 해방하는 사건으로 귀결되었다. 이슬람권이라는 특수성으로 인해 추이는 지켜보더라도 일단 민주화를 일으킨 긍정적으로 사건으로 평가받을 수 있다.

둘째, 남아메리카의 국가들에서는 주로 복민(福民) 유형으로 나타났다. 이를테면 남미의 대표적인 두 나라인 아르헨티나와 브라질은 포퓰리즘 정치의 전형을 보여주는데, 전자에서는 그것의 부정적인 측면이 후자에서는 그것의 긍정적인 측면이 드러난 것으로 평가받고 있다. 하지만 국가번영과 안정이라는 결과론적 판단을 유예한다면 두 유형 모두 대중의 행복에 지상가치를 둔 복민정치 유형이었다고 할 수 있다.

셋째, 아시아에서는 선동(煽動) 유형을 보여준다. 파벌정치와 금권정치가 판을 치던 일본에서 고이즈미 수상은 여론몰이를 통하여 정치적 개혁 작업을 하면서 반개혁 세력과 대립하였다. 또한 태국의 경우는 가난한 도시빈민층과 농민세력을 업은 탁신 전(前) 총리 계열의 '노란셔츠'와 기득권층의 붉은 셔츠 세력이 대중영합적인 선동정치로 대립구도를 이뤄 나라를 극심한 혼란에 빠뜨렸던 것이다. 고이즈미가 미디어를 통한 선동에 주력했다면, 태국의 경우 전통적인 선동 형태인 군중집회나 거리에서의 선동이 더 이뤄졌다고 할 수 있다. 우리가 여기에서 예로 다루었던 나라는 일본과 태국이었지만, 아시아의 많은 나라들에서 이런 현상을 목도할 수 있다.

넷째, 서방세계의 선거(選擧) 유형으로 미국과 영국 등의 예를 들 수 있다. 이 유형에서는 주로 SNS를 통한 선거 전략의 방편으로 대중이용 정치를 하였는데, 미국의 경우 오바마 현 대통령이 이전 대선에서 전략적으로 사용했고, 영국에서는 이미 2005년부터 온라인 선거운동이 본격적으로 등장하였고 2010년도 선거에서는 매우 보편화되었었다. 이러한 선거 유형은 이제 영미(英美)뿐 아니라 우리나라를 위시한 선거전을 치르는 모든 나라에서 다 행해지고 있다고 보아도 과언이 아닐 것이다.

선동정치와 중우정치의 네 가지 유형은 그 배경 내지 맥락이 조금씩 다름을 알 수 있다.

우선 해방(解放) 유형은 억압받는 국민이 있을 경우에 야기될 수 있는 정치형태이다. 그러한 억압이 과거의 아프리카 제국(諸國)처럼 제국주의적 외세일 수 있고, 아니면 중동의 여러 나라들 경우처럼 압제하는 독재권력일 수 있다. 이런 점에서 해방 유형은 국가의 자주권 내지 국민의 자유권을 내세우는 상당히 인도주의적이고 긍정적인 정신이 깔려있다. 이에 외세와 압제로부터 해방을 외치면서 민중을 선동해가는 지도자들은 그 민중에게 일종의 정치적 메시야상(像)으로 비칠 수 있다. 아마 이런 해방 유형의 선조를 들라면 노동자 해방을 외친 레닌(Lenin)일 수 있고, 나아가 더 거슬러 올라가면 프랑스대혁명의 나폴레옹 같은 이라고 해도 과언이 아닐 것이다.

그리고 복민(福民) 유형은 가난과 문맹(文盲), 차별과 불평등 등으로 인간다운 삶을 제대로 향유해보지 못한 국민들을 그것으로부터의 탈피를 주창하는 형태이다. 이런 점에서 이 유형은 경제부흥 정책과 복지 정책에 방점을 두는 복지적(福祉的) 선동이라고 할 수 있다. 이 유형은 삶의 질 향상을 제창하고 추구하는 것으로 상당히 인도주의적 성격을 지니고 있다고 볼 수 있다.

상기의 논의에서 브라질의 룰라의 예를 들었지만, 현대 중남미(中南美)의 여러 나라들에서 이런 정치가들을 찾을 수 있다. 이를테면 아르헨티나의 후안 페론과 영원한 퍼스트 레이디 에바 페론, 베네수엘라의 차베스, 페루의 알베르토 후지모리 등이다. 이런 복민 유형의 정치가로 우리나라의 박정희를 들 수 있을 것이다.

해방 유형이 그 성격상 정치적 중우정치라면, 복민 유형은 경제적 중우정치의 형태라고 할 수 있다.

한편, 선동(煽動) 유형은 해방이나 복민처럼 국민들이나 국가를 위한 어떤 분명한 목적성을 지닌 중우정치가 아니라, 선동정치가의 자신의 권력 유지와 인기를 위한 형태라고 할 수 있다. 과거의 선동 유형이 광장이나 거리 중심의 정치 형태(street politics)였다면, 그 이후에는 텔레비전과 라디오 등을 통한 미디어 정치(media politics)였고, 근자에는 특히 쇼셜 네트워킹을 사용하므로 SNS 정치(SNS Politics)가 대세이다.

해방 및 복민의 중우정과 달리 선동 유형은 권력 중심과 권력자 중심의 중우정이기에 인도주의적이라기 보다는 욕망중심적이고 자기중심적인 유형이다. 이 유형에서 민중은 정치가들의 언어유희와 행동쇼에서 미혹당하여 결국 이용당하고 마는 데, 이런 점에서 이 유형이야말로 그 본의에 가장 충실한 전형적인 중우정의 유형이다.

마지막 선거(選擧) 유형은 목적이 분명하다는 점에서 해방 유형 및 복민 유형과 유사하고, 그러나 자기중심주의적이라는 점에서는 선동 유형과 비슷하다. 하지만 중우정치의 목적이 국민이나 국가가 아니라 정치가 자신에게 있다는 점에서 목적의 방향이 앞의 두 가지와 상반된다. 그리고 선동 유형과 달리 선거에서 표를 얻기 위한 구체적인 추구목표가 있을 뿐만 아니라 훨씬 정당한 방식으로 할 수 있는, 말하자면 차원이 다른 유형이다.

말하자면 이 유형은 적어도 다른 유형들 보다는 논리와 과정에서 상당한 정당성으로 포장할 수 있다. 그리고 선동 유형이 편가르기 내지는 집단형성논법으로 흐른다면, 선거 유형은 전체 국민을 대상으로 한 여론몰이에 방점을 주고 있는 형태이다. 이 유형은 중우정치의 가장 진화된 유형이고, 가장 현대적인 형태이다.

옛적이나 지금이나, 동(東)이나 서(西)나 역사상에 등장한 여러 중우정치의 유형들은 이렇게 그 배경이나 목적, 성격 등이 상이하지만, 모든 형태들이 다음의 성격을 지니면서 진행되어짐을 볼 수 있다.

첫째는 단순논리(單純論理)를 전개한다. 선동정치와 중우정치의 모습은 한결같이 논리에 있어서는 단순성과 단정성(斷定性)을 보이고, 언어에서는 직설적이며 자극적이다. 이를테면 아(我)와 피아(彼我), 빛과 어둠을 구분하는 마니교적 이원론(二元論)을 취한다.

둘째는 감성기법(感性技法)을 사용한다. 인간의 인격 가운데 반성(反省)을 수반하는 이성을 동원하거나 그것에 맞는 합리적 논리를 펴기보다는 위에서 말한 단순논리로 사람들의 감정과 정서를 터치하면서 심리를 자극한다.

셋째는 여론형성(輿論形成)을 유도한다. 위에서 말한 감성기법으로 군중심리를 자극하고, 그렇게 자극을 받은 군중들은 소문을 내어 세상의 여론을 형성하는 것이다. 선거유형의 중우정치에서 가장 흔하게 쓰는 방식이다. '여론(輿論)'의 '여(輿)'가 수레를 의미하듯이 오늘날의 선동정치가들은 이 시대의 수레같은 택시기사들에게 소문을 내어 여론을 형성하는 방식을 취하기도 하는 것이다.

넷째는 권력추구(權力追求)를 도모하거나 자신의 의지(意志)를 관철시키려 한다. 중우정의 네 가지 유형들에게서 공통적인 것은 대중 선동과 중우주의를 활용하는 정치지도자들이 한결같이 권력을 추구하거나 자기의 뜻을 펼치려고 한다는 점이다. 이러한 목적성취를 추구하지 않는다면 사실 정치가들이 중우정치를 하려고 시도하지 않았을 것이다. 주권재민(主權在民)으로서 정치권력도 다수 국민의 선택과 지지에 달려 있으므로 그들이 대중인기영합 정치를 하는 것이지, 권력을 누리고 유지하려는 뜻이 없다면 애당초 이런 방식을 취하지 않을 것이기 때문이다.

이렇게 대중이용 정치의 이러한 네 가지 유형들은 그것의 선용과 악용의 경우를 보여주는 데, 해체주의의 논리에서 보면 구호의 저변에는 다양하고도 복잡한 욕망의 흐름들이 있겠지만 기본적으로 선용의 경우는 그 목표와 지향점이 국민이요, 악용의 경우는 그 방향과 성격이 권력자 내지는 정치가 중심이라고 구분할 수 있을 것이다. 그러나 어떤 경우에도 권력장악 내지 유지가 모든 정치의 목표이고, 무엇보다 중우정치의 지향점이다.

∣ 참고문헌 ∣

Edmund Amann, Brazil's Economy Under Lula, in: *World Economics*, Vol.6. N0.4, Oct.-Dec. 2005

Maitena de Amorrortu, *Cambio 16*, 20-1-03

Brito Alves, *A Historia De Lula: O Operário Presidente*(브라질의 선택, 룰라), 박원복역, 서울, 2003

Richard Bourne, *Lula of Brazil,* University of California Press 2008, (대통령의 길, 룰라), 박원복평역, 서울, 2012

Sue Branford/Bernardo Kucinski, *Lula and the Workers Party in Brazil,* New Press 2005

James Cane, The Fourth Enemy: *Journalism and Power in the Making of Peronist Argentina,* Penn State Press, 2011

Hans Greimel, Populist, unambiguous Koizumi tough act to follow, *The Japan Times* Sep 28, 2006

Alvaro Jaspe, Lula da Silva's Brazil: a genuine third way and NEM for the Latin American continent? *Development Studies Association Bulletin,* September 09, 2009

Matthew B. Karush / Oscar Chamosa, *The New Cultural History of Peronism: Power and Identity in Mid-Twentieth-Century Argentina,* Duke University Press Books 2010

Laurence W. Levine/Kathleen Quinn/Frank Ortiz, *Inside Argentina from Peron to Menem: 1950-2000 from an American Point of View,* Edwin House Publishing 2001

Bertil Lintner, The Battle for Thailand: Can Democracy Survive? *Foreign Affairs,* July/August, 2009

Joseph L. Love/Werner Baer, Brazil under Lula: Economy, Politics, and Society under the Worker-President, Palgrave Macmillan 2009

Hideo Otake, "Cycles of Populism in Japan, 1975-2004: Prime Minister, Koizumi in Historial and Comparative Perspective." 2004년한국정치학회 연례학술회의 발표문, 66

Karl Popper, *The Open Society and Its Enemies,* Volume One, Routledge (1945, reprint 2006)

Paulo Roberto de Al meida, Never Before Seen in Brazil: Luis Inácio Lula da Silva'grand diplomacy, in: *Revista Brasileira de Política Internacional*, 53 (2): 160-177 2010

Nichapha Siriwat, *Branding Thai Rak Thai*, Bangkok: Henkh Phapblitching, 2003

Guido Di Tella, *Argentina Under Peron, 1973-76: The Nation's Experience With a Labour-Based Government*,Palgrave Macmillan 1983

다카하시 데쓰야, '결코 피할 수 없는 야스쿠니 문제', 현대송 옮김, 역사비평사, 2005

大竹英雄, 日本型 Populism, 中公新書 2004

시사정보를 위한 방송 및 신문 인터넷 홈페이지

http://www.theweek.co.uk/politics

http://www.independent.co.uk/news

http://www.guardian.co.uk/world

http://www.csmonitor.com

http://online.wsj.com

http://www.washingtonpost.com

http://articles.latimes.com

http://www.offnews.info

http://www.news24.com

http://www.reuters.com

http://www.bbc.co.uk

http://edition.cnn.com

http://www.businessweek.com

http://www.usatoday.com /news/world

http://www.yonhapnews.co.kr

http://www.welt.de/

http://www.faz.net

제3부

SNS 시대의 중우정치와
민주주의의 길

Civil Democracy & Popular Ochlocracy

제 3 부

SNS 시대의 중우정치와
민주주의의 길

1. 인터넷 언론과 정치뉴스

1.1. 인터넷과 정보사회

오늘날은 미디어, 즉 대중매체를 통하여 세상이 움직이고 돌아간다. 대중매체가운데 인터넷은 다른 매체들과 비교가 되지 않을 정도로 그 영향력이 지대하다. 컴퓨터의 개발로 인한 인터넷이 도입된 이래 인류문명사가 인터넷 이전(B.I-Before Internet)과 인터넷 이후(A.I-After Internet)로 구분된다고 할 수 있을 정도로 인터넷은 개인의 삶과 세상을 통째로 바꿔놓았다.

인터넷이 우리의 일상적 삶이나 세상을 얼마나 어떻게 바꾸었는지에 대해 다 말하기는 어려울 것이다. 다만 이제는 인터넷이 없이 우리의 삶이나 세상의 일을 상정하기가 어려운 형편이다. 인터넷으로 인해 삶의 편리함이라든지, 다양한 정보의 습득과 공유라든지, 연락과 소통의 편리함이라든지, 지식이나 예술의 향유라든지, 또는 여기에서 우리가 다룰 직접민주주의 같은 정치적 참여라든지 유익한 점들이 많이 있다.

하지만 이러한 유익의 이면에는 여러 부작용들도 있고, 또 사회의 어두운 그림자들도 있다. 이를테면, 장시간 그것에 매어있음으로 인해 생기는 정신적 이고 육체적인 피곤함이라든지, 정보의 홍수로 인한 판단의 혼란이나 반성의 빈곤이라든지, 조작되거나 틀린 정보의 제공으로 인해 발생하는 문제점들이라든지, 제공되는 다양한 음란하고 쾌락지향적인 것들을 통한 방탕의 조장이라든지, 해킹 등을 통한 타인이나 공적, 사적 기관들의 정보들을 불법으로 빼내거나 유출하는 것이라든지, 폭넓고도 신속한 관계망의 소통을 통한 오해와 매도로 인한 사회적 혼란조성이라든지, 그리고 소셜네트워크서비스 (Social Network Service)[191]를 통한 신종의 선동정치와 중우정치라든지 하는 것 등이다. 이러한 다양하고 폭발적인 문제점들을 보면 이제 인간이 인터넷을 거의 통제하기 어려운 시점에 오지 않았나라고 추정할 수 있다.

인터넷에 대한 사람들의 우려는 미국의 한 여론조사센터가 조사한 결과에서 정점에 달한다. 몇 년 전 미국의 Pew Center가 미국시민들에게 2020년에 인터넷이 어떻게 달라질 것인지에 대해 설문조사한 결과, 한편으로는 인터넷이 무미건조한 세상에서 새로운 기회들을 만들 것이 기대된다고 답변했지만, 다른 한편으로는 이 빠르게 진화하는 테크놀로지에 대해 과연 인간이 통제할 수 있겠는지에 대해 응답자의 절반에 가까운 이들이 우려했음이 드러났던 것이다.[192]

이러한 전체적 평가를 잠시 보류하고 우리의 삶의 현실을 직시해보자. 이제 우리는 인터넷 안에서 세상의 모든 정보를 얻으며, 또 다양한 행위를 하며, 삶을 영위한다. 어쩌면 인터넷은 오늘날 우리 행동의 가장 중요한 공간이 되었다.

그것은 무엇보다 우리가 B.I 시절 가졌던 다양한 장벽이나 거리로 인한 소통의 불통 및 부재를 완전 해소시켜 준다. 공간의 거리뿐 아니라 인종이나 국가의 벽, 문화와 전통의 벽, 성별이나 연령의 벽, 신분이나 직업의 벽, 심지어 언어의 경계마저도 허물어뜨리면서 세상의 모든 사람이 세상의 모든 이야깃거리들을 나누며 세상의 모든 일들을 처리하게 한다. 심지어 그 안에서 사람들은 학교도 가지 않고 학생으로 공부도 하고, 교회도 가지 않고 신자로

---

191) 이하 SNS라 약칭한다.
192) Sarah Oates, *Introduction to Media and Politics*, Los Angeles 2008, p. 172

예배도 드리는 것이다. 이런 점에서 인터넷은 가히 세상의 아고라(agora)요, 세계의 장터며, 세상의 놀이터, 세상의 학교요 교회라고 할 수 있다.

이렇게 세상의 모든 일이 일어나고 벌어지고 있는 인터넷이 지니고 있는 역할 가운데 그래도 가장 본질적이고 중요한 기능은 정보(情報)의 제공이라고 해도 과언이 아닐 것이다. 인터넷은 측량하기 어려운 거대한 정보의 창고이다.

그것은 개인에 관한 정보에서부터 우주에 대한 정보까지 제공하고, 까마득한 고대 원시사회의 정보에서부터 가장 최근의 정보도 실시간으로 제공하고 있다. 나아가 그것은 가십거리 같은 소소한 얘기에서부터 국가들이나 국제기구의 은밀한 결정같은 중요한 정보도 제공한다.

이러한 역할을 통하여 인터넷은 정보를 찾고 정보에 목말라하는 이들의 욕구를 충족시키고 있다. 이를테면 주식투자를 하는 이들에게는 경제동향이나 기업의 상황에 대한 정보가 요긴할 것이며, 스포츠에 열광하는 이들은 관심 있는 경기와 그 결과, 그리고 유명선수들이나 구단의 최근 소식이 궁금할 것이며, 해외여행을 계획하고 있는 이들은 현지의 상세한 정보가 필요할 것이며, 오지(奧地)선교에 비전이 있는 이들은 그곳에 대한 정보가 궁금할 것인데, 이 모든 정보를 인터넷에서 만날 수 있는 것이다.

인터넷이 제공하는 이러한 정보들 가운데 가장 중요한 정보, 아니 일반인들의 시선을 가장 많이 끄는 정보는 무엇보다 뉴스(News)라고 할 수 있을 것이다. 인터넷에서 뉴스를 제공하는 포탈들이 많이 있는데 이를테면 우리나라에서도 네이버(Naver)나 다음(Daum)같은 것들이며, 세계적으로 버즈피드(BuzzFeed) 같은 온라인 미디어도 있고, 나아가 일본에서 시작한 스마트뉴스(Smart News)같은 뉴스전문 앱 서비스들도 있다.

최근에는 어떤 의미에서 참여하는 고객확보라는 취지에서 SNS와 인터넷의 많은 플랫폼들도 뉴스를 제공하고 있다. SNS의 대표적인 트위터(Twitter)는 경쟁상대였던 페이스북(Face Book)에 밀리면서 Project Lightening이라는 새로운 형태의 뉴스 제공을 통하여 타개책을 모색하고 있다. 이 프로젝트는 사용자들의 호기심을 끌만한 주제들을 선정하여 타임라인에 올리는 일종의 편집적 뉴스 제공 서비스로서 텍스트에다 사진과 영상이 가미된 종합적인 콘텐츠로 구성된다.

사용자 수에서 이미 트위터를 많이 능가하여 물경 14억 명이나 되는 회원을 확보한 페이스북은 이미 Instant Articles라는 뉴스 제공 서비스를 시행하고 있다. 이것은 그동안 주요언론사 페이지로 링크를 걸어 제공해오던 아웃링크 형태에서 이제는 페이스북 내의 인스턴트 아티클스 페이지를 통해 제공하는 인링크의 형태를 취하고 있다. 이 페이스북에 뉴스 제공을 동의한 언론사들은 New York Times 같은 일간지, *Der Spiegel, National Geographic* 같은 월간지, 그리고 BBC나 NBC 같은 유수 방송들도 있다. 기존의 뉴스를 활용하여 자기 식의 편집 과정을 통하여 후속적으로 뉴스를 제공하는 트위터나 페이스북과 달리, 구글 뉴스 앱은 도리어 자사의 다양한 데이터나 콘텐츠를 선제적으로 언론에 제공하고 있다.

1.2. 인터넷 언론의 실태

그러면 현실적으로 도대체 우리나라에서는 뉴스를 제공하는 인터넷 언론이 어느 정도이며, 그 형태는 어떠한가? 2014년 말 기준으로 문화체육관광부에 공식으로 등록된 언론매체 1만 7,607개 가운데, 인터넷 매체는 5,950개로 알려져 있다. 인터넷 매체에 한정한다면 2005년도에 286개이던 것이 5년 뒤인 2010년에는 2,484개, 3년 뒤인 2013에는 4,916개 등 가히 기하급수적으로 증가하여 온 셈이다.

인터넷 언론이 이렇게 많은 것은 개설요건이 복잡하지 않고 등록이 간단하기 때문일 것이다. 그리고 이렇게 인터넷 언론이 많기 때문에 여러 가지 문제들이 발생하게 된다. 이를테면 소규모의 열악한 회사이다 보니 제공하는 내용과 질이 떨어지는 것들도 많이 있고, 그리고 자신들이 제공하는 기사들이 주목을 받기 위해 소위 과장이나 추정을 통한 '튀는 기사들'을 내는 언론들도 생겨나게 된 것이다.

이에 2015년 8월 우리 정부는 인터넷 매체의 난립을 막고 기존의 부실 매체들을 정리하기 위해 등록요건을 강화하기로 했었다. 문화체육관광부가 입법예고한 신문법시행령 개정안은 기존 취재 및 편집인력 3인 이상을 상시 고용 5인 이상으로 늘리기로 했었다. 또 상시고용을 증빙할 서류로 취재, 편집인력 명부만 제출하면 되던 것을 국민연금, 건강보험, 산재보험 등의 가입 내역서까지 제출하도록 했다.

이를 두고 표현의 자유와 언론의 다양성을 해친다는 반대논리도 강했며, 심지어 언론통제요, 탄압이라는 비판들도 있었다. 나아가 이러한 기준이라면 기존 인터넷 매체 85%을 퇴출하는 결과를 낳아 현재의 인터넷 신문 5,950개 가운데 5,000여 개가 퇴출되게 된다는 우려의 목소리도 높았었다.

결국 시행령 개정안에 반발해 한국인터넷기자협회 등이 헌법소원을 제기했었는데, 2016년 10월 27일 헌법재판소는 5인 이하 언론사를 언론으로 인정하지 않는 인터넷 신문 등록 기준 강화를 골자로 한 '신문 등의 진흥에 관한 법률(신문법)' 시행령 일부개정안에 대해 위헌결정을 내렸다. 헌재는 결정 이유로 "인터넷 신문은 그 특성상 적은 자본력과 시설로 발행할 수 있다. 인터넷 신문에 대해선 자율성을 최대한 보장하고 제한을 최소화하는 것이 바람직하다."고 밝혔다.

이렇게 개정안은 폐기 처분되었지만, 실제로 확인되지도 않을 뿐 아니라 사실도 아닌 글들을 통하여 사람들을 공격하고 사회를 혼탁하게 했던 인터넷 언론계가 어느 정도 정화되는 게 필요하다는 것이 국민들 사이에 공감대가 많이 형성되어 있다는 것을 부인하기 어렵다.

하여튼 등록요건은 그렇다고 하더라고 인터넷 언론의 운영 및 재정 실태를 감독하는 전문기관이 있을 필요가 있으며, 나아가 허위보도를 일삼는 언론들이나 기업이나 기관들을 협박하는 언론들에 대해서는 분명한 경고와 제제를 가할 수 있는 법적 장치도 마련되어야 한다고 보인다.

2015년 문화체육관광부 국정감사 자료에 따르면, 최근 3년 동안 이뤄진 언론중재위원회의 전체 조정건수 2만 5,544건 가운데, 포털과 인터넷 매체의 보도에 대한 조정건수는 5,271건으로 비율상 전체의 20.6%를 차지한다. 이는 일반 신문 2,198건, 방송 1,022건에 비해 최대 5배나 높은 수치로서 인터넷 매체의 수준과 보도의 심각함을 보여 주고 있다.

아울러 2014년도 7월 한국광고주협회의 〈2015 유사언론 행위 피해 조사 결과〉 발표에 따르면, 유사언론의 행위가 심각하다고 답한 조사 대상 기업이 물경 90%에 달하며, 직접 피해를 입은 기업도 87%나 되었다.

이런 구체적인 피해상과 인터넷 언론들에 대한 인식을 보면 정비나 순화의 필요성이 제기되는 것이다. 따라서 인터넷 언론들이 자체적으로 순화되고 정화되는 것이 좋지만, 그런 자정능력이 소실된 경우에는 그 언론들이 던지는 유언비어나 선동이 사람들에게 혼란을 주고 사회를 소란케 하며 궁극적으로는 국가를 어지럽히므로 어떤 식이든지 정화하는 장치가 필요해 보인다.

정치영역, 특히 중요한 선거에 있어서 인터넷에 올라오는 보도나 정보는 당락에 영향을 줄 정도로 결정적인 역할을 할 수 있으므로 우리나라에서도 중앙선거관리위원회 인터넷선거보도 심의위원회가 있어 이에 대한 종합적 심의를 하고 있는 것이다.

하지만 관치(官治)는 정부의 통제와 탄압이라는 공격을 받을 수 있을 뿐 아니라 실제로 정부의 성격에 따라 이런 역할을 별로 하지 아니할 가능성이 있으므로 이에 대한 시민심의심사위원회 같은 민간기구의 설치도 고려해 볼 만하다고 사료된다. 이러한 장치들은 궁극적으로 인터넷 언론들에 실리는 글에 대한 신뢰도를 향상시키고, 그것들의 사회적 신망도를 강화시키는 긍정적인 기능을 할 수 있을 것으로 보인다.

하여튼 인터넷의 이러한 뉴스제공자들은 이용자들이나 뉴스검색자들로 하여금 자사 사이트를 최대한 많이 찾고 오래 머무르게 하기 위해 다수 고객들의 관심이 집중되는 뉴스들을 선별적으로 올릴 수밖에 없는데, 이러한 뉴스들은 주로 정치사회, 스포츠, 예술 문화, 연예 분야 등이라고 할 수 있다. 그 가운데서 정치사회적 뉴스는 늘 국내적·국제적 관심을 활발하게 불러일으킨다.

1.3. 정치뉴스의 생성구조

그러면 이러한 정치사회적 뉴스가 어떻게 인터넷에 편집되며 실리게 되며 또 이용자들이 반응을 보이며 그 결과로 세상에 영향을 주게 되는지 그 생성의 시스템을 살펴보자. 이러한 소위 인터넷 정치뉴스의 생성 논리는 다음의 다섯 가지 과정을 통하여 전개된다.

첫째, 선택(選擇)의 원리이다. 이것은 정치적, 사회적 뉴스거리를 택하는 단계이다. 구글 뉴스 애플리케이션 같은 것을 제외한 대부분의 포탈사이트나 SNS의 뉴스판, 그리고 블로그 같은 다양한 사적인 사이트들이 뉴스를 올릴 적에는 편집진 내지는 운영진이 나름대로 선택하고 편집해서 올린다. 뉴스 콘텐츠의 선택은 무엇보다 이용자 내지는 대중의 선호도에 맞춰지거나 또는 운영주체 자신의 관심도에 근거한다고 볼 수 있다. 물론 이러한 관계자들의 관심 여부와 무관하게 뉴스 콘텐츠가 지니는 가치(Nachrichtenwerte)[193]의 정도가 더 중요할 수 있다.

둘째, 편집(編輯)과 연출(演出)의 원리이다. 제공할 뉴스거리가 정해지고 나면 다음으로는 그것을 어떻게 편집하며 어떻게 연출하는지가 중요하다. 편집은 정보를 소개하는 길이도 중요하지만 무엇을 부각시키고 어떤 측면을 강조하느냐가 더 중요하다. 특히 텍스트 형태보다 영상 정보가 편집에 있어서는 결정적인 영향을 받는다.

선택처럼 편집도 운영자 내지는 편집자의 성향이나 결정에 따라 크게 좌우되는데, 이러한 편집의 주관성으로 인해 그 대상이 정치적 뉴스일 때 편파성 시비가 많이 일어나고, 심지어 진위여부에 대해서까지 논란이 되는

---

193) cf. Thomas Meyer, *Was ist Demokratie?* Wiesbaden: VS Verlag für Sozialwissenschaften, 2009, 186.

경우도 드물지 않다. 특히, 뉴스의 제목을 어떻게 붙이는지, 표현을 어떻게 하는지 등 연출의 논리(Präsentationslogik)도 그것에 대한 관심 등 효과에 있어서 매우 중요한 요소로 작용한다.194) 이런 과정을 통하여 인터넷은 정치적 사안이나 주장에 대하여 부정적, 중립적, 긍정적 입장 가운데 한 가지를 직·간접으로 표명하게 된다.

셋째, 사회적 반향(反響)의 원리이다. 인터넷 뉴스는 운영자가 자기 자신이 보려고 쓰는 일기나 자기 혼자만을 위한 독백이 아니다. 그것은 공개된 것이고, 공적 성격을 지니는 것이며, 대외적 의미를 띠는 것이다. 특히 정치적 뉴스일 경우에는 운영자나 편집자는 이용자들의 반응이나 그것으로 인한 정치적, 사회적 반향에 대해 의식을 하게 된다.

그런 반응이나 반향을 염두에 두고 뉴스를 선택하고 나름대로 편집해서 실은 것이므로 그것에 대한 대중이나 정치권의 반응이 나오는 것은 당연하다. 사실 인터넷 뉴스판이 머리기사로 내는 뉴스나 대중의 호기심을 끌만한 특이한 것들, 이를테면 정치인들이 하는 말의 실수들, 어떤 특정사안에 대한 그들의 속내나 사적인 견해들, 그들의 가족얘기나 사생활 등에 대한 보도는 엄청난 사회적 반향을 불러일으킨다. 특히 사회적으로 관심이 크고 정치적으로 예민한 주제들의 경우, 반응이 즉각적인 감성적인 대중과 그 집단에 주는 영향은 지대하다.

넷째, 조작(造作)의 원리이다. 인터넷 뉴스의 사회적 반향이 크고, 특히 정치권에 주는 영향이 상당하므로 그것에는 늘 조작여부가 논란거리가 된다. 이러한 조작문제는 민감한 정치적, 사회적 주제의 기사에 대한 댓글에서나 찬반에 대한 의사표시와 결부되어 있다. 이를테면 어떤 정치적인 기사가 나오면 그것에 대한 찬반의견을 다는 댓글에서 자기에게 유리하고 상대에게 불리한 댓글에 대해서는 찬성과 지지를, 그 반대의 경우에 대해서는 반대와 비판을 같은 사람이 하는 경우가 허다하다.

---

194) ibid. 187

이런 경우 댓글을 다는 이들을 다양한 아이디를 사용하거나 또는 여러 컴퓨터를 통해 같은 기사에 대해 여러번 견해를 달기도 하고, 심지어 사람을 동원하여 의견개진을 하게도 한다는 것이다. 이런 조작을 통하여 때로는 사실이 호도되거나 전도되기도 하고, 별 잘못이 없는 이들이 온갖 비난의 화살을 맞기도 하며, 반면 잘못한 이들이 도리어 영웅으로 대접받기고 하고, 이로 인해 틀린 여론이 형성되기도 한다. 이 단계는 사실을 왜곡하는 단계이다.

다섯째, 정치적 해석 내지 이용(利用)의 원리이다. 조작이 사실을 왜곡하는 것이라면, 이 단계는 반응을 왜곡하는 것이다. 오늘날은 인터넷이 여론을 형성하고, 그 여론이 정책을 만들거나 폐기하게 하고, 나아가 특정정당이 지지를 받거나 비난을 받는 등 상당한 정치적 영향력을 주므로 이에 대한 정치적 해석과 이용이 다양하게 발생하는 것이다.

정치적 사안에 대한 인터넷 여론형성의 이러한 다섯 단계 가운데, 가장 중요한 것은 아무래도 두 번째 단계인 편집과 연출의 단계이다.

2015년 여름과 가을, 우리나라 여당의 대표는 줄기차게 국내대형 포털사이트의 문제점을 지적하면서 무엇보다 그러한 포털들이 정치사회 뉴스를 중립적으로나 사실적으로 싣지 않고, 임의로 편집하여 과장되고 왜곡된 정보를 재생산한다고 혹평하였다. 그는 심지어 이것들이 자기 입맛에 맞는 기사 부각, 동일 기사의 반복전송과 장시간 배치, 그밖에 낚시기사 등을 통하여 가히 인터넷 생태계를 훼손하는 '악마의 편집' 행위를 한다는 표현까지 사용했다.195)

국내의 대형포털사이트들이 야당에 비해서 정부나 여당에 훨씬 더 비판적인 것은 잘 알려진 것으로 여당지도자의 이러한 비판은 전혀 정략적인 측면이 전혀 없지는 않다고 하더라도 상당히 일리가 있는 것으로 보인다. 이 비판에 따르면 이런 사이트들은 마치 '가두리 양식장' 처럼 뉴스를 포털 내에 가두어 그 안에서 소비하게 하므로 주요 이용층인 젊은이들에게 결정적인

---

195) 중앙일보 2015년 9월 17일 10면

영향을 주어 그들 사이에 거의 독점적이고 절대적인 여론형성을 조성한다는 것이다.

포탈사이트들의 이러한 성향은 사주(社主)나 편집인, 또는 기자들의 정치적 성향에 기인하는 것도 있겠으나, 주요 사이트 방문자들 내지 이용자들이 젊은이여서 그들의 정치적 성향에 맞춰야 그것 자체도 생존가능하고 성장할 수 있기 때문이기도 한 것으로 보인다.[196] 아니면 어떤 정치적인 입장에 근거하기보다 그저 이용객들의 호기심을 불러일으키고 눈길을 끌 수 있는 정보들, 또는 찬반 의사표시나 댓글들이 많이 올라올 수 있는 논란거리들을 호재로 간주하는지 모른다. 어떻게든 포탈들은 방문객들이 자기 사이트에 오래 머물러 있기를 바라는 방향으로 사이트를 연출할 가능성이 높은 것이다.

주로 젊은이들이 다수인 이용자들은 포탈들이 만들어놓은 신나는 놀이터에서 어떤 경계에도 구애받음이 없이 정치적, 사회적 사안들에 대한 의견분출 욕구를 누리면서 마음대로 자기주장을 올리게 되는 것이다. 어쩌면 이러한 포탈들은 가장 열띤 정치적 논쟁이 발생하는 여론의 전쟁터(戰場)가 되는 것이다.

2. 인터넷 정치와 욕망의 구조

2.1. 인터넷과 정치의 상관관계

실로 인터넷은 정치의 영역에 많은 변화를 가져다 주었다. 오늘날 인터넷은 정치뉴스가 실시간으로 올라오는 곳이며, 정치적 토론과 정치활동이 가장 활발하게 일어나는 장(場)이라고 할 수 있다. 그것에는 국내정치든 국외정치든 다양한 정치적 주제들이 동시다발적으로 광범위하게 일어난다.

---

196) ibid.

현대사회에서 일고 있는 거대 시대조류인 소위 '메가트렌드(megatrend)' 이론을 제창한 미국의 미래학자 John Naisbitt은 그는 다가올 세상은 네트워크 조직 사회가 될 것을 전망한다.

그에 의하면 정치영역에서의 메가트렌드는 전통적인 대의(代議)민주주의가 사양길에 접어들면서 인터넷을 통해 시민들이 정치에 직접적으로 참여하는 직접(直接)민주주의가 등장할 것이며, 이와 함께 수직적 정치구조에서 수평적 정치구조로 전환될 것이라고 한다. 말하자면 정치권력이 기존의 단일적(單一的) 위계질서의 형태에서 다원적(多元的) 평등구조로 바뀐다는 것이다.[197]

하지만 그의 생각과 달리 인터넷은 단일성에서 다원성으로 바꾸는 것이 아니라 어쩌면 전체성(全體性)으로 바꾸고 있다고 할 정도로 거의 모든 시민들이 소위 전자민주정치(e-democracy 또는 teledemocracy)에 참여하고 있는 것이다.

2016년 미국 대통령 선거에서 공화당 트럼프에게 패배했던 민주당 대선후보 클린턴(Hillary Clinton)은 국무장관시절이던 2010년 1월에 행한 한 연설에서 민주주의에 있어서 인터넷이 갖는 역할과 그 안에서 사람들이 누리는 자유를 언급한 적이 있다. 그녀는 인터넷을 통한 정보의 확산은 자유와 인간발달을 조장한다고 보았고, 특별히 언론, 종교, 표현, 알권리 등 다양한 인권을 장려하는 순기능(順機能)을 지녔다고 보았다. 인터넷이 주는 이러한 순기능 가운데 어떤 장벽이나 경계를 뛰어넘어 세상 모든 사람을 연결시켜주는 '접속(接續)의 자유(freedom to connect)' 야말로 민주주의를 진작시키는 것으로 보았다.

그러므로 이러한 접속의 원리는 사실상 정부가 막지를 못하는 것일 뿐 아니라 막지 말아야 하는 것으로, 그것을 통하여 사람들은 서로를 더 알아가며 더 어울리며 협력할 수 있다는 것이다.[198]

---

197) John Naisbitt, *Megatrends: Ten New Directions Transforming Our Lives*, Grand Central Publishing, 1988

198) Hillary R. Clinton, (21 Jan 2010). "Remarks on Internet Freedom". U.S. Department of State.

하여튼 이러한 인터넷 기반의 전자민주정치가 기존 민주주의의 약점을 보완하고 더욱 개선되고 발전된 새로운 유형의 민주주의로 가는 길인지, 아니면 전통적 민주주의의 토대마저 허무는 파괴적인 것인지에 대한 논의들이 활발하게 일어났다. 민주주의의 발달에 있어서 인터넷의 역할이 순기능을 하는지 아니면 역기능을 하는지에 대한 최종적인 판단은 유보될 수 밖에 없거나 내리기 어려울 것이다. 그것은 정치를 바라보는 개인의 시각에 따라 다르고, 그리고 각 나라의 정치상황에 따라 차이가 있으며, 나아가 긍정적 측면과 부정적 측면 양 요소가 병존할 것이기 때문이다. 그러므로 인터넷의 발달로 생긴 새로운 정치현상, 특히 민주주의 정치체제에서의 제반 영향과 변화에 대해 주목해 보는 것이 타당할 것이다.

그러면 정치와 인터넷은 실제로 어떤 관계에 놓여있는가? 우선 Thomas Meyer에 따르면 정치와 미디어 간의 관계에는 세 가지 유형이 있다.199)

첫째는 자율론(自律論, Autonomietheorie)인데, 이는 정치와 미디어 양 영역이 광범위한 영역에서 상호 간 독립성을 지닌다는 것이다.

둘째는 의존론(依存論, Dependenztheorie)인데, 이는 두 영역 가운데 어느 하나의 영역이 다른 영역에 의존한다는 주장이다. 즉, 국가가 언론을 통제하는 폐쇄사회에서는 언론이 정치로부터 독립해 있지 못하고 의존해 있는 경우이고, 반대로 방송이나 신문 등 정치적, 사회적 영향력이 큰 미디어들이 있어 그것이 여론을 좌우하는 경우에는 정치가 미디어에 의해 좌우된다는 논리이다.

셋째는 상호의존론(相互依存論, Interdependenztheorie)인데, 이것은 정치와 미디어가 상호 간에 영향을 주고 받는다는 논리이다.

이러한 세 가지 유형 가운데 오늘날의 다양한 대중매체들, 특히 인터넷의 경우를 보면 세 번째의 상호의존론 내지 상호영향론이 맞다고 할 수 있을 것이다. 정치권은 미디어 가운데 찾는 이용객들이 가장 많아 대중에게 실질적

---

199) Thomas Meyer, *Was ist Demokratie?* Wiesbaden: VS Verlag für Sozialwissenschaften, 2009, 190f.

으로는 가장 큰 영향력을 행사하는 인터넷을 자기의 주장이나 입장 등에 대해 알리는 홍보의 수단으로, 대중과 대화하는 소통의 장으로, 자신이 고수하고 있는 정치적 입장이나 표방하고 있는 주장에 대한 정당성 확보는 물론 대중의 지지를 얻기 위한 근거로 사용한다.

반면에 인터넷은 정치권으로부터 최신의 정보는 물론 대중이 접근하기 어려운 고급정보를 얻기도 하고, 또 정치권의 눈치를 보기도 하며, 나아가 편집진이나 기자들의 정치적 성향 등에서 오는 영향에서 완전 자유할 수 없어 보인다.

이 양자의 관계는 어쩌면 공생(Symbiose)의 관계일 수 있지만, 분야나 관심영역에 있어서 양자가 서로에게 정확하게 일치되지는 않는 비대칭적 상호의존성(asymmetrischer Interdependenz)의 구도를 보이고 있다.[200) 말하자면 정치는 궁극적으로 권력을 쟁취하기 위한 것이요, 인터넷 업체들은 취미활동이나 자기선전 및 메시지를 유포하려는 개인블로그를 제외하고는 대체적으로 이익추구를 지향한다고 보아야 할 것이다.

그러나 이 양자는 욕망이라는 공동적 토대를 지니고 있음은 물론 그 욕망의 성취를 위해 사람들의 시선과 마음을 끌려고 하는 점에서도 일치한다. 말하자면 대중의 관심과 호응을 지향한다는 점에서는 같다는 것이다.

정치인은 인터넷을 통하여 대중에 접근하고 그들에게 자신들의 정책이나 정치활동을 알리면서 그들과 소통한다. 반면 인터넷은 대중의 관심영역인 정치적 뉴스를 제공하면서 사람들의 방문을 유인한다.

2.2. 인터넷과 정치방식의 변화

인터넷의 발달이 정치에 준 가장 중요한 변화 가운데 주목할 만한 현상 한 가지는 과거와 달리 인터넷을 할 수 있는 누구든지 정치적 논의에 직 · 간접으로 참여할 수 있다는 점이다. 말하자면 인터넷의 등장으로 무엇보다

---

200) ibid.

그것을 사용하고 있는 네티즌들이 정치에 대한 의견표명이나 의사전달을 남의 시선을 고려하지 않고 얼마든지 자율적으로 자유롭게 하게 된 것이다. 인터넷을 통한 정치방식의 변화는 여러 점들에서 발견된다.

2.2.1. 청소년들의 정치참여

우선 인터넷을 통해 누구든지 정치적 논의에 참여할 수 있다는 점에서 과거의 선거권을 통한 정치적 의사전달이나 입장표명의 경계가 허물어진다. 이를테면, 법적으로 선거권이 없는 인터넷 사용이 가능한 청소년들도 얼마든지 정치적 의견을 개진 할 수 있게 된 것이다. 이런 의미에서 인터넷을 모든 세대에 걸친 정치적 담론의 플랫폼(platform)인 셈이다.[201]

인터넷이 민주주의에 주는 영향 가운데 중요한 실질적인 변화 중 한 가지가 이렇게 선거권이 없는 청소년들이 넷상에서 형성되는 정치적 여론형성에 개입하는 문제이다. 'Der Student soll nicht denken, sondern denken lernen.'[202]이라는 I. Kant의 유명한 경구에서 잘 암시되고 있듯이 적어도 아직 배움의 길에 있는 중, 고등학생들이나 대학초년생일 경우 세계관이나 정치관이 제대로 형성되지도 않은 상태에서 정치와 관련한 감성적이고 선동적인 표현이 나올 때 즉흥적인 반응을 보이면서 찬반표시를 하던지 또는 의견개진을 할 수 있다.

인터넷에서 나오는 연령제한이 없는 의견개진의 난을 통한 시민여론의 수렴은 이렇게 정치적 신념이나 합리적 판단의 정초에서 나오지 않는 미숙하면서도 즉흥적인 표현을 통해 이뤄질 가능성이 늘 열려 있다. 오프라인의 실제에서는 선거권이 없어 자신이 선호하는 정치지도자도 택할 기본적 정치

---

201) Andrew Chadwick, Web 2.0: New Challenges for the Study of E-Democracy in an Era of Informational Exuberance, in: *Connecting Democracy: Online Consultation and the Flow of Political Communication*, by S. Coleman and P. M. Shane, Cambridge: The MIT Press, 2012, p.51

202) Immanuel Kant, *Vorkritische Schriften* (1747-1777). Kapitel: Nachricht von der Einrichtung seiner Vorlesungen in dem Winterhalbenjahre von 1765-1766. Basis-Ausgabe: Akad. (1905ff.), S.II:306 f.: "Kurz, er [der Student der Philosophie] soll nicht *Gedanken*, sondern *denken* lernen; man soll ihn nicht *tragen*, sondern *leiten*, wenn man will, dass er in Zukunft von sich selbst zu *gehen* geschickt sein soll."

참여권이 없는 청소년 세대가 온라인에서는 정치적 선호와 선택을 자유자재로 할 수 있어 가히 제한 없는 참여와 경계 없는 자유를 누리고 있다. 이 청소년 세대는 인터넷 여론 형성의 숨은 강자들이다.

그러다보니 인터넷이 일상의 삶마저 장악해 버린 정보화시대에 정치가들은 자신들의 정치적 언행에서뿐만 아니라 자신의 비정치적 언행에 있어서도 이 젊은 불청객들의 시선을 신경쓰지 않을 수 없고, 국가도 정책의 수립이나 결정의 과정에 있어 여론동향을 파악할 적에 이 어린 시민권자들의 시선을 고려하지 않을 수 없고, 심지어 정책에 대한 그들의 호불호도 완전 무시하기는 어렵게 된 것이다.

나아가 이렇게 사회와 국가, 인생과 세계를 바라보는 관점이 채 확립이 되지 않은 청소년 세대들뿐 아니라 성인 가운데서도 정치적 판단에 있어서 미성숙한 정치적 미숙아들의 참여로 여러 가지 문제들이 발생한다. 이를테면 이들은 편향적이고 위조적인 내용이나 피상적이거나 어설픈 논리를 바르고 깊은 논리로 착각하기도 한다. 그리고 이들은 사안들에 대해 합리적 분석과 정확한 판단을 하기 어렵고 감성적 선호나 즉흥적 판단이 앞서거나 지배하므로 온라인상에서 그들의 비위를 맞추는 선동꾼들의 영향은 가히 절대적이 될 수 밖에 없다.

간혹 온라인상에서 영웅들로 나타나는 이런 선동꾼들은 이런 이들을 호도하거나 미혹하면서 절대적 영향을 행사한다. 이를테면 페이스북이나 트위터에서 많은 팔로우를 거느린 이들이나 자신의 사이트에 숱한 고정 방문자들을 가지고 있는 블로거들은 온라인상에서 대두된 여러 사회적 국가적 현안들에 대해 상당한 영향을 행사하기도 한다.

과거에는 국가의 최고지도자나 유명 정치인들이 개인적으로 영향을 행사해도 오늘날은 논리가 있고 선동하는 글을 쓰는 데 재주가 있는 탁월한 온라인상의 유명 인사들이 그와 유사한 역할을 하는데, 그들은 대중을 유도함에 있어서 과거의 정치인 못지않은 강력한 영향력을 행사한다. 그들은 온라인 정치지도자들이며 사회적 문제의 구루들(Gurus)이다.

2.2.2. 글쓰는 개인의 위력

이제는 국가지도자들이 아니라도 인터넷에 자신의 견해를 설득력 있게 펼치는 이들은 국민 전체에 광범위한 영향을 행사할 수 있게 되었다. 그런 이들은 자기정체성을 드러내지 않는 익명의 상태에서 아이디만으로도 사람을 움직이고 세상을 움직일 수 있다. 온라인상에서 사람들과 세상을 움직일 수 있는 능력은 논리와 글에서 나온다.

이전의 세상에서는 정치적 영역에서 글보다 말이 위력을 발휘했다. 우리나라의 현대 정치사(政治史)만 보더라도 해방 이후 혼란스런 정국에서 사자후를 토한 이승만, 김구, 신익희, 조봉암만 아니라, 1980년대 소위 三金으로 알려진 김영삼, 김대중, 김종필 같은 이들 및 이들과 대선에서 함께 겨룬 노태우 전 대통령도 대중을 사로잡는 웅변력이 상당했다. 이 당시 이들은 대통령 선거 유세에서 지역마다 수만 명에서 수십만 명에 가까운 인파들을 모으면서 세(勢) 과시뿐 아니라 웅변경쟁도 했던 것이다.

이런 말의 시대를 뒤로 하고 오늘날은 글이 지배하는 시대를 맞이했다. 이제 영웅은 글을 잘 쓰고, 글로 사람을 호리는 이들이다. 말이나 글이나 대중을 움직일 경우 감성의 터치나 군중심리의 자극이 필요하지만 한 번하고 지나가는 말과 달리, 저장되어 반복적으로 읽혀지고 면밀히 검토되는 글은 논리성과 합리성으로 더 무장되어야 한다.

하지만 온라인 정치의 무기인 글은 학술논문처럼 깊은 지적사유를 필요로 하는 심오한 이론이나 난삽한 논리로 기술되어 있는 것이 아니라 적어도 대중의 이해력이 어느 정도 접근할 수 있는 지적 평이성(平易性)을 구비하고 있어야 한다.

하여튼 분명한 것은 인터넷의 정치에서는 이전의 시대와 달리 개인이 상당한 영향력을 행사하고 온라인 언론의 파워를 지닌다. 이러한 파워는 위에서 언급한 바처럼 그들이 쓰는 글을 통해서만 가능한 것이 아니라, 다른 정치적 행위, 이를테면 이따금씩 일어나는 정보의 공개나 정치적 폭로 같은 것을 통해서도 가능하다.

이에 〈유엔미래보고서 2030〉은 권력은 농경시대에는 종교에, 산업시대에는 국가에, 정보화시대에는 기업에, 그리고 후기정보화시대에는 똑똑한 개개인에게 있다고 보았다.[203] 개인들의 이러한 위력은 무엇보다 인터넷의 온라인상에서 가장 극명하게 드러나는 것이다. 이를테면 미국의 경우 개인들이 운영하는 사적인 블로그들의 정치적 영향력은 대단하다.[204] 이는 우리나라에서의 정치적 영향력이 있는 개인들의 트위터나 페이스북도 마찬가지이다.

2.2.3. 다중적인 의견교환체제

인터넷 정치가 가지는 이러한 청소년들의 참여, 글의 중요성, 그리고 개인 역할의 증대 등과 같은 특징들과 더불어 또 한 가지 중요한 특징은 그것이 전통적 매체들과 달리 쌍방적 내지 호환적(interactive) 성격을 지니는 데 있다.

텔레비전, 라디오, 신문 같은 전통적 대중매체들은 시청자들이나 독자들에게 정보를 일방적으로 전달해주는 기능만 하는 데 비해, 인터넷은 이메일을 통한 의견교환은 물론, 트위터 및 페이스북 같은 SNS, 개인 홈페이지와 블로그, 온라인 토론장 같은 다양한 관계망 속에서 문자나 글을 통한 폭넓은 교차적 대화들이 이뤄진다.

인터넷의 이러한 인터렉티브한 성격은 두 명 간의 상호교환이 아니라, 여러 명이 동시에 의견을 주고받는다는 점에서 참여자의 범위가 더 광범위하고, 영향력도 매우 크다.[205] 전통적 미디어들이 주로 국내적인 범주 안에 있다면, 인터넷은 한 국가의 경계를 넘어 가히 전세계적인 범위와 영향력을 지니고 있다.

---

203) 유엔미래보고서 2030. 생존과 소멸의 갈림길 당신은 어느 쪽을 선택할 것인가?, 박영숙, 제롬 글렌, 테드 고든, 엘리자베스 플로레스큐 지음, 교보문고 2012

204) Sarah Oates, *Introduction to Media and Politics*, Los Angeles 2008, 171. 이를테면 Instapundit (www.instapundit.com), Michelle Malkin(www.michellemalkin.com), Daily Kos(www.dailykos.com), Little Green Footballs(www.littlegreenfootballs.com) 등이 대표적인 정치블로그들이다.

205) ibid. 171. 이를테면 클린턴정부시절 대통령과 백악관인턴과의 추문은 미국뿐 아니라 전세계적인 관심사가 되었고 그 여파는 매우 컸었는데, 그것의 첫 보도는 **Drudge Report**라고 불리는 한 정치적 블로그에서 시작되었던 것이다.

특히 인터넷에서의 이러한 교차적인 대화들과 다양한 의견개진은 거의 순차적 과정이 사라지거나, 있더라도 의미가 없을 정도로 논의들이 동시다발적으로 이뤄지는 특성을 지닌다.[206)]

이렇게 인터넷은 모든 사람들이 동시다발적으로 정치적 의견표명과 교환에 참여할 수 있으므로 마치 고대 헬라의 아고라(agora)처럼 직접적 민주주의가 일어나는 현장이라 할 수 있다. 인터넷은 직접민주주의의 장마당인 셈이다. 아니, 그것은 한 도시 속에 벌어지는 것이 아니라 전 세계인이 온라인상으로 동시에 참여할 수 있는 정치토론이나 의견개진의 장이어서 아고라 수준과 비교가 되지 않을 정도로 참여자들의 수나 견해들이 다양하고 복잡하다.

인터넷은 이렇게 매우 폭넓은 인간관계망을 구축하여 개인적이고도 집단적인 소통을 이루게 하므로 직접민주주의의 르네상스를 도래하게 한다.[207)] 그래서 바야흐로 E-democracy,[208)] Tele-democracy,[209)] Cyber-democracy,[210)] Online democracy, Digital democracy, Digitizing Democracy,[211)] Web-democracy의 시대가 열리게 된 것이다. 이렇게 오늘날 전자민주주의의 이념을 제창하는 이들 가운데는 아예 현재 대부분의 나라들에서 취하고 있는 대의민주주의에서 직접민주주의에로의 완전한 변환을 꿈꾸기도 한다.

---

206) ibid. 155f.

207) Peter M. Shane, Online Consultation and Political Communication in the Era of Obama, in: *Connecting Democracy: Online Consultation and the Flow of Political Communication*, by S. Coleman and P. M. Shane, Cambridge: The MIT Press, 2012, p. 2

208) M. Jensen and R. Garrett, E-Democracy Writ Small, *Information Communication and Society*, 2011, 177-97; Andrew Chadwick, Web 2.0: New Challenges for the Study of E-Democracy in an Era of Informational Exuberance, in: *Connecting Democracy: Online Consultation and the Flow of Political Communication*, by S. Coleman and P. M. Shane, Cambridge: The MIT Press, 2012

209) cf. Ted Becker, Teledemocracy:bringing back power to the people, in: *Politics and the Internet: Critical Concepts in Political Science*, ed. W.H. Dutton, Vol.I: Politics in the Digital Age - Reshaping Access to Information and People, London & New York: Routledge, pp.172-179; W. H. Dutton, Political Science Research on Teledemocracy, in: *Politics and the Internet: Critical Concepts in Political Science*, ed. W.H. Dutton, pp.179-195

210) M. Poster, Cyberdemocracy: The Internet and the Public Sphere, in: *Politics and the Internet: Critical Concepts in Political Science*, ed. W.H. Dutton, Vol.I: Politics in the Digital Age - Reshaping Access to Information and People, London & New York: Routledge, pp.199-214

211) G. Born, Digitizing Democracy, in: *Political Quarterly*, 2005, 76, 1, 102-23

이러한 변환의 목표가 소위 전자직접민주주의(Electronic Direct Democracy) 인데, 이 체제 하에서는 국민의 의견을 물어야 할 필요가 있는 국정의 모든 사안에 대해 온라인을 통하여 국민 의사를 취합하고, 나아가 결정에 있어 서도 의원들이 투표를 하지 않고 국민들이 직접 온라인 투표를 통해서 결정 하는 것으로 나아가자는 것이다. 이런 완전한 전자직접민주주의를 실행하고 있는 나라들이 있다고 아직까지는 밝혀지지 않았지만 정보화시대의 하나의 극단적 정치적 이상으로 제시될 수 있다는 것이다.

하여튼 그런 정치적 이상을 차치하고서라도 실로 인터넷은 기존의 대중 매체들이 도저히 구비하지 못하는 자유롭고 넓은 관계망을 가지고 있고, 특히 그 청중이나 참여자의 수는 아예 셈이 되지 않을 정도로 부지기수이다. 정보제공자의 입장에서 보면 그렇게 많은 참여자들에게 그렇게 빠르게 그렇게 다양한 정보를 제공해도 대부분 무료인 경우이니 얼마나 좋은 도구 인지 모른다.

특히 이 인터넷에서는 민감한 정치적 주제를 다루고 또 그것에 각자의 생각을 표현한다고 하더라도 일부 통제국가들의 경우를 예외로 하고는 전통 적인 매체들에 비해 거의 국가적 통제를 받지 않고 있다. 이런 자유로운 환경 가운데서 인터넷 정치뉴스의 소비자들은 스스로 생산자(生産者)들이 되는 경우도 흔하다.[212]

이러한 생산자들은 기존의 매체들에 비해 보다 젊은이들인 경우가 많아 정치적 견해표명에 있어서 순수한 면도 없지 않지만 상대적으로 자유방임 적이고 래디칼한 경우가 많다. 말하자면 인터넷에서 사회문제나 정치문제에 참여하는 자들은 정제되지 못하고 반성되지 않는 형태로 자신의 의견을 개진 하는 경우가 빈번하다. 따라서 인터넷의 여론은 위력적이면서 거침이 없지만 불안정하다.

---

212) ibid. 156

2.2.4. 인터넷 정치의 불안정성

인터넷 정치에서의 이러한 불안정성은 여러 가지 요인이 있는데, 우선은 상기한 바대로 1)젊은이들의 대거참여, 2)견해표명이나 반응의 즉흥성 내지 동시성, 3)그리고 아이디나 익명으로도 참여할 수 있는 익명성(匿名性) 또는 가명성(假名性), 4)그리고 이런 익명성과 가명성에서 비롯되는 무책임성과 불신성(不信性)이다.

지면(紙面)을 통한 정치적 견해표명은 매체의 특성상 더 사유하고 반성할 시간이 주어지는 데 비해, 온라인에서는 즉각적이면서도 거의 동시적으로 자신의 견해를 올릴 수 있기 때문이다. 나아가 인터넷에서는 익명이나 가명을 사용할 경우도 있을 뿐 아니라, 설령 실명이라 하더라도 남의 실명을 도용 또는 차용할 수가 있으므로 다른 매체에 비해 인간의 내면이 더 적나라하게 드러날 수 있는 것이다. 얼굴이 공개되지 않는 곳에서 인간은 얼마든지 '늑대(homo homini lupus)' [213]일 수 있는 것이다. 그래서 죄를 지을 때는 가능한 드러내지 않고 숨어서 짓는 것이다.

인터넷 정치의 이러한 불안정성은 그것에 등장하는 정보의 무책임성, 비정확성, 불신성, 다양한 반응의 가변성과 유동성, 그리고 대중선동성을 함유한다. 이러한 성격을 지니므로 인터넷 정치의 부정적 측면은 다양한 방식으로 드러나는 것이다.

우선 신문이나 방송 등 뉴스보도의 인터넷판을 제외한 그 밖의 모든 사적 사이트에 등장하는 정치적 견해들이나 댓글 등은 객관성이나 신뢰성을 갖기 어려워 그것만을 가지고는 판단이 어렵고, 나아가 그것에 근거한 심도있는 정치적 논의도 어려우며, 결국 사회적 연대나 유대보다는 파편화와 분열로 갈 수 있는 것이다. [214]

---

213) Thomas Hobbes의 표현이다.
214) cf. R.D. Putnam, *Bowling Alone: The Collapse and Revival of American Community*, New York: Simon & Schuster, 2001

2.3. 인터넷 정치뉴스와 욕구의 문제

이런 과정을 겪으면서 편집에 의해 재생산된 정치적 기사들은 이용자들의 댓글이나 퍼나르기, 또는 재편집을 통해 이차적으로 재생산되는 것이다. 그리고 앞의 다섯 단계에서 언급한 바대로 이렇게 두 번의 재생산 과정을 거친 정치사회적 정보들은 정치인들이나 그것과 이해관계에 있는 이들에 의해 국민여론이라는 이름으로 포장되어 자기입장에 대한 옹호의 근거로 또는 반대편에 대한 공세의 논리로 사용하게 되는 것이다. 이 과정에서 또 분명한 재편집 등 재생산(再生産)의 작업이 이뤄지므로, 포탈의 정치기사들은 많은 경우 여러 차례에 걸친 가공(加工) 또는 재생산을 거쳐 정치영역에서 상당한 영향을 행사하게 되는 것이다.

이러한 생산 과정의 흐름을 보면 포탈의 운영진, 그것을 방문하는 이용객, 그리고 정치인이나 이해당사자들 모두에게 분명한 욕망의 흐름이 있음을 볼 수 있다. 어쩌면 Deleuze와 Guattari가 *L'anti-Oedipe*[215]에서 피력한 바처럼, 민주주의적 담론이든 공산주의적 구호든 그 저변에는 욕망의 도도한 흐름이 있고, 또 자유, 평등, 박애같은 나폴레옹의 구호나 노동자 해방이라는 레닌의 외침도 결국 사적 욕망으로 환원되는 것인지도 모른다.

물론 포탈의 편집진, 이용자들, 그리고 정치인이나 당사자들이 지니고 있는 욕구의 성격은 각기 다르다고 할 수 있다. 먼저 운영자나 편집진이 지니는 욕구는 자기 포탈을 더 많은 이용객으로 하여금 찾게 하는 인기욕구, 그리고 그렇게 하므로 부수적으로 생기는 다양한 유익에 대한 욕구 등이다. 말하자면 대체적으로 경제적(經濟的) 욕구라 해도 과언이 아닐 것이다.

다음으로 이용자들의 욕구는 편집진이나 정치인들보다 훨씬 더 순수하고 자연스러운 것이다. 순수하고 자연스럽다는 것은 어쩌면 거칠고 야생적이라는 의미도 된다. 이용자들 가운데 댓글을 통해 여론을 조작하려는 정치적 의향을 지닌 댓글부대나 또는 이해관련자들의 반응과 달리 일반이용자들은

---

215) G. Deleuze, F. Guattari, *Ani-Oedipus: Capitalism and Schizophrenia*, trans. by R.Hurley, M.Seem, and H.R. Lane, Minneapolis: University of Minnesota Press, 1983

대체적으로 자신의 느낌이나 생각을 자유롭고 가공되지 않은 상태로 임의로 표현하게 되는 것이다. 이러한 욕구는 의사(意思) 표현의 욕구이다.

마지막으로 기사 관련 이해당사자들이나 정치인들의 경우 포탈의 내용을 가능한 자기편이나 자기입장에 유리하도록 해석하여 이용하려고 한다. 그것으로 그들은 자신의 죄를 면피하고 오해를 벗으며, 또 상대편이나 상대 당(黨)을 공격하면서 자신들의 정치적 입지를 강화하거나 국면전환을 모색하는 등 여러 전략으로 활용하는 것이다. 이런 욕구는 정치적(政治的) 욕구라고 할 수 있다.

이렇게 볼 적에 인터넷의 정치는 욕망의 세 가지 갈래가 순차적으로 연결되어 가히 욕망(慾望)의 논리가 지배한다고 해도 과언이 아니다. 이 세 가지 욕망을 통하여 진리는 왜곡되고 진실은 더 가리어지며, 그러한 왜곡을 통하여 사람들은 호도되며 세상은 더 소란해져 가는 것이다. 그리고 어리석은 중우정치는 나라를 더 어지럽게 하며 어렵게 하는 것이다.

따라서 이러한 욕망을 순화(純化)시키는 과제야말로 인터넷 정치의 중우성을 극복하는 지름길이 될 것으로 보인다. 순화의 작업은 각 과정에서 요구된다.

먼저 편집의 과정에 있어서는 편집진의 정치적 관점이나 사회적 성향에 따른 주관적인 판단이나 해석이 없이 전달된 뉴스를 객관적으로 제공하는 것이 중요하다. 신문 등 지면으로 제공되는 뉴스 소스가 편향적일 때 인터넷은 상반된 입장들이나 다양한 관점들에서 나온 뉴스들을 그대로 살려 다 올리는 것이 좋을 것이다. 말하자면 편집진이 자의적으로 편집하여 각색하고 연출하여 사실을 호도하지 않고 정직하고 진실하게 보도하는 것이 중요하다.

다음으로 인터넷 뉴스를 이용하는 이들은 접하는 모든 정보들을 진영논리 같은 데 빠져 편향적인 시각으로 보지 않고 자신의 정치적 입장과 무관하게 사안별로 객관적으로 판단하려고 노력하는 것이 좋을 것이다. 이에 감정이나 진영논리의 개입을 자제하면서 주관적 판단의 절제를 하는 것이 중요하다.

그리고 정치인들은 인터넷 뉴스나 그것들에 대한 댓글 같은 시민들의 반응을 아전인수격으로 해석하거나 활용하려 하지 않고, 항상 자기 자신이나 자기정당의 정책에 따라 원칙과 정도(正道)의 길을 걸어야 할 것이다.

대중을 이용하기 위해 정치술의 방책으로 변칙과 변신의 태도를 취하면 그들로 인해 세상은 더 소란해지고 정치인들 스스로도 결국에는 다수의 지지를 잃게 될 것이다. 원칙과 정도가 정치인들에게도 더 큰 힘이 될 것으로 본다.

2.4. 인터넷 저널리즘과 정치권력

언어학자로서 현실문제에 대한 예리한 비판을 던져 온 미국학자인 Noam Chomsky는 저서인 *Manufacturing Consent*(합의조작)[216]에서 주류(主流)미디어와 권력의 야합을 지적했다. 포스트모던 학문이론을 전개한 Paul Feyerabend가 국가권력과 자연과학 내지 공학의 밀접한 관계와 거래를 폭로했듯이, 촘스키는 실제로 언론의 생태계는 과거나 오늘날이나 늘 권력의 굴레에서 크게 벗어나지 못하고 있다고 비판한다.

촘스키에 따르면 언론은 자유민주사회에서 흔히 입법, 행정, 사법에 이은 '제4의 권력기관'이라고 지칭되는 것과 달리 실상은 정치권력의 수하로서 그것에 예속되어 있는 상태라는 것이다.

그는 언론의 생태계를 쥐고 있는 것은 더 이상 언론사들이 아니라 정치권력내지는 소수의 사적기업이라고 지적한다.[217] 따라서 디지털시대의 언론들은 자유와 개성을 잃어버렸고, 언론 민주화라는 것도 하나의 허상이라는 것이다. 주류언론 외에 다양한 SNS는 그런 자유를 누리고 있지 않느냐라는 질문에 촘스키는 그것들은 제대로 된 저널리즘이라기보다는 일종의 단편적인 개인들의 소견에 불과하다고 말한다.

---

216) Noam Chomsky, *Manufacturing Consent: The Political Economy of the Mass Media*, New York: Pantheon.(with Edward Herman), 1988, 2002
217) 노엄 촘스카·디지털 시대 언론을 말하다. 중앙일보 2015.4.28., 20면

이러한 촘스키의 견해는 트위터나 페이스북 같은 SNS는 체계적이고 종합적인 정보나 뉴스를 전달하는 기능은 하지 못하고 따라서 그와 같은 지식인들에게는 별다른 영향력이 없다는 것을 시사해 준다. 그것은 무엇보다 트위터 같은 경우에서 보듯이 쓸 수 있는 글자가 제한되어 있어 깊이 있는 분석이나 비평을 싣지 못하고, 그러다보니 글이 피상적이 될 수밖에 없는 구조라는 것이다.

나아가 다양한 이슈들에 대해 각자의 소견을 즉흥적으로 올리는 경우가 대부분이어서 이런 SNS들이 기존 언론들이 수행하던 저널리즘의 기능을 하지 못한다는 것이다. 그러므로 이러한 SNS에 몰입하고 있는 대중은 각색된 타인들의 견해를 통해 단편적이고 피상적이며 심지어 왜곡된 소식을 접할 뿐이어서 의도하지 않게 조작될 수 있다는 것이다.

물론 그에 의하면 저널리즘의 주공급원인 주요언론은 권력에 의해 더 조작될 수 있다. 따라서 그는 상기한 〈합의조작〉이라는 저서를 통해 주류언론들이 기득권 엘리트들을 위한 선전도구라고 비판했다. 물론 주류언론이 닉슨(Richard Nixon)의 워터게이트 사건이나 에드워드 스노든(Edward Joseph Snowden)의 문건에 대한 보도를 통해 기존권력과 기득권층에 대한 비판을 하는 경우가 없진 않더라도 대부분의 경우 주류언론은 국가 지도자나 정부가 선전하는 그들의 근본적인 아젠다를 무의식적으로 받아들이고 있다는 것이다.

실로 중국의 공안국처럼 미국의 정보기관들도 많은 감시망을 가지고 있으며, 새로운 뉴스유통 매체들인 구글이나 트위터, 그리고 페이스북 등도 자신들의 비즈니스모델을 가장 극대화하는 방식으로 정보를 선별해 보여주거나 또는 특별배려를 한다는 것이다.

촘스키의 말처럼 실제로 페이스북이나 트위터도 일종의 개별적인 비즈니스라고 보아야 할 것이다. 그것들은 공적인 국가기관이 아니라 사적인 것이요, 그것들의 CEO는 사용자들에 의해 선출된 것이 아니라 이익집단인 주주들에 의해 세워진 것이다.

따라서 그것들은 마치 하나의 사적인 대형상점(private mall)같은 것이고, 그것이 이룩한 세계는 마치 디지털 봉건체제(digital feudalism)와 같으며, 그 사주(社主)는 마치 봉건영주와 방불한 것이다.[218]

이상으로 볼 때 촘스키의 견해에 따르면 기득권층과의 관계에서 그들을 대변하고 있는 주류언론들이나 저널리즘이 아닌 개인의 잡다한 피상적인 의견들만 싣고 있는 SNS는 공정하고 객관적이며 심도 있는 분석을 담는 언론으로서의 제 기능을 하지 못한다는 것이다.

이런 의미에서 인터넷 저널리즘은 근본적인 한계가 있고, 그것에 종속된 대중은 정당한 저널리즘과의 접촉을 상실하고 있다는 것이다. 나아가 이런 SNS는 피상적이고 단편적이어서 오히려 사실을 왜곡하면서 제한된 범위 내에서 일부 대중을 선동할 수 있고, 주류언론들은 권력의 입장에서 대중을 조작하고 왜곡되이 이끄는 역할을 할 수 있는 것이다. 이를테면 주류언론이나 SNS 모두가 대중 기만(欺瞞)과 유인(誘引)의 선동적 기능이 가능하다는 것이다.

촘스키의 생각이 어느 정도 현실에 맞는 타당성을 지니고 있음을 부인하기는 어렵다고 하더라도, 그의 생각에 전적으로 동의하기는 어렵다. 주류언론이 권력에 다 길들여지는 것은 아니고, 그것도 나라마다 지역마다 다를 수 있고, 나아가 인터넷 언론도 어느 정도 언론으로서의 역할을 하고 있음을 부인할 수 없는 것이다.

무엇보다 젊은 세대에서는 전통적인 매스 미디어인 신문과 라디오 텔레비전을 통해서 뉴스를 접하는 것이 아니라 대부분 포털사이트나 인터넷 신문, 심지어 SNS를 통하여 정보를 얻고 소식을 받으므로 그들에게서 이러한 인터넷 매체들은 바로 통상적인 뉴스 공급원인 셈이다.

그리고 전통적인 매스 미디어나 새로운 인터넷 언론이나 반드시 권력의 영향 하에 있는 것이 문제가 아니라 자기들이 개인적으로 이념적 연대체의 논리를

---

218) J. Marichal, *Facebook Democracy: The Architecture of Disclosure and the Threat to Public Life*, Farnham & Burlington: Ashgate, 2012, p. 148

따르고 그것에 영향을 받고 심지어 그것에 예속되어 있는 것이 더 큰 문제일 수 있는 것이다. 언론의 배후에서 그것을 왜곡시키는 것은 정치권력뿐만 아니라 편집진의 사견이나 정치적 입장, 그 단체의 이념적 편향성도 되는 것이다.

물론 권력자의 관여에서 완전히 자유로운 언론의 자율을 중시하는 것은 중요한 가치이다. 사실 촘스키의 비판과 달리 자유 언론(free press)의 정책은 본래 미국의 가장 중요한 대외정책 가운데 하나였다. 미국 정부는 어떤 정당이 어떤 시기에 정권을 장악하고 있는지와 무관하게 자유 언론이 민주주의를 조장한다고 생각하여 그런 정책을 펼쳐왔던 것이다.

실로 어떤 정치권력으로부터도 자유로운 자유 언론은 어디에서나, 즉 선진 사업사회는 물론 개발도상국가에서도 필수적인 것이다.219) 심지어 알려진 바에 의하면 이란의 최고 종교지도자 호메이니(Ayatollah Ruhollah Khomeini)도 사망하기 몇 년 전에 비록 신정(神政) 하에서라도 매스 미디어에 대한 정부의 통제가 얼마나 위험한지를 깨달았다는 것이다.220)

이렇게 시민들의 자유로운 의사표현과 정치권력으로부터 완전히 자유로운 자유 언론은 민주주의를 조장하고 강화하는 데 있어 결정적인 요소 가운데 하나이다. 이런 점에서 우리는 언론의 다양성과 자율성이 결여되어 있는 국가들에서는 민주주의가 아예 결여되어 있든지 아니면 그 기초가 매우 허약하거나 건강하지 못하다는 것을 깨달을 수가 있는 것이다.

---

219) Sanford J. Unger, The role of free press in strengthening democracy, in: Democracy and the Mass Media: A Collection of Essays, ed. J. Lichtenberg, Cambridge University Press, 1990, p. 369
220) ibid. 375

3. SNS와 정치 참여

3.1. SNS의 정치적 함의

긍정적 측면에서건 부정적 측면에서건 SNS는 서방세계에서뿐 아니라 소위 여전히 자유로운 정치적 의사표현이 억압당하거나 제한받는 구(舊)공산국가들에게서도 그 위력을 발휘하고 있다.

미국의 저명한 신문인 *New York Times*는 2014년말 'Will the Internet Defeat Putin?'(인터넷이 푸틴을 무릎 꿇릴 수 있을까?)라는 흥미있는 논평을 실은 적이 있다. 신문의 전(前) 편집인인 Emily Parker[221]가 쓴 이 글은 인터넷이 러시아에서 가상공간의 힘으로만 머물지 않고 야권의 힘을 결집시킬 수 있고 그로 인해 푸틴에게 대항할 상당한 정치적 파워를 구축할 수 있는 도구가 될 수 있음을 기술하고 있다.[222]

그녀에 의하면 21세기 러시아의 대표적인 반운동가인 Aleksei Navalny[223]는 푸틴정권에 새로운 유형의 위협이다. 그는 그동안 러시아에서 정부비판적인 블로거로 가장 유명했는데, 횡령혐의를 둘러씌워 집행유예선고를 내리자 모스크바 마네슈 광장에서의 가두시위를 촉구했고, 그것에 호응하여 그의 페이스북에 1만여 명의 지지자들이 시위에 동참하겠다고 한 것이었다. 실제 시위에서는 그 수에 훨씬 미치지 못했지만, 그럼에도 불구하고 이 사건은 다른 나라들에 비해 상대적으로 인터넷이 별다른 영향력을 갖지 못한 러시아에서 새로운 국면을 보여주는 대단한 사건이 되었다. 인터넷 사용자들이 이만한 호응을 보인 것은 이제 나빌니의 표현처럼 거리시위에 피로도를 느낀 국민들이 집에서 편안하게 세상을 변화시킬 수 있는 '손쉬운 방법'을 발견한 것이었다.

---

221) 그녀는 *Now I Know Who My Comrades Are: Voices From the Internet Underground*라는 저서의 저자이기도 하다
222) December 31, 2014, on page A19 of the New York edition
223) 그의 인터넷 블로그에 대해서는 cf. https://navalny.com/ ; http://navalny.livejournal.com/

에밀리 파커의 말처럼 사실 크렘린은 얼마 전까지만 해도 온라인 정치 활동은 남의 나랏일로 치부하고 전혀 염려를 하지 않았다. 하지만 이제 SNS를 통해 조직된 반정부 거리시위에 이렇게 많은 반대자들이 참여함으로 푸틴 정부도 더 이상 무시할 수 없게 된 것이다. 푸틴 정부는 지금까지 반대자들의 구심점을 제거하여왔고, 또 반대자들도 정부비판의 힘과 의지를 집결할 공통적인 공간이나 접촉점도 갖지 못해왔던 것이다. 하지만 이제 페이스북이나 VK(러시아판 페이스북) 등 SNS 사이트들은 이러한 연결이나 규합의 장소만 제공하는 것이 아니라 정치적 무관심으로부터의 탈피와 저항의 정신을 고무시키는 강력한 심리적 영향을 일으키는 중요한 기제(基劑)로서의 역할을 감당하게 된 것이었다.

이제 푸틴 정부는 미성년자들을 유해 콘텐츠로부터 보호한다는 명목을 위시한 다양한 논리로 법을 제정하여 페이스북이나 트위터같은 SNS를 차단하려고 하겠지만, 그럴수록 러시아뿐 아니라 전세계의 온라인상의 반대운동은 더 거세질지 모른다. 푸틴 정부가 온라인상에서 다양한 방식의 소통이나 규합을 시도할 반대 블로거들의 끝없는 도전을 완벽하게 차단할 수 있을지 의문이다.

SNS가 주는 정치적 함의는 푸틴의 러시아 경우만 아니다. 2011년 1월, 이집트 카이로에서 발생한 Hosni Mubarak 전 대통령과 그의 정부의 퇴진을 주창한 민중의 데모와 투쟁도 인터넷과 SNS의 역할이 결정적이었다.

당시 이집트는 극심한 빈곤과 실업율 같은 경제적인 문제들만 아니라 정부의 심각한 부패와 시민탄압 등으로 국민의 불만이 극에 달하였는데, 불과 18일 동안 일어났던 집중적이고도 강력한 대정부 시위는 총과 같은 무기나 방화와 약탈 같은 폭력으로 이뤄진 것이 아니라 순전히 페이스북 하나로 발단이 되었던 것이다.

페이스북 한 페이지가 사람들의 시선을 끌게 되었고, 그것이 곧 수백만의 사람들까지 참여시키게 되어 마침내 대통령을 하야시키고 오랜 독재정을

끝내게 되었던 것이다. 실제로 이 이집트 혁명은 SNS를 통하여 이집트 국내
뿐 아니라 전세계적으로 퍼져나가게 되어 글로벌한 이슈가 되었던 것이다.

나아가 이집트 혁명의 발단으로 간주될 수 있었던 튀니지 혁명도 실은 페이
스북을 위시하여 유튜브, 트위터, 위키리크스 같은 SNS를 통해 일어났다.
2010년부터 2011년에 걸쳐 일어난 이 재스민 혁명(Jasmine Revolution)은
이집트, 리비아 등 다른 북아프리카 나라들의 민주화운동을 일으킨 도화선이
되었던 것이다.

그밖에 2011~12년, 어간에 소위 Jan Lokpal 법안의 도입을 두고 인도
에서 일어난 반부패 시민운동도, 2012년, 캐나다 망명 후 귀국한 파키스탄의
정치지도자 Qadri가 일으킨 정부부패 저항운동에 따라 이슬라마바드에 운집한
민중의 데모도 다 SNS의 역할로 가능한 것이었다.

이러한 혁명들을 보면 전자 미디어들이 지니는 상호연락망 체제가 시민
들의 참여를 유도했고, 그로 인해 민주화의 도래와 같은 사회나 국가의 근본
적인 변화를 불러일으킨 계기가 되었음을 볼 수 있다.

그런데 이러한 혁명의 과정을 추적해 보면 대개 세 단계의 과정을 밟고
있음을 볼 수 있다.

첫 단계는 SNS에 현실의 문제를 올리는 사안(事案)의 출현이고, 둘째는
그렇게 올라온 사안을 접하고 퍼나르는 접속(接續)과 전달(傳達)이며, 마지막
으로는 누구나 들고 다니는 스마트폰, 즉 핸드폰을 통한 신속하고 폭넓은 확산
(擴散)이다.[224]

이러한 과정을 거쳐 SNS가 한 사회나 국가, 심지어 전 세계에 주는 영향
력은 매우 크며, 특별히 정치적인 사안인 경우에 현실적으로 급격한 변화를
유도하고 있을 볼 수 있다. 이러한 변화에는 민주화의 도래와 같은 긍정적인
변화도 있겠고, 우리가 논의해 온 중우정치와 같은 부정적인 측면도 있을 것
이다.

---

224) cf. Zhuo, X.; Wellman, B.; Yu, J., "Egypt: The first internet revolt?" (PDF). *Peace Magazine*.
2011, pp. 6-10.

정치에 대한 인터넷이나 SNS의 기능은 순기능과 역기능이 같이 있으므로 그것은 지킬과 하이드처럼 두 가지 얼굴을 지니고 있다고 해야 할 것이다. 그러나 한 가지 분명한 것은 SNS를 통한 이러한 거대한 사회적, 정치적 변화는 과거와 달리 어떤 그룹이나 단체의 기획이나 조정에서 발단된 것이 아니라, 네트워크화된 개인들의 자유로운 의견개진과 그런 주장들을 전국적 또는 전세계적으로 신속하게 나르는 연결망이 중요한 것으로 대두되었다는 점이다. 따라서 오늘날 네트워크화된 개인들은 과거의 그렇지 못한 단체들의 파워보다 훨씬 더 크다는 것이 실증된 셈이다.

3.2. SNS와 정치참여: 긍정과 부정

1980년대 새로운 시대정신인 포스트모더니즘의 등장 이후 사르트르(J. -P. Sartre) 사상에서 정점에 달했던 청년들의 정치참여와 역사적 관심이 퇴각되었다가 다시 SNS의 사용으로 도래하는 분위기이다. 서양에서는 1980년 이래 30여 년, 우리나라에서는 1990년 이래 거의 20년에 가까운 긴 세월 동안 젊은 세대들의 정치참여 부재 및 탈정치화(脫政治化) 현상이 있었는데, SNS의 사용으로 인해 이러한 탈정치화의 진행이 중단되었거나 극복되었고, 이제는 보다 적극적인 정치참여로 이어지게 되었다.

그동안 일반적으로 35세 이하, 달리 말하면 X세대니 Y세대니 하는 젊은 이들은 정치적 관심이나 활동이 적은 편이었는데 비해, 인터넷과 SNS는 이런 세대들의 정치적 참여를 매우 강화시킨 것으로 볼 수 있다는 것이다.

이러한 변화는 기존의 정치풍토를 크게 흔들어 놓고 있으며, 정치문화의 새로운 패러다임을 제시하게 되었다. 하지만 SNS 정치는 명부(明部)와 암부(暗部)를 드러내고 있으며, 이념적 노선에 따라 호불호(好不好)가 나눠지며 다양한 담론이 일어나고 있다.

SNS 정치를 두고 정치발전의 측면과 선거전에서의 손익계산 등과 결부하여 보수적 입장과 진보적 입장에서의 평가는 극명한 대조를 보인다. 이러한 상반된 평가도 실상은 그 평가의 밑으로 정치인 개인이나 정당, 또는 보수진영과 진보진영이 지니는 현실적 손익계산, 즉 이기적 욕망의 흐름이 흐르고 있음을 부인하기 어려워 보인다. 말하자면 자신들에 대한 유불리에 따라 중우정치의 담론이 전개되고 있는 것이다.

먼저 SNS 정치를 통한 중우정치담론에서 이에 비판적인 시각을 견지하는 이들이 내세우는 논거는 다음과 같다.

첫째, SNS를 통한 대중정치는 기본적으로 다수대중의 마음을 움직이거나 조작하는 민중선동적, 민중조작적, 나아가 민중기만적 성격을 지닌다.

둘째, 이성적 분석이나 이론보다는 격정적 충동과 정제되지 못한 견해, 의사소통적 합의보다는 일방적 논리, 장기적 대안모색보다는 순간적이고 즉흥적인 판단에 의거해 있다.

셋째, 결과적으로 허위정보와 루머들이 사실여부가 확인되지 않은 채 일시에 유포되어 선거나 국정에 악영향을 줄 수 있다.

넷째, 결국 중우정치는 새로운 형태의 독재, 즉 다수민중의 독재로 기울게 될 뿐이라는 것이다.

반면 이러한 비판을 보수주의적 시각으로 편향되었다고 치부하는 이들은 SNS 정치를 통한 대중정치담론을 다음과 같은 논거에서 긍정적으로 평가한다.

첫째, SNS 정치를 통한 대중의 의사표현과 정치참여는 민주주의의 이상인 직접민주주의(直接民主主義)의 실현을 보여준다.

둘째, SNS를 통하여 정치에 대해 무관심했던 청년층의 정치참여를 크게 신장시키며, 한편으로는 그들의 정치의식과 국정에 대한 관심을 고조시켰을 뿐 아니라 다른 한편으로 투표율도 제고되었다.

셋째, 선거운동기간에 SNS를 통해 상시적으로 유권자들과 쉽게 접촉할 수 있다.

넷째, SNS를 통한 정치는 기존의 병폐 가운데 하나인 금권선거를 최대한 방지할 수 있는 선거운동방식일 수 있다는 점이라는 것이다.

비록 이렇게 SNS의 정치적 활용에 대해 보수진영과 진보진영이 견해가 나눠진다고 하더라도 그것이 반드시 정치적 진영논리와 결부된 것은 아니다. 이는 인터넷이나 SNS를 많이 사용하는 젊은이들이 대체적으로 어떤 성향을 띠느냐하는 문제와 결부되었다고 할 수 있다.

위에서 살펴 본대로 젊은 세대가 독재정권의 붕괴와 민주주의의 도래를 꿈꾼 튀니지나 이집트, 그리고 리비아 같은 곳에서는 SNS가 지니는 정치적 긍정성이나 가치는 대단한 데 비해, 이미 민주화가 된 나라들에서는 또 그것에 대한 평가가 다르게 나타난다. 즉, 가치관이나 국가관에서 보수와 진보로 나눠질 경우에는 젊은이들은 늘 기성세대의 가치관이나 의식, 삶에 대해서 비판적일 경우가 많으므로 그들이 많이 접하는 SNS의 정치적 활용을 대개 보수진영은 반대하고, 진보세력은 찬성하게 되는 것이다.

그러므로 엄격하게 말한다면 국가의 형편에 따라, 젊은이들의 가치관이나 성향에 따라 SNS가 지니는 긍정적인 측면과 부정적인 측면을 말하는 것일 뿐이다. 실로 SNS는 민주주의를 더 확장시키고 발전시키고 개선하는 긍정적인 측면도 있고, 중우정치로 몰아가는 부정적인 측면도 있는 것이다.

어쨌던 이제는 SNS를 피할 수 있는 정치는 불가능하다는 것이 분명해졌다. 따라서 그것이 지니고 있는 역(逆)기능은 계몽이나 법제정으로 최대한 막아내고, 그것이 지니고 있는 순(純)기능을 살려 선용하는 방향으로 나아가야 할 것으로 본다.[225] 그렇게 순기능을 살리면, 반대의견을 비롯한 다양한 의견에 대한 수렴도 가능하고, 또 직접 대면하는 것보다 빈번하고도 충분한 논의도 오히려 가능할 수 있고, 나아가 정치비용을 포함한 인적, 시간적 소비도 절감할 수도 있을 것이다.

---

225) T. Novak & D. Hoffman,, *Bridging the Digital Divide: The Impact of Race on Computer Access and Internet Use*. Nashville: Vanderbilt University, 1988

3.3. SNS 정치의 특징

SNS 정치의 특징을 오프라인 정치(off-line politics)와 온라인 정치(online politics) 간의 차이에 대한 비교를 통하여 살펴보자.

SNS가 대표하는 온라인에서의 정치는 오프라인에서의 정치와 근원적으로 무슨 차이가 있을까? 중요한 차이들이 몇 가지 있을 것이다.

첫째는 자신의 정체성 노출이 없이 어느 정도 익명성(匿名性) 유지가 가능하다는 점이다.

선거에 뛰어든 후보자들이 온라인으로 국민들을 만날 수 없을 때는 어쩔 수 없이 거리나 광장에서 맨 모습으로 군중들을 만난다든지 아니면 텔레비전이나 라디오 같은 전통매체를 통해 가능했다. 그러면 정치가들의 정책이나 국정운영방안 같은 본질적인 것 못지않게, 그의 얼굴이나 키, 생김새나 풍채, 또는 음성 등과 같은 비본질적인 외양도 선호나 선택에 있어서 중요한 역할을 했음을 알 수 있다.

하지만 이제 자신의 모습을 노출시키지 않고도 짧은 글을 통하여 얼마든지 자기 생각이나 정책을 알릴 수 있고 심지어 인터랙티브한 방식을 통하여 대중과 의견을 교환할 수 있으며, 대화도 할 수 있게 된 것이다.

여기에서 두 번째 차이점이 나오는데 그것은 곧 생각을 펼쳐 글쓰기하는 것이 중요해졌다는 점이다.

SNS를 사용하는 것은 참모진들이나 다른 협력연구진들이 모든 것에 대응하기 어려울 정도로 사용자의 직접적이고 인격적인 참여를 요구한다. 따라서 많은 정치가들은 자신들이 SNS에서 직접적으로 글쓰기를 한다고 볼 수 있다. 아니면 조력자들에게 자기의 생각을 알려주고 그것을 다듬어서 올려라는 식으로라도 할 것이다.

이런 방식에서는 전통적인 웅변과 달리 말하기의 설득성이나 웅변성이 중요한 것이 아니라, 생각을 펼치고 기민하게 대응하여 재치있게 글쓰는 것이 필요한 것이다. 말하자면 온라인 정치의 시대에서는 말을 잘하는 이들보다 글을 잘 쓰는 것이 더 중요해 진 것이다. 특히 간명한 글을 조리있게 쓰는 기술이 필요하게 되었다.

세 번째로는 정치적 의사표현에 있어서 글쓰기를 넘어 복합적인 도구들의 활용가능성이다.

기존의 오프라인 미디어들에서 신문이나 잡지는 글자와 제한된 사진으로, 라디오방송은 언어로만, 그리고 텔레비전은 주로 영상으로만 제시되었을 뿐인데, SNS는 문자 사용은 물론 사진, 영상 등을 거의 무제한적으로 올릴 수 있다. 이로써 한두 가지의 매체수단으로 하는 기존의 미디어에 비해 전달방식이 훨씬 다채로워졌고, 전달효과도 훨씬 커졌다고 할 수 있다.

이를테면 이전의 미국 대선에서 경쟁후보였던 오바마와 롬니 두 후보는 SNS를 통하여 정보를 시각적으로 표현하는 '인포그래픽(Information Graphic)'을 효과적으로 사용했다. 대통령 선택에 있어서 중요한 기준 중 하나는 그 후보의 정책일 것인데, 인포그래픽은 SNS 상에서 감각적 이미지들을 통하여 텍스트가 주는 부담과 무게를 덜면서 정책이나 공약 같은 무겁고 피곤한 주제들을 풀어내기에 최적이기 때문이다.

네 번째는 SNS 정치논의에서의 젊은 세대의 강력한 등장이다.

이를테면 SNS 사용비율을 두고 세대별, 연령별로 가장 큰 편차를 보이는 독일의 경우를 예로 들면, 2010년 통계로 30세 이만의 젊은이들 가운데는 무려 86%가 사용하고 있는데 비해, 50세 이상의 장·노년의 세대는 겨우 8%만 사용하고 있었다는 사실이다.[226] SNS가 사용하는 복합적인 표현수단들은 젊은이들에게 친숙한 전달방식이어서 그런지 몰라도 SNS를 가장 많이 사용하는 세대는 젊은이 세대이다.

이로 인해 정치문제에 대한 젊은 세대들의 관심과 이해가 증대되고 참여가 강화되면서 정치뉴스의 유포와 확산이 매우 빨라지고, 그로 인해

---

226) Pew Research Center, 2010, *Global Publics Embrace Social Networking*, Online 15, December.

SNS 정치가 지니는 파워도 대단해졌다는 점이다. 실로 SNS에서의 정치적 참여와 의사표현은 확산과 영향력에 있어서 기존의 소수 매스 미디어를 능가하고 때로는 그것을 무력화시키는 엄청난 파워를 갖게 되었다.

다섯 번째는 이성적 반응보다 감성적 공감이 앞선다는 점이다.

SNS에서는 젊은이들의 참여가 많고 나아가 그것의 정치적 표현은 대체적으로 단문이고 또 즉흥적이어서 이성적인 분석이나 반성적인 논의가 결여되기 십상이다. 이성이 사라진 곳에서는 감성이나 욕망이 설치기 마련이다. SNS는 logos의 장소가 아니라 pathos의 공간이다.

감성적 글쓰기와 반응은 한편으로는 정확하지 않은 내용들을 쉽게 유포하는 등 오류에 빠지기 십상이고, 다른 한편으로는 그로 인해 타자에게 상처를 줄 위험성이 상존한다. 설령 사실이라고 하더라도 과격한 표현들이나 사적인 내용들의 무작위적인 전달이나 유포는 당사자나 다른 생각을 지닌 이들을 자극하기 쉬운 것이다. SNS의 글쓰기가 감성적이고 정서적인 경향인 것은 비합리적이면서 깊게 반성하지 않는 일반대중의 정서를 자극하므로 결국 SNS는 대중을 선동하는 경향으로 가기도 하는 위험성을 내포하고 있다.

여섯째는 정치문제에 대한 상호작용적인 소통이 활발해졌다는 점이다.

SNS를 통하여 정치인들과 유권자들 및 시민들 상호 간의 직접적인 의사전달이 매우 간편해졌으며 활발하게 되었다. 정치가들은 SNS의 다양한 방식들을 통하여 자신들의 정책을 알리고 의견을 받는 등 유권자들과 활발하게 소통하며, 국민들은 정치가들에게 직접 온라인상으로 자신들의 의견을 개진할 뿐 아니라 호불호를 표시할 수 있어 그야말로 SNS 직접민주주의가 펼쳐지는 것이다.

구체적으로는 트위터에서 리트윗을 통하여 자기가 좋아하는 정치가들의 생각이나 지지의견을 자기의 팔로워들에게 전하여 확대시킬 수 있고, 페이스북에서는 like를 통하여 자기 지인들에게 자기가 누구를 밀고 있는지를 보여줄 수 있는 것이다.

따라서 오늘날 정치인들은 소통하기의 기술이라는 새로운 과제를 안게 되었다. 웅변의 시대에서는 소통하는 것이 그렇게 중요하지 않았다. 왜냐하면 그러한 웅변은 군중들에 대한 일방적 통보요 선언이었기 때문이다. 하지만 SNS 정치는 쌍방향 방식의 의견주고받기와 대화이므로 소통이 중요하다. 그래서 웅변의 기술보다는 소통의 기술이 중요해졌다.

일곱째, 정치적 견해의 발표와 전달에서 거의 제어가 불가능해졌다는 점이다.

자국 내에서의 구글(google)에 대한 접속을 차단하는 중국의 경우에서 보듯이 사이트나 SNS를 직·간접으로 통제하는 나라들에서처럼 아예 SNS 자체를 폐쇄한다거나 하면 제어가 가능할지 몰라도, SNS는 근본적으로 자유로운 공간이다. SNS를 허용하는 나라들에서 그것에 올라오는 글을 선별적으로 통제를 한다는 것은 거의 불가능할 정도로 어렵고, 또 그것의 성격상 빠르게 유통되어 시간적으로도 제어하기가 어려운 것이다.

그것은 누구나 찾아와 다른 이들이 올린 글들을 읽고 또 어떤 사안에 대해 자기의견을 올릴 수 있다. 하지만 의도적으로 거짓내용을 올릴 수 있고 때로는 자기에게 알려진 내용을 아무런 검증과정을 거치지 않고 그대로 퍼나를 수 있는 위험이 늘 존재한다. 그러한 거짓이나 검증되지 않은 내용들이 인터넷에 올라갈 적에 그 후유증은 매우 심각하다. 이를테면 선거를 앞둔 시점에서 후보자에 대한 허위보도는 선거결과에 치명적인 영향을 주기도 한다.

하여튼 이렇게 하여 트위터나 페이스북 같은 SNS는 정치의 새로운 지평을 열게 되었다. 특히 가장 새로운 모습은 정치운동의 형태가 바뀐 것만 아니라 정치적 주장의 청취자요 대상이었던 시민 대중이 이제는 그러한 정치적 주장들을 만들고 전하는 능동적 주체로 변신했다는 점이다.

이제 오늘날의 정치는 어쩌면 SNS부터 장악해야 할 판이 되었다. 수십 년 전에는 우리나라에서 정치를 하려면 어려운 시절이어서 정치적 야성을 갖는 것이 중요하여 산악회를 만들어 산행(山行)을 하면서 정치의 꿈을 키워왔고, 수년 전에는 연구회나 포럼 등을 만들어 정책을 개발하고 비전을 제시하면서 정치를 개시하였던 비해, 오늘날에는 개인블로그를 오픈하거나 SNS 계정을 만들면서 정치참여를 개시하게 되는 것이다.

나아가 SNS는 미국의 선거에서 잘 드러난 바대로 변하는 여론을 실시간 으로 분석하고 전달하는 중요한 매체들이 된 것이다. 그러다보니 여론을 움직여 유리한 고지를 선점하려는 정치꾼들은 SNS 대책반이나 댓글부대를 조직화하여 여론을 조작하려는 시도도 감행하곤 한다.

이렇게 SNS를 통한 인터넷 정치는 시민의 주체적이고 능동적인 정치참여 라는 좋은 점도 있지만, 여론조작이라는 이러한 부정적인 면도 없지 않아서 매우 그 역기능을 주의하는 것이 필요하다.

4. 한국사회에서의 SNS 정치

4.1. SNS와 한국 정치

우리나라에서 SNS 정치가 등장하기 전에 이미 구미 여러 나라들에서는 이것들이 선거전에서 중요한 수단들로 활용되어왔다. 미국의 경우 이미 2008년 대선에서 오바마 진영은 트위터, 페이스북, 플리커, 유튜브, 그리고 플리커 등을 개설하여 청년들을 중심으로 한 유권자들과 활발한 온라인 소통을 시도하였는데, 이것이 선거에서 승리한 주요 요인들 중 하나가 되었 다고 해도 과언이 아닐 것이다.

그러다가 2012년 대선에는 그런 SNS 외에 구글 플러스, 인스타그램, 스포티파이, 텀블러, 핀터레스트까지 개방형 SNS의 거의 모든 종류를 다 개설하여 운영하였던 것이다. 상대후보였던 롬니도 다양한 계정을 개설하였 었지만, 호응도에 있어서 오바마가 월등히 앞섰고, 결과적으로 선거에서도 이겼던 것이다.

SNS 선거전에서의 이러한 압도적인 우위는 먼저는 정보의 공유와 쌍방향성과 같은 SNS의 기본속성에 대한 이해, 상대진영의 그것을 훨씬 능가하는 컨텐츠의 생산량과 다양성, 사실적 정보제공보다 감성을 터치하는 방식, 그리고 무엇보다 SNS를 통해 대중과 활발하게 소통하려고 하는 적극성 때문이라고 분석되었다.

그리고 SNS 전략이 선거에서 크게 의미 있게 등장한 이유는 해가 흐를수록 스마트폰을 통한 모바일 웹의 대중화 내지는 보편화 등 급속하게 구축되어온 디지털 환경과 급증한 SNS 사용자들로 인해서이다.

우리나라의 상황도 별반 다르지 않다. 21세기에 들어와 우리나라의 선거에서도 SNS의 활용을 통한 선거전략 수립이 매우 중요해졌다.

우리나라는 이미 2010년 6.2 지방선거, 2011년 8.24 서울시 무상급식 주민투표, 2011년 10.26 서울시장 보궐선거, 2012년 4.11 제19대 국회의원 선거, 2012년 12.19 대통령 선거, 2016년 4.13 제20대 국회의원 선거, 그리고 2017년 5.9 대통령 선거에 이르는 일련의 선거과정에서 온라인 선거전이 오프라인보다 더 중요한 선거전이 되었다.

온라인 여론이 바로 실질적인 여론을 반영해 줄 뿐 아니라 그것을 형성하기도 한 원인이 되기도 한 것이다. 따라서 이제는 어떤 선거에서든지 간에 출마하는 후보들이 당선되기 위해서는 SNS를 통한 홍보와 전략이 매우 중요해졌다. 말하자면 온라인에서 이겨야 실제에서 이길 수 있게 되었다고 해도 과언이 아니게 되었다.

따라서 모월간지의 특집주제처럼 이런 상황을 고려하면 어쩌면 한국정치는 'SNS *以前*과 *以後*' 227)로 나눠진다고 해도 과언이 아닐지 모른다. 과거에는 지역구도나 정치적 보수, 진보 성향에 따라 소위 정치적 지분을 분할하여 한국정치를 좌우해 온 이들이 광장이나 백사장, 아니면 거리에서 대중연설을 통하여 선거판을 가열시켜온 것과 달리 이제는 이러한 소셜 네트워크에서 가장 치열한 정치적 대결을 벌이는 상황이 전개된 것이다.

---

227) 월간조선 2012.2월호 [SNS 특집] "한국정치, SNS *以前*과 *以後*로 나뉜다"

우리나라 정치인들이 가장 많이 사용하는 SNS는 모바일 메신저 서비스인 카카오톡(kakaotalk)이다. 폐쇄형 SNS인 카카오톡이나 페이스북은 갈수록 강세이기는 하더라도, 여전히 개방형 SNS인 트위터도 온라인 정치의 도구로 상당히 많이 사용되고 있는 것이다. 이러한 온라인상의 정치적 광장이나 아니면 사적 통로의 선로들은 이제 컴퓨터를 사용할 수 있는 누구에게든지 자기 나름의 개인적인 정치적 의사표현의 중요한 장이 되었다.

이렇게 하므로 정치권과 유권자들이 온라인상으로 만나 의견을 주고받는 풀뿌리 민주주의가 활성화되었고, 매우 동력적인 '디지털 직접민주주의'의 시대가 전개되기 시작한 것이다.

우리나라의 국회의원들도 현재 아마 비례대표 극소수를 제외하고는 대부분 SNS를 활용하고 있고, 일부 의원들은 매우 적극적으로 이를 이용하고 있는 형편이다. 국회입법조사처가 제19대 국회의원들을 조사한 바에 의하면 300명의 국회의원 가운데 트위터 이용자가 88.7%인 266명에 달했고, 페이스북 사용자도 그것과 비슷한 비율인 85%인 255명에 이르렀다. 이 통계를 보면 정치인들은 가능한 대중이 접하는 중요한 SNS는 거의 다 사용하고 있음을 보인다.

이들은 SNS를 통하여 수시로 자신이나 자기 당의 의정활동상을 전하고, 국정의 다양한 현안에 대한 본인의 생각을 알리고 있으며, 곁들여 자신의 삶이나 비정치적 활동에 관한 근황도 올리고 있다. 하지만 아무래도 정치인들이 SNS를 통하여 다루는 메시지는 주로 정치적이고 사회적인 주제들이다. 하여튼 이렇게 하므로 그들은 이렇게 자신의 지역구 주민들뿐만 아니라 자신을 지지하거나 비판적인 관심을 가진 모든 시민들과 소통하고 있는 것이다.

이러한 SNS 정치는 우리나라 정치사상 새로운 지평을 열고 있다고 해도 과언이 아니다. 과거에는 직접적인 대면이 없이는 언론인터뷰나 의정보고서 전달로 시민들을 접촉한 것이 고작이었는데, 이제는 어쩌면 시시각각으로 시민들을 온라인으로 접촉하며 그 접촉범위도 이렇게 온라인을 통하다 보니 지역구의 경계를 뛰어넘어 매우 광범위하게 된 것이다.

무엇보다 과거의 폐쇄적이고 일방적이고 수직적이고 위계적인 소통구조가 개방적이고 쌍방적 내지는 다면적이고 수평적이고 평등적인 소통의 형태로 바뀌었다는 것이다. 그리고 또 과거의 오프라인 매체들에 비해 정치적 의견 형성과 여론파악이 매우 신속하게 진행된다는 점도 매우 특이한 점이다. 따라서 SNS를 통해서는 신속한 여론몰이나 빠른 대중선동이 가능한 것이다.

이제는 정치가의 입장에서도 시간과 공간 등 여러 가지 경계를 뛰어넘어 시민들에게 자신의 의견을 전달할 수도 있지만, 시민의 입장에서도 정치가들의 SNS에 적극적으로 참여하므로 정치적 의견을 전달하거나 현안들에 대한 찬성 또는 반대의견을 피력하므로 직접적인 영향을 행사할 수 있게 된 것이다.

심지어 시민들은 정치가들이 던진 주제들에 대해 소극적으로 반응만 하는 것이 아니라, 아예 정치적 의제설정이나 정책 입안과정에도 영향을 주는 등 적극적인 역할을 수행하게 되는 것이다.

그러나 SNS가 정치에 주는 가장 큰 영향은 사회나 국가의 민감한 주제들에 대해 시민들의 자유로운 의견이 개진되고, 나아가 그것이 온라인 네트워킹을 통하여 다른 많은 이들에게도 전달되어 거대한 여론형성층을 구성하게 된다는 점이다. 이런 관계망을 통하여 SNS 참여자들은 정치적 사안에 대한 강력한 동지적(同志的) 연대를 구성하게 된다.

하여튼 이러한 온라인상의 정치적 집단논리는 현안들에 대한 국민들의 정서나 입장을 대체적으로 알 수 있는 바로미터가 되며, 나아가 정치적 파급효과도 상당한 것이라고 할 수 있다. 심지어 이렇게 드러난 시민들의 여론은 종종 현실정치나 국가정책에 그대로 반영되기도 하는데, 이런 점에서 SNS의 정치적 파워는 정점에 달하는 것이다.

따라서 이제는 이러한 온라인 정치세계에 잘 적응하고 SNS를 통한 선거전략을 효과적으로 활용한 이들이 선거에서 승리할 가능성이 매우 높아졌다고 할 수 있다. 그것의 결과가 어쩌면 2010년 이후 우리나라에서 치러진 상기한 다양한 선거에서 결정적으로 또는 상당히 유의미하게 나타났다고 할 수 있다. 오프라인에서의 선거는 이미 온라인의 사전겨루기에서 판가름난다고 해도 과언이 아니다.

그렇게 하여 눈덩이처럼 불어난 온라인상의 선거운동은 대부분 현실에서도 비례적으로 나타나기 십상인 것이다. 따라서 SNS는 기존의 정치 작동 방식의 틀을 근원적으로 바꾸는 것이며, 그렇게 하므로 선거 등에서 주요 플랫폼의 역할을 하게 되는 것이다.

4.2. SNS 정치의 문제점

사실 우리 국민이 일상에서 가장 빈번하세 사용하는 용어 중 하나인 '빨리빨리' 라는 말에서 잘 보여지듯 우리 국민들은 일반적으로 성격이 급한 경향이 있어서 길고 장황한 논리적 전개보다 어쩌면 짧은 단문의 SNS가 정서상 어울리는 소통방식인지 모른다. 그리고 또 즉각적으로 반응하기를 좋아하여 쌍방향의 의견개진이 가능한 온라인 방식의 소통이 맞다.

정보통신정책연구원(KISDI)이 2014년 연말에 발표한 '2011~2014년 미디어보유와 이용행태 변화' 보고서[228]에 따르면 2014년도 우리나라 국민들의 SNS 사용 현황을 살펴보면, 만 6세 이상 국민 전체의 39.8%가 SNS를 사용하는 것으로 나타났다. 사용하는 SNS의 비율을 보면 2014년 Kakao Talk/Kakao Story가 46.3%로 압도적으로 높게 나타났고, 그 뒤를 이어 Facebook 28.6%, Twitter 12.4%, Cyworld 4.0%였다. 이 주요 SNS의 추이를 2011년도 이래 고찰해보면, 가장 눈에 띄는게 Cyworld인데, 2011년의 59.8%에서 그 사용률이 급락했음을 볼 수 있다. 반면 Facebook은 2011년 12.6%에서 상승했고, Twitter는 같은 기준 해의 20.4%에서 하락했음을 볼 수 있다. 그리고 가장 높은 카카오스토리도 2013년의 55.4%에 비하면 유의미하게 떨어진 것을 볼 수 있다.

---

228) 신지형,하형석, 2011~2014년 미디어보유와 이용행태 변화, **KISDI STAT Report 14-12-01**, 2014.12.23

그리고 카카오톡 메시지를 주고 받는 것을 계산하면 현재 우리 국민의 75%가 넘는 3,700만 명이 하루 평균 60억 건 이상이나 사용하고 있으며, 페이스북의 하루 이용자도 830만 명에 이른다. 정말 그 어떤 신문이나 방송에서 제공하는 것보다 많은 메시지와 정보들이 SNS 공간에서 유통되는 것이다. 이런 의미에서 이제 SNS는 국내 최대의 매체이고, 가장 막강한 미디어로서 기능을 하고 있는 것이다.

그런데 여기에서 SNS 사용 변화의 추이에서 한 가지 주목할 것이 있다. 그것은 우리나라 국민들이 개방형 SNS보다 카카오톡이나 페이스북같은 폐쇄형 SNS를 선호하는 것으로 드러났다는 점이다.[229]

상기한 보고서에 의하면 우리 국민들이 가장 많이 사용하는 SNS는 응답자의 77%가 꼽을 정도로 모바일 메신저인 카카오톡이었다. 뒤를 이어 페이스북(12.2%), 카카오스토리(7%) 순이었는데, 다른 나라들에서 선전하고 있는 트위터는 1순위 이용자가 0.1%에 불과했다.

문제는 국민들이 선호하는 카카오톡/카카오스토리, 페이스북 류의 것들은 한결같이 폐쇄형 SNS라는 점이다. 폐쇄형 SNS는 트위터와 같은 개방형 SNS와 달리 자신의 전화번호부에 등록된 사람들 내지 오프라인 상에서 이미 알고 있는 사람들 간에 관계를 맺는 SNS를 뜻한다.

따라서 이 유형의 SNS에 등장하는 정보들은 검색 같은 방식을 통하여 외부에서 접근할 수 없다.[230] 이에 이런 SNS에서는 은밀한 정보들이 은밀한 방식으로 오가고, 나아가 부정확하기가 심지어 조작된 정보들도 쉽게 유통되는 것이다. 트위터 같은 개방형 SNS에서는 정보가 누구에게나 공개되기 때문에 그 내용의 사실 여부가 곧장 판명되지만 이러한 폐쇄형에서는 전혀 다르다. 이렇게 은밀성이 있다 보니 자연히 흥미 유발적이고 자극적인 정보가 떠돌 수 있고, 나아가 정치적, 사회적인 분야에 있어서는 선동적인 내용들이

---

229) 조선일보, Chosun Biz, 2014.06.26., "[SNS가 만드는 위험사회] 카카오톡 등 폐쇄형 SNS가 대부분"
230) Facebook은 공개설정을 하면 게시물은 불특정 다수에 공개되지만, 만일 비공개처리하든지 또는 그 공개의 범위를 지인들에게만 제한할 경우에는 외부에서 찾아볼 수 없다.

잘 전파되기도 한다.

이것을 악용하는 이들은 개방형 SNS에 올라오는 허위 정보들을 곧장 소위 세탁의 과정을 거쳐 폐쇄형 SNS를 통해 자기의 온라인망을 통하여 지인들에게 유통시키기도 한다. 따라서 폐쇄형 SNS는 불안정하고 위험한 사회를 만드는 원인이 되기도 하는 것이다. 특히 우리 사회처럼 폐쇄형 SNS 방식이 많은 곳에서는 더더욱 순식간에 검증되지 않은 틀린 정보를 통한 잘못된 인식이나 신념으로 인해 사회가 소란하거나 혼란스러울 수 있는 것이다.

그것의 가장 심각한 문제점은 유통정보의 비검증성, 전달의 무책임성이기 때문이다. 이러한 비검증성과 무책임성에는 비윤리성과 혼란이 수반된다. 그리고 그런 혼란 속에서 마녀사냥식의 희생자들이 속출될 수 있음을 부인하기 어렵다. 나아가 그런 사회는 위험사회로 전락하고 만다.

4.3. 감성의 정치로서의 SNS 정치

SNS는 전달하는 내용이 일반적으로 짧고 또 전달되는 속도가 빠르기 때문에 인간 인격의 요소 가운데 어쩌면 감성이 가장 예민하게 반응한다고 할 수 있을 것이다. 말하자면 깊은 사고의 과정을 거치지 않고 즉각적으로 반응하고 글을 올리기에 포스트모던 시대에 어울리는 소통방식인지 모른다. 특히 우리 국민들은 급한 성격도 있지만, 정서와 감성지향적인 성향을 보이므로 이런 SNS를 통한 소통의 방식을 선호할 수 있다.

아울러 이러한 우리 국민의 감성중심성으로 인해 우리나라의 정치에서는 기분 같은 감성의 문제가 상당히 중요한 문제로 대두된다. 말하자면 아무리 좋은 논리이더라도 국민이나 지역시민의 감정을 건드리면 어려울 수 있고, 반면에 논리가 다소 부족하여도 좋은 감정을 터치하거나 분위기를 좋게 가져가면 유리할 수가 있는 것이다.

정치철학에 감정의 지평을 도입한 Martha Nussbaum의 이론은 합리적 논의보다 감정적이고 즉흥적 반응으로 점철되어 있는 SNS의 관계문제에 대한 의미있는 시사점을 던진다.

시카고 대학의 철학교수인 그녀는 자신의 주저인 *Political Emotions*[231])과 *Hiding from Humanity: Shame, Disgust, and the Law*[232]) 등에서 정치적, 사회적 콘텍스트 내에서 인간의 다양한 감정이 상당히 중심적 역할을 한다고 지적한다.

그녀는 우선 플라톤의 인간론과 정면 배치되게 감정이란 이성보다 못하여 그것 아래 있으면서 그것에 의해 통제되는 것이 아니라고 한다. 나아가 감정 이란 일반적으로 인식되어왔듯이 일관성이 없거나 분별력이 없는 것도 아니 라고 한다. 그녀에 따르면 감정이란 오히려 '세상에서 일어나는 사건과 개인이 지닌 가치와 목적에 맞게 조율된 지적반응'[233])으로 논리적이며, 또 일정한 인지적 내용을 내포하고 있다는 것이다.

그러면서 그녀는 인간의 개별적 삶은 물론 사회는 감정(感情)들로 가득 차 있다고 보았다. 그 감정은 법이나 정치체계에만 아니라 다양한 사회적 이데 올로기들 속에도 내재해 있다. 이를테면 미국의 관습법체계에서 감정은 익숙 한 주제이고, 미국 법정에서는 수치감, 도발, 공포, 자비, 공감 같은 감정과 결부된 다양한 용어들이 종종, 그리고 자유롭게 사용된다는 것이다. 따라서 판사와 배심원들은 원고와 피고의 그러한 감정을 수렴하여 그것을 해석하고 판결에 참고해야 한다는 것이다.

뿐만 아니라 *Political Emotions*에서 심도 있게 다루었지만, 어떤 정치적, 사회적 구호이든지 간에 그것들은 감정의 차원으로 환원된다고 보았다. 상기한 바대로 이는 들뢰즈와 가따리의 논리처럼 민주적 담론이든 사회적 담론이든 욕망의 자연주의로 와해되고 환원된다고 하는 것을 연상시키고 있다.

---

231) Martha Nussbaum, *Political emotions: why love matters for justice.* Cambridge, Massachusetts: The Belknap Press of Harvard University Press, 2013
232) Martha Nussbaum, *Hiding from Humanity: Shame, Disgust, and the Law,* Princeton, NJ: Princeton University Press, 2004
233) "정치철학 속에 새바람 몰고 온 너스바움", 중앙일보 2015.3.14. p. 16

누스바움은 나치즘이나 파시즘 같은 전체주의 사회만 그런 것이 아니라 자유민주주의 사회도 감정이 그 사회를 움직이는 원동력이고 그것으로 충일되어 있다고 본다. 따라서 그녀는 한 사회가 건전한 사회가 되기 위해서는 한편으로는 인종 내지 계층혐오, 타인의 지위와 부요에 대한 질시 등 악감정들을 억제하고 통제해야 하고, 다른 한편으로는 고통 받고 있는 이웃에 대한 공감이나 연민 같은 공공적 감정을 촉진시켜가야 한다고 주창한다.

그리고 이러한 순화된 감정의 사회적 흐름을 위해서는 민중이나 시민사회에 자체적으로 내버려 두어서는 안되고, 정치적 리더십을 지닌 지도자들이 선도해 가는 것이 필요하다고 했다. 따라서 국가 지도자들은 한 사회의 공동적인 문제들에 대해 시민들의 공감형성을 이뤄 내어야 하며, 나아가 상호 간에 형제애 같은 의식을 갖도록 유도해야 한다고 보았다. 특히 사회가 안정되려면 국민의 감정적 지지, 일종의 감정의 공통분모를 끄집어내어야 한다고 보았다.

누스바움의 이러한 이론에는 한편으로는 지도자가 국민들에게 감동을 주어야 한다는 논리가 있기도 하지만, 다른 한편으로 선동정치에 대한 가능성과 옹호의 논리도 은근히 내재되어 있다. 그녀가 감정은 늘 격앙되어 있거나 또 무절제적 극단으로 치닫는 것은 아니라고 했을지라도, 정치나 사회에서의 감정의 도입, 지도자들의 국민감정 터치 등을 긍정적으로 수용하는 것 등에서 이러한 길을 열어주고 있다.

이러한 누스바움의 이론은 사회문제에 대해 끊임없이 의사소통적 이성(kommunikative Vernunft)[234]으로 대화하고 소통하여 결국 상호동의하고 타당한 합의를 도출하도록 해야 한다는 잘 알려진 프랑크푸르트 학파의 logos 중심적 주장들과는 상당히 다른 논리이다. 이 이론은 결국 포스트모던

---

234) 누구보다 Jürgen Habermas같은 이들이 주창해온 사상이다. 그의 대표작인 *Theorie des kommunikativen Handelns*. (Bd.1: *Handlungsrationalität und gesellschaftliche Rationalisierung*, Bd. 2: *Zur Kritik der funktionalistischen Vernunft*), Frankfurt am Main 1981을 참고하라. 하버마스는 같은 주제를 줄곧 논구해왔다. cf. Jürgen Habermas, *Moralbewußtsein und kommunikatives Handeln*, Frankfurt am Main 1983; *Vorstudien und Ergänzungen zur Theorie des Kommunikativen Handelns*, Frankfurt am Main 1984; *Kommunikatives Handeln und detranszendentalisierte Vernunft*, Stuttgart 2001.

적인 인간론의 주체인 pathos를 사회문제나 정치문제를 해결하는 중심축으로 이해하고 있는 것이다. 이러한 논리는 감성 중심의 우리나라 국민들을 상대로 한 정치에서 의미 있는 시사점을 던진다.

예를 들어보면 우리나라에서 진보좌파가 모든 세대에 걸쳐 지속적인 영향을 발휘하지 못하고 특히 기성세대들로부터 비난을 받고 있는 주된 이유 중 하나는 소위 정치적 상대나 국민들에 대한 무례함(흔히, '싸가지가 없는 태도'로 표현되기도 함)때문이라는 지적이 우세하다. 그들이 내세우는 정치혁신적이고 사회개혁적인 논리들은 우리 사회구성원의 상당수에게 공감도 되고 정당성이 있다고 평가되기도 하지만, 문제는 그런 논리를 주창하는 그들의 태도가 반대편에 서있는 이들은 물론 국민 일반 다수의 정서에 거슬린다는 것이다.

말하자면 그들은 자신들의 주장을 강하게 피력하면서 흑백논리의 측면에서 다른 주장들을 배격하고 매도하고 비판하는 태도를 보이는데, 이런 태도는 국민의 일반적인 정서를 고려하지 않은 채 무례하면서 도발적으로 한다는 것이다. 이를테면 좌파들이 주창하는 내용들보다 그런 내용을 담아 전달하는 형식이나 태도가 잘못되었다는 지적이다. 형식이나 태도가 상대에게나 국민 다수에게 반감을 일으키므로 그들이 주창하는 내용에 귀를 기울이지 않게 된다는 논리이다.

이러한 문제제기는 자기주장에 대해 설득력을 확보하기 위해서나 나아가 대중 전체를 제대로 움직이게 하거나 선동하기 위해서는 비록 그 주창하는 내용이 별 문제가 없고 나아가 주장의 절차나 방법도 정상적이라도 감성의 문제에 신중하게 대처해야 함을 역설해 주고 있다. 이는 역으로 어떤 사회적이고 정치적인 현안을 처리함에 있어서도 분명한 논리와 합리적인 절차도 필요하지만 국민들의 정서를 움직이는 감동의 기법이 중요하다는 것을 시사해 주는 것이다. 우리나라의 정치는 감동(感動)의 정치여야 한다.

4.4. SNS 정치의 어두운 그림자

SNS 시대의 정치는 논리 위에 감동을 더하는 감동의 정치가 바람직한데, 현실은 그 반대로 흘러가기 일쑤이다. 정도를 걷지 못하는 정치가들이나 정치적 편향성만 아니라 인격적 편향성도 보이는 대중은 SNS를 통하여 세상을 훨씬 더 어지럽히고 어둡게 하고 있다. 때로 그들은 정글 가운데 숨어있는 야만들처럼 보이기도 한다.

본래적 의미에서 정글은 문명화의 반대편의 모습이다. 그것은 문명의 세계와는 동떨어진 태고적 원시의 생태계이다. 하지만 그 정글은 까마득한 과거의 세계만 아니라 오늘날 이 시대의 모습이기도 하다. 그것은 우리와 더불어 현대문명의 한복판에 자리 잡고 있는 것이다.

오늘날 정보화 사회에서의 인터넷은 개방(開放)과 은닉(隱匿)이라는 야누스 같은 두 얼굴을 지니고 있다. 이 맥락에서 개방은 공개와 소통의 의미를 지닌다. 인터넷은 세상의 대부분의 정보와 지식을 공개하고 있는 거대한 지식진열장이며 정보전시장이다. 따라서 작금에는 SNS를 통하여 직접적 대면과 경험이 없어도 지역과 거리의 경계를 뛰어넘어 상호 소통할 수 있다.

이러한 개방성 외에 인터넷은 은닉의 모습을 띄고 있다. 사람들은 SNS를 통하여 소통하고, 웹상에서 글도 올리고, 심지어 자기만의 홈페이지를 운영하지만 여전히 자신의 참모습은 감추고 있기 일쑤다. 이를테면 ID로만 자신을 드러내고 본명마저 감추고 있는 경우가 대부분이다. 따라서 소통과 공개의 얼굴을 지닌 정보화사회라는 무대에는 이명(異名)과 익명(匿名)이라는 복면을 쓴 가면무도회가 열리고 있다.

실로 가상공간인 인터넷 세상에는 이름과 정체성을 감춘 가상의 인물들이 살고 있다. 이런 가상의 인물들은 어두움 속에 감춰져 있기 때문에 실제공간에서 나타나는 사람들의 시선 때문에 꾸며지고 포장된 모습에 비해 민낯이 드러나기도 한다. 인간의 내면과 인격의 민낯이 드러난다는 점에서 인터넷은 또 하나의 노출장소이기도 하다. 이러한 민낯은 꾸며지고 포장된 외면 속에 감춰져 왔던 내면의 모습이므로 SNS는 인간 인격의 MRI 사진 판인지도 모른다.

SNS 등에 드러난 인터넷 사용자의 인격 MRI 사진 판을 보면 대체로 거칠고 모나고 사나운 편이다. 특히 어떤 정치적인 문제가 화두로 떠오를 때면 SNS에는 이런 거칠고 사나운 표현들이 도배가 된다. 정치적 성향이 좌이든 우이든 SNS 사용자들은 이런 주제에 대해서 공격적이고 살벌하다.

그러므로 SNS는 가히 현실세계보다 더 치열하게 문자와 글들의 혈전이 벌어지는 전장(戰場)이다. 그 전쟁에서 좌파든 우파든 강력한 전사(戰士)가 된다. 전사들은 어두운 곳에서 익명으로 자기의 모습을 감추고 예리하게 다듬어진 글 화살(文矢)을 날리고, 상대의 인격을 짓밟고 심지어 죽이는 글총(文銃)을 쏘아대고 있다.

그들은 어두운 정글의 원주민들, 아마존의 전사들 같다. 정글에는 야만이 사니 이들도 어떤 의미에서 야만(野蠻)들이나. 그 야만은 예전의 강하면서도 순박하고 착한 야만이 아니다. 약하고 약아빠졌으면서도 모질고 못된 야만들이다. 이 새로운 야만전사들은 어두운 정글에 은밀히 숨어 있으면서 표적을 보면 독화살로 쏘는 것이다. 정치의 세계에서 이러한 표적들은 대통령이나 대표적인 정치가, 그리고 공직자 후보 같은 이들이다. 이런 특정인들은 집중 포화나 화살세례를 받지만, 역으로 그들이 이제 정적(政敵)을 공격할 때는 또 이러한 야만의 전사들을 이용하기도 한다. 자신은 영웅을 만들고 정적은 괴멸시키려는 야만조종자들은 정글 속에서 늘 음모를 꿈꾼다.

이러한 정글의 정치에서는 익명, 음모, 비밀공격, 화살 세례 같은 것만이 존재한다. 이런 SNS를 통한 음모정치, 야만정치, 선동정치는 줄기나 갈래가 이리저리 엉켜 있고, 시작이 어디이고 끝이 어디인지 모르는 정글의 넝쿨들 같다. 실로 SNS 정치도 끝도 없고 시작도 없어 그저 흘러 다니는 것이다.

그러면 이 정글에 사는 야만들은 누구이며 어떤 자들인가? 아리스토 텔레스의 용어를 빌려서 표현하면 이들은 epistēmē는 약하고 technē는 나름대로 구비한 자들이다. 인식의 에피스테메에 있어서 이 야만들은 아직 진정한 계몽의 단계에 이르지 못한 자들이다. 이들은 logos의 세계에 사는 것이 아니라 여전히 mythos의 세계에 산다. 아니 어쩌면 인식의 깊은 수준에 이르렀지만 또다시 미몽에 붙잡혀 야만의 신화계로 들어간 이들인지 모른다.

하여튼 이들의 사고에는 신과 인간, 그리고 자연이 미분화(未分化)된 상태에 있다. 그리고 자신들이 사는 정글이 세상의 중심이요, 자신들도 세상의 중심에 서 있다고 착각한다. 말하자면 이들은 로고스적인 논픽션의 세계에 사는 것이 아니라 mythos적인 픽션의 세계에 사는 듯이 행한다. SNS 사용자들 중에도 선동적인 방식으로 정치나 사회문제에 관여하는 이들은 자신들이 세상의 중심에 서서 세상을 움직인다는 착각에 빠져있다.

그리고 그들은 마치 소설을 써 본 작가들처럼 때로는 어떤 사실은 과장하고 아전인수격으로 해석하고 자의적으로 포장하여 마치 공상소설 같은 글을 올리거나 댓글로 도배하고 있다. 그리고 많은 경우 그것의 원본도 사실은 아니고 그저 들은 것에 불과한 왜곡된 정보일 수 있다. 하여튼 이렇게 하여 이들은 의도적, 비의도적으로 대중을 기만하거나 선동하게 된다.

정글의 야만들은 테크네(technē)를 구비하고 있어서 그들은 학문의 시작인 왜(why)라는 질문은 던지지 않지만, 기술의 방법인 어떻게(how)라는 것에는 익숙하다. 하지만 그들이 익히고 닦은 기술은 저 중세기사의 일곱 기예(技藝, septem probitates)[235]에도 못 미치는 사냥이나 낚시하며 살아가는 정도의 생존을 위한 기본적인 기술들에 불과하다. 이런 기술로 그들은 깊은 계곡이나 밀림 속으로 흐르는 하천에서 그들은 다양한 원시적 기구를 가지고 고기를 낚는다.

이처럼 SNS 선동가들도 흔히 무슨 지라시류의 정보에 예민하고 정글의 주인(主人)들답게 그런 것들을 낚는데 골몰한다. 수천년 전의 야만인이나

---

235) 서양중세에서 학문의 길을 걷은 이들이 배워야 할 일곱가지 교양과목(septem artes liberales)에 대조적으로 기사(騎士)의 길을 걸어야 하는 이들이 갖추어야 할 일곱가지 기예로서 말타기, 헤엄치기, 활쏘기, 검술하기, 사냥하기, 장기두기, 작시(作詩)하기

이 시대의 SNS 선동가들은 잡는 종류는 달라서 그렇지 낚시의 베테랑들인
것은 분명하다. 그들은 그날에 잡을 월척이 어디에 숨어있는지를 잘 안다.
그들은 정보바다에서 숨은 월척을 낚는 동물적 감각을 지닌 낚시꾼들이다.

정글의 야만들은 낚시만 잘하는 것이 아니라 사냥도 잘한다. 뾰쪽하게
만든 독화살을 장전해 두었다가 사냥감이 나타나면 팽팽하게 당긴 시위를
놓는 것이다. 원주민들은 그래도 특정 표적을 노리기보다 눈앞에 불시에
나타나는 모든 사냥감에 화살을 쏘아 대지만, SNS의 야만들은 대개 하나
또는 몇몇의 타깃을 애당초 선정해두고 있기 십상이다. 그들은 정글의 어둠
속에 자기를 감춘 채 매복해 있다가 표적으로 삼고 있는 사냥감에 대해
예리한 독화살을 쏘는 것이다.

이런 야만의 사냥감들이란 대개 숲의 주인공들 같은 덩치가 큰, 말하자면
비중이 있는 대상인데, 이 대상들은 이렇게 SNS라는 정글에서 온 사방으로
날아드는 화살공격에 상처를 입고 때론 추락하는 것이다. 이런 의미에서
정보화사회에서의 SNS 사냥꾼들은 이 시대의 진정한 포악자(暴惡者)들인지
모른다.

5. SNS 시대의 중우정

5.1. 계몽과 중우정치

중우정치의 역사는 길 수 밖에 없다. 왜냐하면, 어떤 공동체이건 권력을
지향하는 정치가들이 있고, 선동에 휘둘리는 대중이 상존해왔기 때문이다.

고대사회에서도 중우정치는 있었겠지만, 그때는 비계몽화로 인한 의식의
부재로 인한 중우정치였을 것이 분명하다. 말하자면 기본적인 의식주 문제
해결에서 벗어나지 못하여 어떤 공동체적인 조직의 운영에 관심이 적은 것도
있었겠지만, 무엇보다 배운 것이 없고 아는 것이 거의 없어서 생긴 문제이기도

했다. 그러나 계몽이 이뤄졌고, 학문과 기술의 발달, 문명의 진보가 괄목할 만하게 일어난 근대화 이후에 중우정치는 사라지지 아니하였다.

근대화에는 무엇보다 경제적 근대화와 정치적 근대화가 있는데, 경제적 근대화는 봉건제도와 수공업 시대를 접고 산업화의 과정을 통해서 왔고, 정치적 근대화는 왕정이나 귀족정을 접고 개인의 인권에 대한 발견을 통하여 민주화로 내려왔다.

그런데 경제적 근대화가 먼저 일어난 곳에는 비록 왕정체제를 고수함에도 불구하고 민주주의의 연착륙이 가능했는데, 경제적 변화가 없이 민중의 목소리만 커지면서 어설픈 민주화를 먼저 시도한 나라들에서는 오히려 중우정치가 일어났다.

그러면 왜 경제적 근대화가 먼저 와야 하는가? 그것은 경제적 근대화로 인해 의식주 문제가 해결되면서 교육 수준의 상승이나 문화화(文化化)가 이뤄지고, 문화화를 통하여 인권이나 인간의 삶에 대한 의식의 향상은 물론 바른 국가관이나 정치관을 갖게 되므로 민주주의의 정착이 가능하게 되었다는 것이다. 그런데 이 경제적 근대화도 성장과 함께 부의 균등한 분배가 일어나야 진정한 민주주의가 가능하지 경제적 평등을 추구하지 않고, 부의 쏠림이 있으면 참된 민주주의의 정착도 어렵게 되는 것을 볼 수 있다.

그런데 과도한 의식의 향상과 계몽의 진행이 지니는 순기능만 있는 것이 아니라 역기능도 있다. 그것의 부정적인 측면은 시민들에게 국가와 정치에 대한 과도한 관심과 의식을 가져다준다는 사실이다. 실상 국민들이 아예 정치나 국가 문제에 관심이 없거나 적다면, 민중을 선동하여 권력을 차지하거나 유지하려는 정치가라 할지라도 그들을 선동하기는 쉽지 않을지 모른다. 선동이 가능한 것은 그것에 대한 관심이 조금이라도 있을 경우인 것이다. 물론 선동적 행위를 통하여 없던 관심을 불러일으키는 경우도 많다.

따라서 아이러니컬하게도 정치의식(政治意識)의 부재도 그렇지만 그것의 과도화도 선동정치의 바탕이 될 수 있는 것이다. 특히 국민들이 선거를 통하여 대통령이나 의원들을 선출한 이후에도 그들을 통한 국정의 전개에 신뢰를 보내지 않고 지속적이면서도 과다하게 국정의 문제에 길거리 시위나 SNS 등을 통한 적극적인 참여와 관여를 보이는 직접민주주의의 형태에서는 선동정치와 중우정치가 더욱 가능한 바탕이 형성되는 것이다.

물론 작금에는 길거리식의 선동 형태인 거리정치(street Politics) 못지않게, 인터넷상의 선동인 SNS(SNS Politics)의 형태 또한 비중이 매우 커졌음을 알 수 있다. 그리고 이러한 SNS 정치는 거리정치에 비해서 훨씬 더 교묘하면서 지략적으로 전개되고 있는 것이다.

따라서 정치에 무관심하고 정치의식이 부재했던 과거사회에서는 물론 오늘날 정치의식이 과도해진 초(超)민주주의 사회(supra-democratic society)에서도 선동과 중우정치의 가능성이 여전히 존재하는 것이다.

5.2. 중우정치의 요건과 절차

'중우정치(衆愚政治, ochlocratia)' 라는 낱말은 1475년~1485년 어간 중기 프랑스어 ochlocratie로 처음 사용된 용어로, 이는 헬라어의 ὀχλοκρατία가 그 기원이고, 이 낱말은 '다수' 내지는 '민중' 을 뜻하는 ὄχλος와 '권력' 을 의미하는 'κράτος' 의 합성어이다.

이 용어가 함의하고 있는 것은 민주주의의 부정적 측면이 드러나고 단점이 심해지면 생기는 '어리석은 민중의 정치' 라는 뜻이다.

오늘날 현대사회는 일부의 중동권 이슬람 국가를 제외하고는 대개 세속화(世俗化)되어 종교권력이 국가통치를 장악하지 못하고 국가정치지도자나 시민들에게 정치주권이 주어져 있는 상태이다. 그리고 민주주의 국가에서는 주권재민(主權在民)이라는 용어에서 드러나듯이 이제 권력은 위로부터 오는 것이 아니라 아래의 국민들로부터 온다는 것이다. 사실 민주주의가 대의정치를 한다는 점에서 국민은 권력의 출처가 되기도 하지만, 실상 국민은 권력행사자이기도 하다.

이렇게 국민이 권력의 실체이다 보니 여러 가지 문제가 생기는데, 한 가지는 국민의 평균 민도(平均 民度)가 국가의 주요정책을 만들고 이끌어 갈 정도의 수준에 이르지 못하고 있다는 점이고, 다른 한편으로 이런 민도가 낮은 국민들에 대한 선동정치가 가능하다는 점이다. 특히 요즘처럼 SNS가 발달한 정보화 시대에는 이러한 선동이 더욱 더 일어날 수가 있는 것이다.

그러면 도대체 중우정치가 이뤄지는 기본요건은 어떠한가?

먼저는 제도(制度)의 문제로 민주주의의 기본원리인 다수결(多數決)의 원칙이다. 민주주의 사회에서는 개개인의 인권을 평등하게 보고 이를 존중하여 그들의 투표에 따라 종다수(從多數)로 결정하는 다수결 제도가 가장 합리적인 의사결정 방식이라고 간주하여 이를 채택하고 있다. 한 국가의 국민들은 누구나 참정권 연령에 달하면 그가 지니고 있는 어떤 개인적인 여건과 무관하게 한 표를 행사할 수 있고 따라서 동등하고도 평등한 지분을 지닌다는 것이다.

둘째는 의식(意識)의 문제로 다수의 낮은 민도(民度)이다. 어느 사회나 지도자들에 비해 일반대중의 민도는 상대적으로 낮다고 할 수 있다. 따라서 단순한 사안들에 대해서는 다수 시민이 정치가들 못지않게 알고 판단할 수 있겠지만, 오늘날처럼 문제들이 복잡하게 뒤엉켜 있는 경우에는 시민 다수가 그것을 제대로 파악하기도 어려울 뿐 아니라, 정책을 입안하는 이들에 비해 관심도 적을 수밖에 없으므로 다수 대중의 오판과 그것에 근거한 선동 가능성은 상존하는 것이다.

셋째로는 주체(主體)의 문제로 권력에 대한 꿈 내지 탐욕이 있거나 또는 자기의 생각으로 사회 내지 국가를 움직여 보려고 다수시민을 흔드는 선동자(煽動者)들이 있다는 점이다. 재물욕이나 지식욕구 등과 달리 권력욕은 사람을 얻어 성취할 수 있는 것이므로 인간에 대한 관계가 중요하다.

따라서 권력을 쟁취하려고 하는 이들은 어떻게든 사람들의 마음을 사서 여론몰이를 하거나 표를 얻기 위해 노력하는 것이다. 문제는 지도자로서의 덕망과 리더십, 그리고 국가발전의 비전을 가지고 사람들의 자연스런 호응을 얻으면 좋은데, 그렇지 못할 경우 변칙(變則)내지 반칙(反則)을 사용한다는 데 있다.

정직하면서도 정도를 걷지 않고 이런 부정한 방식을 써서 권력을 차지하려는 이들은 혹 권좌에 오르게 되면 오르는 과정에서 사용한 것과 비교가 안되게 훨씬 많은 변칙을 쓸 것이 분명하다. 국가지도자는 당연히 법을 준수하고 정도(正道)를 걸어야 하며, 그것을 넘어서 그 의식에서부터 심지어 자기를 희생하면서까지 국민에게 봉사하고 국가의 발전을 도모하려는 분명한 소명의식과 강한 사명감이 있어야 할 것이다.

넷째는 동인(動因)의 문제로 이러한 선동가들이 다양한 방식으로 대중을 선동한다는 점이다. 이러한 변칙 가운데 하나가 대중심리를 이용하는 방식으로 상대나 반대세력에 대한 공격과 자극적이고 선동적인 논리로 대중을 자기편으로 유도하는 방식이다.

이런 경우, 권력 탐욕자들이 자기편에서 이러한 논리를 만들어 내는 경우가 있기도 하지만, 대중 사이에 생기는 유언비어적 논리를 더욱 정교하게 만들거나 아니면 지지하는 방식으로 그것에 편승하는 경우도 있다. 과거의 거리 정치에서는 광장이나 거리에 군중을 집결시켜 사람들의 감성을 터치하는 자극적인 발언을 통하여 선동하기도 했지만, 오늘날의 온라인 내지 SNS 정치에서는 글과 댓글부대를 통해 자기에게 유리한 분위기나 여론을 형성하기도 하는 것이다.

하지만 어떤 감미로운 언사나 설득력있는 논리로 포장한다고 하더라도 선동의 말들은 *L'anti-Oedipe*에서의 Deleuze와 Guattari의 주장처럼 욕망의 자연주의로 환원되는 것이다. 자유, 평등, 박애 같은 프랑스 혁명의 구호, 노동자해방 같은 레닌의 외침, 그리고 민주주의적 주장이나 공산주의적 담론이던 간에 그 저변으로는 욕망의 도도한 흐름이 있는 것이다. 따라서 의식 있는 시민들은 이러한 정치가들의 현란한 술사의 실체를 간파해야 하는 것이다.

다섯째는 반응(反應)의 문제로 선동을 통해 자극받은 대중의 다수가 편향적인 시각으로 감성에 치우쳐 정치적 선택이나 행동을 한다는 점이다. 대중의 존재방식은 늘 동적(動的)이고 동력적(動力的)이다. 특히 선동 받은 대중의 움직임은 상당히 폭발적이다.

히틀러 치하의 나치 정권 지지자들, 10월 혁명에서의 볼셰비키 당원들, 모택동 치하에서의 홍위병들, 탁신 지도하의 붉은 셔츠나 반대편의 노란 셔츠, 아니 최근 우리나라에서의 대통령 탄핵 과정에서 드러난 탄핵 찬성파와 반대파의 격렬한 데모 등 역사 속에서 선동 받은 이들의 정치적 행동들은 늘 있어왔다. 이들의 정치참여는 정상적 투표방식도 있지만, 많은 경우 불법적인 시위로도 드러난다. 그리고 이런 선동된 민중의 정치행동으로 민주주의가 오는 경우도 없지 않지만, 대부분의 경우 민주주의의 도래가 지체되거나 방해되기도 한다. 이런 선동정치는 그 성격과 결과가 어떠하든지 간에 늘 오랜 후유증이 남기 마련이다.

여섯째는 영향(影響)의 문제로 선동의 성공을 경험한 정치가들이 지속적으로 대중을 움직이는 선동의 방식을 취할 수 있다는 점이고, 다른 정치가들도 이런 방법을 채택할 수 있다는 점이다. 어쩌면 이런 점이 선동정치의 가장 심각한 후유증이라 할 수 있다. 선동은 선동을 낳는다.

하나의 선동정치가 성공하면 그것을 주도한 이들은 다른 문제에 있어서도 의견수렴의 절차를 밟거나 합리적 방안을 모색하는 등 온건한 방식을 취하지 않고 선동의 방식을 사용할 수 있다. 반면 하나의 선동으로 권력을 잡는 데서 밀려났거나 패배를 경험한 이들은 상대가 사용한 선동이 권력쟁취와 정국주도권장악에서 성공한 것을 보면서 자신도 역(逆)선동의 활동을 강화하기도 하는 것이다. 이렇게 되면 정책과 정책의 대립이 아니라 선동과 역선동, 또 선동패거리와 역선동 패거리의 집단싸움으로 흐르고 마는 것이다.

또 한 가지 분명한 것은 민주주의를 퇴보하게 한 악(惡)선동은 물론 비록 민주주의의 도래를 앞당긴 선(善)선동이라고 하더라도, 결과적으로는 그 후속사(後續史)에서 민주주의가 쉽게 정착되지 못하고 혼란이 계속될 수 있다는 점이다. 이를테면 다른 유의 선동들이 일어날 수도 있고 여러 가지 후유증도 많이 생겨 민주주의의 후퇴나 위기를 초래하기 쉽다는 점이다.

마지막 일곱째는 결과(結果)의 문제로 국가는 바른 길을 가지 못하고 선심정치로 다수의 기호에 부합하는 정책만 펴므로 국가가 위기에 빠질 수 있다는 점이다. 선동정치를 하는 이들은 방송사 카메라 앞에서의 모습과 돌아선 모습이 다르고, 대중이 보는 무대 위에서와 무대 아래서의 모습이 달라 위선적이면서 자기모순을 보이고 있다.

이들에게서 대중의 시선은 가장 중요한 행동의 기준이다. 따라서 이들은 권력을 잡기 위해 대중의 지지를 얻어야 하고, 대중의 지지를 얻기 위해 그들을 선동하고, 나아가 그들의 기분과 이익에 맞추려고 대중영합 정책을 펼쳐야 하는 것이다.

그러다 보니 복지 분야나 지원정책과 같은 많은 선심정책을 펼치는 것이다. 이러한 선심정책으로 국가의 발전은 균형을 잡지 못하거나 진전하지 못하고 심지어 국가재정은 고갈나기까지 하는 것이다. 국가의 재정위기는 국가가 당면한 가장 중요한 위기 중 하나이고, 그 위기로 인해 국가는 채무국가 내지는 빈곤국가로 전락하게 되는 것이다.

선동정치는 결국 중우정치를 만들고 중우정치는 결국 중우국가를 만드는 것이다.

5.3. 중우정치의 세 가지 방식

선동정치 내지 중우정치의 방식은 세 가지이다. 하나는 소위 제3세계에서 많이 보아온 독재자 내지는 정치인 주도의 정치 형태이고, 다음으로는 광장 또는 거리의 시위대나 데모 같은 형태에서 드러나는 선동정치 형태이고, 마지막으로는 SNS를 중심으로 이뤄지고 있는 온라인 선동정치이다.

이 세 가지 형태를 물체의 삼중 존재방식에 비유하면, 독재자 내지는 정치인 주도의 선동정치는 고체(固體) 정치(solid politics), 거리의 선동정치는 액체(液體) 정치(liquid politics), 그리고 SNS의 형태는 기체(氣體) 정치(vapor politics)라 할 수 있다.

5.3.1. 고체 정치(solid politics)

민중이 아니라 독재자나 정치인들이 주도하는 선동정치의 한 방식이다. 이 형태는 한 명 또는 그를 둘러싸고 있는 상부조직이 주도하고 기획한다. 여기에서 민중은 주도권을 빼앗기고 이용당하는 대상에 불과하다. 말하자면 다른 두 가지 형태들과 달리 이 형태에서 민중은 능동적이고 자발적이 아니라 수동적이고 피동적이다. 여기에서 그 민중의 움직임은 자생적인 것이 아니라 외부에서 주어진 것으로, 이런 형태는 외부의 권력욕을 지닌 소수의 정치지도자들에 의해 유도될 뿐 아니라 그들에 의해 기획되고 조직되고, 심지어 조작되기까지 한다.

이렇게 권력자 내지는 정치지도자에 의해 움직여지는 민중선동정치는 거리정치나 SNS 정치와 달리 선동정치의 중요한 본성가운데 하나인 유동성(流動性)이 별로 없다. 말하자면 고체 정치의 기본 형태는 그룹이나 단체 등으로 조직되어 운영되기 일쑤이므로 자생적이고 자발적인 세의 확산이나 참여자의 증폭같은 생명성이 없다고 할 수 있다.

이런 형태의 정치는 외부적 조작에 의한 움직임이기에 자생성이 없음은 물론 자립성과 자율성도 없으므로 외부지원이 없으면 존립하기 어려워 의존성이 강하고 역동성은 매우 떨어진다. 그리고 앞서 언급한 바처럼 조작성이 있어 시작에서는 물론 그 의도와 목적에서 민중운동의 순수성을 지니지 못한다.

대부분의 이러한 선동정치에는 조작자들에 의해 회유공작이 벌어지거나 금품이 살포되는 경우가 많다. SNS 정치가 모든 경계를 뛰어넘고, 거리정치도 파급력이 있어 일정한 경계들을 뛰어 넘지만 고체 정치는 어떤 고정된 위치에서 머물면서 경계 안에 머무는 한계성을 지닌다.

여기에 비해 길거리 정치와 SNS 정치는 설령 어떤 정치가나 권력자가 선동하더라도 그 중심과 과정은 대개 민중이 조직화되어 그들이 주도성을 가지고 나가는 경우이다. 거리 정치는 마치 서울의 청계천처럼 거리 사이에 흘러가는 개천처럼 물 흐르듯이 흐르는 것이므로 액체정치학(liquid politics)이라 할 수 있고, SNS 정치는 뜬소문이나 미확인정보들이 수증기처럼 갑자기 나타났다가 사라지고 하므로 가히 수증기 정치학 내지 기체 정치학(vapor politics)이라 할 수 있다.

5.3.2. 액체 정치(liquid politics)

분자들이 규칙적으로 촘촘하게 배열되어 있어 운동이 자유롭지 못하는 고체나 아니면 분자들이 매우 불규칙적으로 배열되어 운동이 아주 자유로운 기체와 달리, 액체는 분자들이 어느 정도 규칙적으로 배열되어 있어 기체보다는 덜하지만 고체보다는 운동이 활발하고 자유롭게 그 형태나 위치를 바꿀 수 있다.

이러한 액체의 속성처럼 거리의 정치는 독재적 선동정치 유형과는 달리 흐르는 물처럼 유연하면서도 유동적이고, 또 SNS 정치와 달리 익명적인 것이나 개별적인 것이 아니라 어느 정도 공개되어 있고 상호 간에 유대가 있는 형태라고 할 수 있다.

또 액체 내의 분자 사이의 거리는 가까운 편이므로 압력을 가해도 분자 사이의 거리가 줄어들기 어려우므로 액체의 부피는 거의 일정하게 유지된다. 이와 유사하게 거리의 정치도 압력이 어느 정도 있다고 하더라도 그 크기나 에너지가 거의 일정하게 유지된다.

나아가 액체는 유동적인 성질이 있고 특히 일정한 모양이 있는 게 아니어서 그것을 담는 용기에 따라 형태가 바뀐다. 이처럼 거리의 민중정치도 태국의 레드 셔츠와 옐로 셔츠처럼 어떤 옷을 입고 어떤 깃발을 드느냐에 따라 그 거리정치의 성격이 전혀 달라진다.

물론 요즘같은 인터넷의 시대에는 인터넷상의 정보들이나 상호 간의 네트워킹이 정보를 주고 교환하며, 나아가 어떤 공간에서의 결집을 의논하면서 거리정치나 광장정치를 유도하는 단서나 기폭제가 되기도 한다. 말하자면 아래에서 논의할 기체 정치가 액체 정치를 유도하는 중요한 계기를 제공한

다는 것이다.[236)]

사실 현대의 선동정치는 두 가지 S정치(Two S-Politics)라 칭해질 수 있다. 하나는 액체 정치로 표현한 Street Politics(거리정치)이고, 다른 하나는 기체 정치로 나타낼 SNS Politics(SNS 정치)이다. Street Politics는 정치 성향을 지닌 정치적 민중이 이끄는 시위 정치형태로 매우 직접적이고 공동 체적이고 또 공개적이다. 이를테면 우리나라의 경우만 하더라도 미군 군용차 사고로 인해 생명을 잃은 효순, 미선 사건이나 광우병사태 같은 경우이다.

반면 SNS Politics는 거리정치처럼 조직화된 정치적 민중에 의해서라기 보다 대개 정치성향을 지닌 개인들이 우발적으로 올리는 글들을 시작으로 이뤄지면서 비조직적, 비공동체적이고, 나아가 공개적 형식의 글과 달리 참여자들은 많은 경우 아이디로만 표시되는 은닉성을 지닌다.

5.3.3. 기체 정치(gas politics)

SNS 선동정치론은 마치 기체분자의 운동론과 유사하다.

기체는 어떻게 활동하는가? 우선 기체의 실체는 그 존재감을 의식하지 않을 정도로 크기기 작아 눈에 보이지 않지만 일정하면서도 제맘대로 움직 이는 수많은 미세 입자들로 구성되어 있다.

이 기체처럼 SNS 정치의 주역들 내지는 참여자들도 개개의 경우 별로 사회적 존재감이 있는 이들이 아니라 미미하기 그지없는 개별자들이라해도 과언이 아닐 것이다. 그리고 이들은 미세입자처럼 상호 간에 떨어져 있는 매우 독립적인 존재이고, 그리고 그 운동도 제 마음대로 한다.

그럼에도 불구하고 기체를 이루고 있는 입자들은 상당히 떨어져 있어 상호 간에 인력(引力)이 작용하여 서로 끌어당기거나,[237)] 아니면 척력(斥力)이 작용하여 서로 배척하거나 충돌하지 않는 경향을 보인다. 그리고 함께 뭉치

---

236) 기존에 액체 민주주의(Liquid democracy)란 용어가 있는데, 이는 국민이 자기들을 위한 대리들을 뽑아 자신들의 권한을 위임하면, 그 위임받은 대리들이 권한을 행사하므로 결정하는 제도이다.
237) 입자간의 인력은 이상기체는 없지만 실제기체는 있다

면서도 끊임없이 직선운동을 하면서 일직선으로 움직인다.

이와 마찬가지로 SNS의 주역들도 우선 떨어져 있어 거리선동정치와는 상당히 다른 양상을 보인다. 그렇게 개별적 성격이 있고 또 엄밀하게 들어가면 상호 간에 차이가 많이 존재함에도 불구하고 서로 끌어당기지도 않지만 밀쳐내지도 않는다. 그러면서 일직선으로 움직이는 기체처럼 함께 어울려 하나의 단선적 방향으로 움직이기 십상인 것이다.

그리고 설령 상호충돌하거나 용기의 벽에 부딪혀도 에너지 손실이 전혀 없는 기체처럼, SNS 활용자들도 의견이 다른 이들끼리 상호충돌하고, 심지어 어떤 사회적 장벽에 부딪힌다고 해도 그 폭로적이고 공격적인 에너지를 별로 손상받지 않는다.

심지어 보일 샤를의 법칙에 따르면 일정량의 기체부피는 압력에는 반비례하고 온도에는 비례한다. 이 온도에는 충돌로도 손실이 없던 에너지가 영향을 받는 것도 특징이다. 이처럼 SNS의 이용자들도 어쩌면 법적이고 제도적인 압력을 받으면 위축되기는커녕 도리어 팽창하거나 반발하면서 에너지가 더 증가한다. 그러면서도 기체에 대한 온도 같은 사회의 전체적인 정서나 분위기에는 영향을 받으면서 강온을 조정하거나 활동을 증감하게 되는 것이다. 말하자면 SNS는 여론을 만들면서도 여론으로부터 영향을 받는다.

기체는 고체나 액체에 비해 가둬두기가 어렵고 어떤 규격이나 규모로 통제하기가 쉽지 않다. 마찬가지로 SNS 대중은 어떤 틀에 가둬지지가 않고 실체가 파악도 되지 않을 뿐 아니라 뿔뿔이 흩어져 있어 통제되지도 않는다.

또 모든 기체들은 상호 화학적 성질이 다름에도 불구하고 물리적 법칙인 기체법칙을 공통적으로 따른다. 이처럼 SNS에서 나오는 정치적 성향의 글이 지지성향이나 상당한 차이가 있다고 하더라도 그것의 전개과정은 동일한 방식을 취하고 같은 흐름을 타고 있다.

이렇게 어떻게 보면 별 실체가 없는 것처럼 보이는 기체는 정작 고체나 액체에 비해 가장 확산력과 큰 폭발력을 지닌다. 고체는 고정된 장소에 있고 사람이 인위적으로 이동시키지 않으면 대개 그 자리에 머물러 있다. 액체는 고체와 달리 유동적이지만 기체처럼 자유롭지 못하고 또 확산에 있어서도 기체에 비해서는 느리고 그 범위도 제한적이다. 이에 비해 기체는 대부분의 경계나 장벽을 넘고 자유로우며 확산도 걷잡을 수 없을 정도로 빠르다.

나아가 기체의 파워는 고체와 액체에 비해 훨씬 탁월하다. 고체에 해당하는 건물 및 도로의 붕괴나, 액체에 해당하는 강물의 범람보다 가스폭발이 더 큰 결과를 만들고 더 큰 위험을 초래할 수 있는 것이다. 따라서 무기에 있어서도 총알이나 대포알 같은 고체적 무기나 니트로메탄이나 니트로글리세린 같은 액체폭탄에 비해 기체무기가 비교할 수 없을 정도로 더 위험하다.

히틀러 집단이 유대인을 집단학살한 홀로코스트에 사용한 것이나, 북한이 은연 중 자랑하는 생화학무기나, 그밖에 오늘날 첨단 무기산업에서 마시거나 피부에 노출되면 사망이나 치명적인 결과를 가져오는 신경가스나 화학무기 등은 다 기체에 속한다.

SNS에 등장하는 정치적 선동들은 이러한 기체의 파괴력처럼 독재자 주동의 선동이나 거리의 시위 같은 것에 비해 걷잡을 수 없이 빠르게, 그리고 넓게 확산된다. 그것은 지역이나 계층 같은 모든 경계를 뛰어넘어 멀리 뻗어가고 순식간에 퍼져간다. 그리고 그것의 파워는 SNS를 하는 대부분의 사람들에게 옹호적이고 동조적인 방식이든지 아니면 비판적이고 반대하는 방식으로 사람들을 격동시킬 정도로 엄청난 영향을 준다. 그것이 기체라면 강력한 토네이도나 태풍에 비할 수 있을 것이다.

6. 중우정치의 대안과 민주주의의 방향

정치사상사에서도 민중정치 담론에 대해서는 긍정적 평가와 부정적 시각이 첨예하게 대립한다. 이러한 반립적인 두 가지 입장은 정치와 권력, 그리고 국가 등에 대한 견해에 있어서도 분명히 상반된 인식을 가지고 있다.

먼저 민중정치를 비판하는 이들은 정치가 민중들의 선호에 따라 좌우되어서는 되지 않고, 국가가 나아갈 분명한 목표와 합리적이고 타당한 목적이 있기에 정치는 그것을 지향해야 한다고 가르친다. 반면 민중정치를 긍정적으로 보는 이들은 정치란 다수의 민중의 뜻에 따라 그들에게 유익이 되는 것을 하는 것으로 인식한다.

다음으로 권력에 있어서 비판론자들은 대체적으로 권력은 천부적으로 주어지는 것이며, 권력행사는 신(神)의 뜻에 맞게 이루어져야 하는 것으로 보는데 비해, 민중 정치 옹호론자들은 그것들은 전적으로 인간들에게서 나오고 인간이 만드는 인위적인 것으로 간주하였다.

또한 국가론에 있어서는 비판론자들에게서 국가란 구성원의 주관과 상관없이 신적 섭리에 의해 주어진 것인데 비해, 옹호론자들에게서 국가란 구성원 간의 유·무언의 상호합의나 상호계약에 의해 형성된 것으로 보았다. 따라서 전자는 국가가 하늘의 뜻을 찾아 정도(正道)로 나아가야 하는 것으로 간주하고 있는데 비해, 후자는 국가가 대다수 국민의 뜻을 이루며 그들의 유익을 확보해주는 정체(政體)로 보고 있는 것이다.

정치적 삶이나 사회의 기초에 있어서 아리스토텔레스 같은 중우정비판론자들은 사회는 부부 간의 자연적 결합이나 가족에 그 기초가 놓여 있다고 보았다. 반면 소피스트들 같이 당대의 진보주의자 내지 대중선동론자들은 사회는 그러한 혈연적 공동체성을 근거로 하고 있기보다 유익을 중심으로 한 연대 가운데 형성된 것이고, 정치적 행동의 목적은 권력을 쟁취하는 것이었다.

그러면 전통적 민주주의의 문제점과 한계는 무엇인지 고찰해보고, 이어서 어떻게 대중이용 정치의 역기능을 극복하고 그것의 순기능을 강화할 수 있을 것인지, 말하자면 대중선동적 중우정치를 넘어 진정한 시민 참여적 민주정치의 길로 나아갈 수 있을 것인지에 대한 해결방안 내지는 대안모색을 시도하고자 한다.

6.1. 전통적 민주주의의 한계와 문제점

그동안 민주주의를 실시해 온 국가들에서는 전통적 민주주의가 지니는 다양한 문제점 내지 한계들이 지적되어 왔다.

이를테면 첫째로 수적(數的) 다수(多數)에 따른 결정이다.

*Democracy in America*라는 주저에서 Alexis de Tocqueville은 '다수의 폭정(Tyranny of the Majority)'을 언급한다. 미국의 민주주의를 현장에서 살피고 분석한 토크빌은 미국식 민주주의의 위험을 지적한다.

그에 의하면 미국 민주주의는 매스 미디어의 독재, 다수의 폭정, 지식의 자유 부재 등 여러 가지 문제점들이 보인다는 것이다. 그는 민주주의가 맞이하는 위기 가운데는 '민주주의에 대한 위협'과 '민주주의의 위험'이 있다고 보면서, 이 후자의 위험은 부드러운 전제 정치(soft despotism)로 전락하는 경우만 있는 게 아니라 다수의 폭정(tyranny of the majority)[238]을 야기시킬 수 있다고 보았다. 그는 '미국의 민주주의'는 당파 간의 폭력은 물론 지식이 없는 다수의 편견에 지혜로운 소수의 판단이 종속될 위험을 지적했다.[239]

다양한 의견들이 난무하고 그 각각의 의견들은 그 나름대로의 합리성과 타당성으로 포장하여 등장하므로 공동체를 위한 크고 작은 결정들을 내려할 때 어쩔 수 없이 다수결의 원칙을 따라야 할지 모른다. 아니 보다 근본적인 이유로는 성차(性差)나 참여권이 부여된 성인들의 연령차(年齡差)와 같은 자연적인 조건은 물론 신분이나 지위의 차이와 무관하게 공동체의 모든 구성원들에게 제각각 동등한 참여권이 부여되므로 다수결 제도가 개인의 인권과 동등성을 기본가치로 하고 있는 민주주의 사회에서 불가피한 제도로 인식될 수 있고 수용될 수 있는 것이다.

---

238) 'Tyranny of the majority'라는 용어는 1788년의 John Adams가 역시 미국사회를 두고 처음 사용한 것으로 보인다. cf. John Adams, *A Defence of the Constitutions of Government of the United States of America* , Vol.3, London, 1788 p.291
239) Alexis de Tocqueville, *Democracy in America*, Vol. I, Vintage Books, New York, 1945, 269ff.

하지만 다수결 제도는 그러한 다수가 깊은 숙고와 예리한 분석, 현명한 통찰력 같은 것이 필수적으로 수반되는 문제들에 있어서 공동체를 위해 좋고 유익한 결정에 동의하고 동조하며 참여할 수 있는지에 대한 문제가 제기되는 것이다. 말하자면 국가가 당면하고 헤쳐 나가야 할 고도로 복잡하고 얽힌 난제들에 있어서 구성원 다수가 고도의 지성을 발휘하여 정확하게 판단하지 못하거나 아니면 그런 정확한 판단에 이해하고 동조할 정도로 열린 지성을 갖고 있지 못할 수 있다는 데 문제가 놓이는 것이다.

둘째는 이러한 다수결 제도와 결부된 것으로 정당한 소수 의견을 배제하는 구조이다.

플라톤은 진리를 알고 지혜를 지닌 철학자가 나라를 다스리는 것이 가장 이상적인 것이라고 설파했다. 이는 국정에 있어서 치리하는 자는 일반 시민들과는 다른 고도의 지성과·혜안을 지니는 것이 필수적이라는 의미일 것이다. 플라톤의 이상처럼 철학자 일인 시배가 아니더라도 지성과 지혜를 겸비한 소수의 탁월한 엘리트들이 국정을 주도하는 것은 나쁘지 않은 제도임을 생각해 볼 수 있다. 어쩌면 오늘날 입법을 위해 국회가, 집행을 위해 행정부가, 재판을 위해 사법부가 있는 것은 이러한 소수의 엘리트들에게 맡겨 그들로 하여금 국가를 이끌어가는 데 주도적인 역할을 하는 제도라고 볼 수 있다.

하지만 넓게는 국민투표처럼 국민 전체가 참여하여 의견을 내는 일에서나 좁게는 각 부서나 부처에서 의견수렴의 과정에 있어서 민주주의라는 제도 자체가 실상 다수의 견해에 따른 결정과정이어서 소수의견이 배제될 수 밖에 없는 구조로 이뤄져 있다는 점이다.

셋째는 최적의 의견을 수렴하는 과정상의 절차적 문제점 또는 약점을 지적할 수 있다.

민주주의 제도는 다양한 구성원들의 분분한 주장들에 있어서 다수의 생각을 채택하는 결정구조로 되어 있어서 소수의 아이디어들을 수렴하지 못하고 배척하는 문제점이 있음을 지적하였었다. 이 문제에 있어서 이러한 소수의 좋은 의견을 최대한 수렴하는 의견수렴 구조개선이 필요하고 중요하다는 것이다.

이를테면 프랑크푸르트 학파(Frankfurter Schule)가 그토록 주창해 온 의사소통적 합리성과 그것의 절차적 반영이 필요하다는 것이다. 사실 민주주의도 구성원의 공익을 중시하고 국가발전에서의 최적, 최선의 길이 무엇인지에 대해 모색하고 채택하는 과정이라고 볼 때, 어떤 주장에 대해 어느 정도의 수가 지지하느냐를 신속하고 과단성 있게 결정하는 것이 아니라, 전체의 공익을 위한 최대한의 방안구성을 위해 소수들의 이견들을 반영하는 것이 필요한 것이다.

그러기 위해서는 다양한 주장을 내어놓고 토론하여 결정하는 데 그치는 것이 아니라, 토론을 하더라도 다면적이고 심층적인 논의를 거쳐 문제점이 있는 것들은 고치고 좋은 것은 수용하는 변증법적인 지양(止揚)이 필요하다는 것이다. 말하자면 다수가 지지하는 하나의 정(正)과 다양한 반(反)들을 반립적으로 세우지 않고, 양자가 지니는 단점은 제거하고 장점만 수렴하여 지양을 통한 합(合)으로 가자는 것이다. 어쩌면 최적의 민주주의적 의사결정구조는 다수의견의 70%와 소수의견의 30%를 융합하여 이뤄지는 합(合)이 되는 것일지도 모른다. 이렇게 나아가기 위해서는 다양한 의견그룹들 간에 빈번한 대화와 상호이해가 필요하고, 소통의 제도적 장치가 있어야 하는 것이다.

현재의 민주주의 제도는 일사부재리의 원칙을 고수하면서 국민투표나 국회투표 등 다수결의 원칙에 따라 한번 결정되면 확정되는 구조를 가지고 있다. 따라서 이제 먼저는 다수의 의견을 확인하고, 다음으로는 그 다수의 의견을 중심으로 하되 반대편에서 나온 이질적인 주장들과 논의들을 어느 정도 반영하여 새로운 변증법적 합의 안을 도출해내도록 해야 하며, 이를 위한 구체적인 제도를 마련하는 것이 필요하다

넷째는 감성에 호소하는 선동적 대중 유도의 가능성이다.

본 연구의 주제이기도 한 이 문제점은 현대에 이르러 SNS의 활성화로 더욱 강화되고 있다. SNS를 통해서 강화되는 이유는 무엇보다 이러한 소셜 매체의 주 사용자들이 아직도 사회를 오랜 경험이나 깊은 지성을 가지고 통찰력 있게 보기보다 피상적이면서도 단편적으로 보기 쉽고 나아가 즉각적이고 즉흥적으로 반응하고 그것을 SNS에 올리기 때문이라고 할 수 있다.

나아가 신문이나 텔레비전 같은 과거의 매체에 비해 오늘날의 다양한 SNS는 그 속도에서 비교할 수 없을 정도로 빠르고 그러다보니 사려 깊은 파악이나 확인 내지는 점검의 과정이 없이 주관적으로 듣고 접한 내용들을 여과 없이 그대로 쏟아내기 때문이다.

그리고 이러한 SNS와 그 사용자들의 특성을 알고 있는 정치인들이나 대중선동자들이 이를 직·간접적으로 교묘하게 활용하여 그들의 감정이나 즉흥적인 반응에 호소하므로 다수 대중의 생각을 호도하기 때문이다. 이러한 정치형태는 국가나 사회현안에 있어서 모든 이들이 자신의 의견을 개진하는 직접민주주의의 의미도 있지만, 그러한 순기능(順機能)보다 감성중심적 대중 호도의 위험에 빠지게 되어 도리어 건전한 민주주의의 모습을 해치는 역기능(逆機能)을 할 수가 있는 것이다.

6.2. 대안적 논의: 숙의민주주의

전통적 민주주의가 지니고 있는 문제점들과 한계에 대한 반성과 대안으로 여러 가지 논의들이 분분한 가운데, 아이러니칼하게도 민주주의의 반대편에서 있는 공산주의를 제창한 V. I. Lenin도 대안을 제시하였다. 레닌에 의하면 역사와 현실 가운데는 다양한 계급들이 존재하므로 우리는 '순수 민주주의'(pure democracy)를 운위할 수 없다는 것이다.

이렇게 다양한 계급들이 실재하는 한, 우리는 단지 '계급 민주주의(class democracy)'에 대해서만 언급할 수 있다고 한다. '순수 민주주의'란 노동자들을 우롱하려는 허구적 표현에 불과하고, 역사에는 오로지 '부르주아 자본주의 (bourgeois democracy)'와 '프롤레타리아트 민주주의(proletarian democracy)'가 있을 뿐이라는 것이다.

지금까지의 민주주의는 부르주아 민주주의로서 중세 봉건주의 체제에 비해 비교적 역사적으로 큰 발전을 이룩하였고 여전히 자본주의 체제 속에 잔존하지만, 그것은 제한적이고 단편적이며, 오류투성이이고 위선적이라는 것이다. 무엇보다 이 민주주의의 형태는 부자들에게는 낙원이지만, 착취당하는 자들이나 빈민들에게는 올가미요, 기만이라는 것이다.

레닌에 의하면 이러한 거짓 민주주의인 유산자 계급의 자본주의가 아니라 무산자와 노동자 계급을 위한 참된 민주주의인 프롤레타리아트 민주주의가 대안이 되는데, 이것은 자기 시대의 소련 체제가 대표한다고 보았다.

소수의 부자들을 위한 것이 아니라 가난하고 착취당해온 인류의 대대수를 위한 이 민주주의는 인류역사상 지금까지 전례가 없던 것이고 민주주의의 발전과 확장을 보여주는 새로운 형태라고 보았다. 따라서 그는 이 프롤레타리아트 민주주의는 그 어떤 부르주아 민주주의보다 백만 번은 더 민주적이고, 이 체제를 취하는 소련은 가장 민주적인 부르주아 공화국보다 백만 번 더 민주적이라고 했다. 그러면서 우리는 부르주아 민주주의의 편견에서 벗어나 삶의 실제를 보면서 이런 프롤레타리아트 민주주의로 나아가야 한다고 주창했다.[240]

레닌은 이런 사상을 진리로 확신하여 역사를 바꾸려했지만, 실제로는 도리어 역사가 레닌의 사상을 허위로 입증해버렸던 것이다. 소련은 프롤레타리아트 민주주의를 수립한 것이 아니라, 프롤레타리아트 독재를 수립하였고, 더 구체적으로는 공산당 일당독재 내지는 변형된 새로운 짜르(황제)인 공산당 서기장의 일인독재로 전락하게 되었던 것이다. 인종과 민족, 그리고 종교와 사상의 경계와 무관하게 모든 인민의 존엄성과 인권이 보장되지 않는 사회에서 인민민주주의는 아예 성립될 수가 없는 것이다.[241]

---

240) V.I. Lenin, *The Proletarian Revolution and the Renegade Kautsky*, Peking: Foreign Language Press, 1965, 19ff.

이러한 참된 민주주의와 거짓 민주주의의 논의를 넘어 21세기에 들어와서 '포괄적(包括的) 민주주의(inclusive democracy)'나 '숙의(熟議)민주주의(deliberative democracy)' 같은 이념들이 등장하였다. 이러한 대안적 형태들이 등장하게 되는 배경에는 기존의 민주주의 형태에서 소수 정치가들의 일방적인 주도, 정책입안이나 결정에서 경제인들 및 압력단체의 영향력, 나아가 의식이나 판단 등이 취약한, 말하자면 민도가 낮은 다수의 결정권, 그리고 그런 이들에 대한 선동적인 전략을 통한 선동정치와 중우정치 등과 같은 문제점들이 놓여있다.

따라서 이러한 문제점들을 극복하기 위해 자유롭고 평등한 상태에서의 시민들의 참여, 민도가 낮은 다수에 의해 결정되는 다수결의 원칙에 대한 비정치적 소수 엘리트 시민의 견해수렴 등이 제시되었다.

사실 기존의 전통적 민주주의적 절차가 보여주듯, 정치가들의 개별적 또는 소수 엘리트집단적 견해에 기초하여 나온 어떤 주장을 포장하여 그것으로 숫적 다수를 확보하여 그것을 결정안으로 만드는 방식이나, 아니면 SNS를 통한 대중선동적 방식으로 다수의견 형성 등을 통한 여론몰이 방식 등은 진정한 의사소통적 과정이나 반성적 분석이나 심도 있는 통찰의 과정을 배제하거나 간과하므로 어떤 의미에서 일방적이고 배타적인 형태라 볼 수 있다.

다수결의 원칙이라는 민주주의 실천의 중요한 원리로 인해 이러한 방식의 의사결정구조를 구비하고 있는 전통적 민주주의 형태를 '배타적(排他的) 민주주의(exclusive democracy)'라 할 수 있을 것이다.

이런 배타적 민주주의에 대해 하나의 대안으로 포괄적(包括的) 민주주의(inclusive democracy)의 이념을 구상할 수 있지만, Takis Fotopoulos에 의해 도입된 이 용어는 전통민주주의의 대안이라기보다 또 하나의 극단적인 정치이데올로기로 비친다.

---

241) 소련공산주의의이러한 문제점과 실패에 대해서는 전광식, 『마르크스주의 이후의 철학』, 이문출판사, 2005, 개정판을 참고하라.

이러한 포괄적 민주주의는 새로운 밀레니엄 초기에 대두된 다차원적인 위기들, 이를테면 경제적, 생태론적, 사회적, 문화적, 정치적 위기들에 대한 하나의 대안으로 제시된 것인데, 이것을 주창하는 이들에 따르면 이러한 복합적 위기들은 궁극적으로 권력이 그것의 진정한 주체인 민중의 손에 놓이지 있지 않고 소수 엘리트들에게 집중화되면서 야기된 문제라는 것이다.

Towards An Inclusive Democracy[242]라는 책에서 이러한 분석을 제시한 Fotopoulos는 이 포괄적 민주주의라는 이념 속에 정치적으로는 직접민주주의, 경제적으로는 국가개입 없고 돈 없고 시장 없는 경제적 민주주의, 사회 영역에서는 자기경영의 원리, 심지어 환경적 민주주의 등을 포함시키고 있다.

하지만 이러한 주장이 기존 민주주의에 대한 적절한 대안이 될 수 없는 것은 이러한 포괄적 민주주의의 이념 자체가 가히 무정부주의적(無政府主義的) 성격을 띠고 있기 때문이다. 그것은 제도가 문제가 있다고 그것을 개선하려는 노력은 하지 않고 제도 자체를 버리는 일과 같은 것으로, 이렇게 되면 결국 사회와 국가는 안정되고 발전되는 것이 아니라 더욱더 시끄럽고 혼란스럽게 될 것이기 때문이다.

또 전통적 민주주의의 취약점을 인식하고 학자들에 의해 제시된 또 다른 다른 한 가지 대안적 형태가 소위 '숙의민주주의(deliberative democracy)' 내지는 '논변민주주의(discursive democracy)'라고 불리는 형태이다.

옥스퍼드 정치사전(The Concise Oxford Dictionary of Politics)에 따르면 Deliberative democracy는 '민주주의의 전통적 유형들에 대한 하나의 비판적 반응(a critical response to traditional models of democracy)'[243]으로 숙의(deliberation)를 중시하는 형태이다.

그것에 따르면, 민주주의의 전통적 모델들이 집합적으로 도출해 내는

---

242) Takis Fotopoulos, *Towards An Inclusive Democracy*, London/New York: Cassell/Continuum, 1997

243) *The Concise Oxford Dictionary of Politics*, Third Edition ed. by Iain McLean & Alistair McMillan, Oxford University Press, 2009, P. 139

결과(aggregative outcomes)에 집중해 왔다면, 숙의적 이론은 모든 참여자들에게서 비롯되는 숙의적 내용(deliberative input)을 수용하는 것을 확장하고, 공적(公的) 이성(public reason) 감각을 창출하며, 나아가 모든 관계된 이해당사자들을 의해서 수용될 수 있는 것으로 간주되는 절차를 만드는 것에 집중하는 것이다. [244]

이러한 대안적 민주주의의 형태는 Joseph M. Bessette, [245] Joshua Cohen, [246] Jon Elster, [247] Amy Gutmann and Dennis Thompson, [248] James Fishkin[249] 등에 의해 주창되었지만 사상적으로 Jürgen Habermas나 John Rawls, 아니 더 거슬러 올라가면 고대의 아리스토텔레스까지 이른다. 이 새로운 형태의 민주주의는 정당한 민주주의(legitimate democracy)의 의사결정은 시민들의 공적인 숙고(public deliberation) 위에 정초되어야 한다는 주장이다. [250]

말하자면 어떤 민주적 결정이 정당성을 확보하기 위해서는 투표를 통한 선호도의 표집을 통한 수적 다수로 결정되는 것이 아니라, 정치적 파워나 경제적 파워를 지닌 이들의 왜곡된 영향력이나 이익단체들의 다양한 지원들로부터 완전히 자유로운 상태에서 이뤄지는 시민들의 확고한 숙고(authentic deliberation)가 선행되어야 한다는 것이다.

인터넷도 숙의민주주의에서 상당히 중요한 역할을 한다. 왜냐하면 숙의민주주의의 중심이념 가운데 하나가 다수가 표방하는 의견 외에도 다양한 소수

---

244) ibid. 139
245) Joseph Bessette, "Deliberative Democracy: The Majority Principle in Republican Government," in: *How Democratic is the Constitution?*, Washington, D.C., AEI Press. 1980, pp. 102-116.; ___, *The Mild Voice of Reason: Deliberative Democracy & American National Government*, Chicago: University of Chicago Press, 1994
246) J. Cohen, "Deliberative Democracy and Democratic Legitimacy", Hamlin, A. and Pettit, P. eds., *The Good Polity*. Oxford: Blackwell, 1989, pp. 17-34; ___, "Deliberation and Democratic Legitimacy", James Bohman & William Rehg eds., *Deliberative Democracy: Essays on Reason and Politics*, 1997
247) Jon Elster(ed.), *Deliberative Democracy*, Cambridge University Press, 1998
248) Amy Gutmann and Dennis Thompson, *Democracy and Disagreement*, Princeton University Press, 1996; ___, *Why Deliberative Democracy?*, Princeton University Press, 2002
249) James Fishkin, *When the People Speak*, Oxford University Press, 2011
250) James Bohman & William Rehg, *Deliberative Democracy: Essays on Reason and Politics*, The MIT Press, 1997

의견에 대한 고려와 배려를 하는 것이고 또 그것에 대한 완전히 자유로운 토론은 할 수 있는 것인데, 그러한 다양한 견해들에 대한 정보 취득만 아니라 그런 견해를 가진 이들과의 네트워킹을 자유롭게 할 수 있게 하는 것이 인터넷이기 때문이다. 실로 인터넷에서는 웹사이트나 블로그, 그리고 여러 종류의 SNS를 통하여 다양한 의견교환이 가능하고 그런 작업과 더불어 보다 더 좋은 안이나 정책들에 대한 중의가 모아질 수 있기 때문이다.

하지만 이런 숙의도 다수 시민들의 민도가 매우 높아진 사회에서 가능할 것이고, 그것에 덧붙여 정치적 편향성이 없고 정치적 영향으로부터도 자유로운 상태에서 이뤄져야 하는데, 문제는 정치중립적으로 논의할 장을 어떻게 만드는가 하는 것이다.

시민들의 숙고도 중요한 고려사항이지만, 사실 배타적 민주주의의 형태에서는 소수의견이 아무리 정당하고 국가를 위해 유익한 것이라고 해도 다수결의 원칙으로 인해 배제될 수 밖에 없는 구도였기에 이를 수렴하는 과정도 필요하다. 따라서 소수엘리트 정치인이나 시민지도자들이 내는 안들을 시민적 숙고의 과정을 철저히 밟으면서 이 전체를 아우르는 통합의 과정이 중요할 것이다. 말하자면 국가에 유익하고 국민에게 좋은 안들을 단순한 긍정이나 단순한 부정의 단계를 넘어서 변증법적 과정을 통하여 합의 안을 만드는 것이 필요하다. 이것이 어떤 의미에서 본래적 의미의 포괄적 민주주의일 것이다. 이런 과정이 제대로 이뤄지면 진정한 국민통합의 길로 가게 될 것이다.

6.3. 중우정치의 극복에 대한 대안

그러면 이제 결론적으로 중우정치의 위험성을 피하면서 민주주의가 나아가야 할 방향에 대해 고찰해보도록 하자. 우선 Aristoteles를 다시 빌리면, 민주주의는 두 종류로 나눠지는데, 하나는 법치(法治)민주주의이고, 다른 하나는 대중(大衆)민주주의이다.

그에 의하면 대중에게 주권이 주어진다고 하더라도 법이 엄격히 시행되면 선동이 일어나지 않고, 대중선동이 없으면 중우정치가 극복될 수 있다는 것이다. 그에게서 법치의 부재나 약화는 민중의 탈법적 행동과 소동으로 가게 되고, 그 결과로 중우정치가 발생할 수 있다는 것이다.

법에 의해 다스림을 받지 않은 민중은 마치 독재자처럼 행동하려고 한다는 것이다. 반면 법이 지배하는 곳에서는 이러한 중우정치의 위험성을 피할 수 있다고 보았다.[251] 이렇게 법치(法治)의 필요성은 2천 년이라는 세월의 간극을 뛰어넘어 오늘날도 유효한 메시지일 수 있다. 하지만 문제는 다수 민중의 정치적 행동을 법으로 다 제어할 수 있는가 하는 현실적인 문제가 있고, 또 법치를 제대로 시행한다고 해서 교묘하게 법망을 빠져나가며 벌어지는 선동 정치를 막을 수 있느냐하는 문제이다. 하여튼 일단 이러한 법치의 중요성을 다시 한번 확인한 후에 이제 SNS를 통한 신종 중우정치의 위험에 대해 정치인, 시민, 그리고 사회가 어떻게 변모해야 할지 논구해보자.

6.3.1. 정치인과 언론: 진리와 진실의 원리

민주주의의 이면에 드리워진 어두운 그림자 같은 중우정치나 선동정치는 일차적으로 정치인이나 언론에게 책임이 돌려진다. 중우는 근본적으로 정치 인들에 의해 만들어지고 이차적으로 언론이 다지는 격이다. 중우는 정치인 들이 구사하는 전략에 의해 선동되고 언론이 써내려가는 주장에 수긍하는 이 들이지만, 그들을 '중우(衆愚)'라고 지칭하는 것은 그 정치적 전략에 미혹 되어 맹목적으로 추종하기 때문만 아니라, 오류와 허위를 진리와 진실인 양 받아들여 그것에 대한 강한 확신을 갖고 정치적 동조를 하기 때문이다.

중우가 지니고 있는 정치적 오류의 근원은 자기 자신의 선입관이나 이해의 부족함 또는 편협함이기도 하지만, 근본적으로 정치인들 내지는 정치관련자 들의 사실에 대한 자기중심적 변형내지는 과장, 언론의 편향성에 있다고 하여도 과언이 아니다.

정치인들은 개인적으로나 집단적으로 자기들의 정치적 목적을 위해 때로는

---

251) Aristotle, *Politics*, Books III, IV, trans. by R. Robinson, Oxford: Clarendon Press, 1995, 79-81

사실을 그대로 전하지 않고 미묘하게 가감하거나 변형하여 선전하고, 나아가 정보도 자기중심적으로 왜곡되게 해석하여 전하는 경우가 드물지 않다. 이러한 허위와 비진실성으로 인해 그들을 따르는 대중에게 틀린 정보가 들어가기도 하고 또 무엇이 사실인지 모를 정도로 사회가 혼란에 빠지게 된다.

사실 이런 점에서는 정치인들이나 준(準)정치인들, 또는 정치적 성향이 강한 반(半)정치인들이 사회나 나라를 어지럽히는 주범(主犯)들이라고 해도 그다지 틀리지 않을 것이다. 이에 우리나라는 정치인들의 언어와 행동의 정직성 및 신실함이 늘 도마 위에 올랐다.

그리고 언론은 대개의 경우 공정(公正)이니 직필(直筆)이니 하는 외부적으로 표명하는 구호들과 달리 그 저변에 보수와 진보 같은 정치적 진영논리가 깔려 있을 뿐 아니라 또 그렇다고 인식되어 정치적으로 반대 입장에 서 있는 시민들은 늘 언론의 보도나 사설 및 논평의 공정성, 객관성, 심지어 사실성 여부에 대해 의문을 지니곤 한다. 특히 온 나라를 흔들어 오곤 했던 대형사건의 경우, 이런 언론 내지 사이비 언론의 편향성이 정치적 음모론을 제기하고, 음모론이 픽션 같은 시나리오를 낳고, 시나리오가 국민불신을 낳고, 국민불신이 대중선동을 낳고, 대중선동이 광장정치를 낳고, 광장정치가 국정혼란을 낳는 식의 패턴으로 진행되기 일쑤였다.

물론 대중을 동원하는 거리정치와 광장정치라 할지라도 그것이 진실에 기반하고 정직으로 진행된다면 그것은 오히려 국가의 적폐를 해소하고 밝은 정치로 나아가는 긍정적 민주시민운동이 될 수 있는 것이다.

따라서 가장 좋은 정치인은 정당을 이끄는 리더십이 있거나 국가미래를 위해 비전을 제시하는 이들이 아니라 무엇보다 먼저 진리를 외치고 진실을 추구하는 정치인이다.

어떤 정치인들은 자기가 지지하는 정치지도자나 당의 동료정치인들이 법적절차를 따라 분명 범법을 하고 잘못을 저질렀다는 법적인 최종판결을 받았음에도 불구하고, 나아가 어쩌면 자신의 양심상으로는 그것에 동의함에도 불구하고 애써 진실을 외면하고 진리보다는 허위의 발언을 교묘하게 하므로 결국 진실을 가리고 세상을 어지럽히기도 한다. 정치인들의 이러한 진실호도의 발언이나 법적과정을 무시하는 태도는 국민들에게 모든 법적 절차나 결정을 불신하거나 동의하지 못하도록 유도하며 악한 영향을 주는 매우 좋지 못한 태도이며, 헌정질서마저 붕괴시키는 악한 행위이다.

그리고 좋은 언론이란 국민 편가르기에 앞장서는 진영논리로 경도된 언론이 아니라 여론분열을 지양하고 국민통합을 이루는 언론이기도 하지만, 그것보다 먼저 모든 사안에서 정직하고 진실하며 곧은 언론이다. 정필(正筆)과 직필 (直筆)은 언론의 최고가치이며, 언론의 생명이다.

우리나라는 군부독재권력으로부터 민주주의를 쟁취해오는 과정을 겪으면서 사법부까지 포함한 삼권(三權)이 다 독재 권력의 공작이나 통제 하에 있거나 아니면 그 권력자의 비위를 맞추거나 눈치를 본다는 인식이 국민들 속에 파다했다. 따라서 입법부, 행정부, 사법부의 입안(立案)이나 정책결정, 또는 판결에 의문을 표하면서 그 정당성을 인정하지 않으려했다. 말하자면 그런 결정들에 합리성이나 객관성이 없다고 치부하여 그것에 대한 불신이 컸고 그로 인해 그것에 순응하는 것을 주저해 왔다.

그리고 4.19 의거, 5.16 혁명, 그리고 6.29 선언에 이르는 20세기 후반의 여러 가지 국가적 사건들을 보면, 그것이 긍정적이던 또는 부정적이든 간에 하여튼 기존의 법적 질서를 뒤엎으려는 시도들이었으며, 또한 그것이 구국적 (救國的) 결단 또는 민주화의 행동으로 천명되며 정당시되어 왔던 것이다.

말하자면 우리의 근·현대사는 기존 권력에 대한 전복이나 타도를 통하여 획기적인 정치적, 경제적, 사회적 국가발전을 도모해 왔으므로 법적결정에 대한 순응의 정신이 다분히 결여되어 있었을 뿐 아니라 그것에 대한 부정적 인식까지도 만연해 있었던 것이 사실이다.

정치인들은 더더욱 먼저 체질적으로 국가기관의 결정이나 사법적 판결이 정치적으로 편향되었거나 아니면 다수 시민 논리에 편승되어 있다고 생각하여 그들의 발표에 종종 회의적인 시각을 가지고 있었을 뿐만 아니라, 나아가 역시 그러한 의심의 시각을 갖는 것에 익숙한 대중을 이용하여 정치적 선동을 하게 된 것이다. 이렇게 우리나라의 선동은 대개 절차적 정당성을 무시하고 법치의 원칙을 따르지 않은 데 근거한다.

이러한 선동은 그 내용상에서는 있어서는 실증적으로 맞는 경우도 있고 또 틀린 경우도 있을 것이다. 하지만 선동은 대부분 모든 실증적 조사나 합리적인 판단, 나아가 엄정한 법적 절차를 밟기 전에, 또는 밟고 난 후에도 그것을 부인하면서 허위사실을 유포하므로 대중을 혼란에 빠지게 한다.

사실 이렇게 자신들의 정치적 목적을 위해 진실을 왜곡하고 국민을 속이는 정치인이 가장 못된 정치인이고, 또 사실을 자기 식으로 편집보도하므로 궁극적으로는 거짓말하는 언론이 가장 나쁜 언론이다. 무엇보다 그것은 진실을 기만하고 자기양심을 기만하며 나아가 국민을 기만하는 것이기 때문이다.

따라서 중우정치나 선동정치를 극복하기 위해서는 먼저 언론이나 정치인들이 진리의 정치, 진실의 정치를 해야 한다. Otto Bollnow[252]에 의하면 진리(眞理)는 언표(言表)와 사실의 관계 문제이고, 진실(眞實)은 생각과 언표의 관계 문제이다. 진리(Wahrheit)는 우리가 말하고 글을 표현하는 내용이 사실과 일치해야 하는 것으로 이런 분야를 취급하는 것은 논리학(Logik)이다. 반면 진실(Wahrhaftigkeit)은 우리가 마음에 품고 생각한 것하고 우리의 말과 행동이 일치하는 경우인데, 이것을 다루는 것은 윤리학(Ethik)의 영역이다.

이 두 가지를 보면 진리의 문제는 의식적인 것이 아닌데 비해, 윤리의 문제는 의식적이고 양심적인 문제임을 알 수 있다. 진리는 우리의 경험이 Francis Bacon이 말한 바처럼 공정하고 객관적이지 못하게 동굴의 우상, 종족의 우상, 시장의 우상, 극장의 우상에 사로잡혀 있고, Thomas Kuhn[253]

252) Otto F. Bollnow, „Wahrhaftigkeit", in: *Die Sammlung*, 2. Jahrg. 1947, Heft 5/6, S. 234-245
253) Thomas S. Kuhn, *The Structure of Scientific Revolutions*, Chicago: University of Chicago Press, 1962

같은 이들이 주창하는 대로 선입관이나 주견(主見)같은 패러다임(paradigm)에 사로잡혀 있어서 본의 아니게 오류에 빠질 가능성이 상존한다.

말하자면 우리가 진리를 찾고 추구하는 노력과 무관하게, 또 우리가 진리를 선포하고 따르려는 의지와 상관없이, 우리는 진리를 발견하지 못하고 비진리와 허위에 빠질 수 있는 것이다.

진리가 무의식적, 무의도적 행위와 결부된 데 비해, 진실은 우리 스스로 하는 의식적 행위의 문제이다. 그것은 진리 인식의 유무와 무관하게 우리의 외적 언행이 우리의 내적 판단과 일치되어야 되는 것인데, 비진실한 이들은 그렇지 못하다. 그런데 Stefan Zweig이 Marie Antoinette에서 한 말처럼 '진실과 정치가 한 지붕 아래 사는 경우가 거의 없다.' (Wahrhaftigkeit und Politik wohnen selten unter einem Dach.)[254]

미국 건국 초기에도 정직의 가치를 중시한 이들이 더러 있었다. 당시 "정직이 최상의 정책이다."(Honesty is the best Policy.)이라는 표현은 초대 대통령인 George Washington도 애용했다고 하지만, 영국정치인이자 식민지 기업인이었던 Sir Edwin Sandys가 처음 사용했던 말로 전해진다.[255]

도산 안창호는 우리나라가 망한 것은 나라를 팔아먹은 매국노(賣國奴)들 때문이 아니라, 우리 민족의 거짓 때문이라고 외쳤다. 따라서 원수인 거짓을 우리 민족에게서 몰아낸다면 민족독립의 길이 트인다고 했다.

그는 인격의 힘을 중시했는데, 이 힘은 사(思)·언(言)·행(行) 인격의 삼대 분야에서 성식하고 건실한 도덕적 품성을 가져야 한다는 것이다. 이런 건전한 인격적 덕성을 함양하기 위해서 그는 4대 정신, 곧 무실(務實), 역행(力行), 충의(忠義), 용감(勇敢)의 4대 정신을 강조했는데, 이 가운데서 무실이 곧 정직하고 진실한 인격함양을 뜻하는 것이다.[256]

---

254) Stefan Zweig, *Marie Antoinette*, Leipzig, Insel-Verlag, 1932, Einleitung, "Nun wohnen Wahrhaftigkeit und Politik selten unter einem Dach."
255) *In Europae Speculum*, 1599, Sandys wrote:" Our grosse conceipts, who think honestie the best policie".
256) 이광수, 도산 안창호, 도디드, 2014

도산 선생의 가르침은 오늘날도 유효한 가르침이다. 실로 정직은 정치 분야에서뿐 아니라 모든 분야에서 드러난다. 이웃에 정직한 것은 인애(仁愛) 이고, 반려자에게 정직한 것이 정절(貞節)이고, 하나님에게 정직한 것이 신앙(信仰)이며, 그리고 진리에 정직한 것이 정의(正義)이다.

정직은 인격적 품성의 기초에 해당한다. 개인도 정직해야 할 뿐 아니라 국가도 정직해야 한다. 엄연한 남의 땅을 자기 땅으로 우기고, 명백한 역사적 사실을 부인하거나 왜곡하는 나라는 어떤 나라이든 정직하지 못한 나라이다.

많은 대중정치가들은 대개 교묘한 거짓말의 대가(大家)들이기 십상이다. 진실은 결국 정직함인데, 정치인들이 정의를 부르짖기 전에 정직해야 한다. 정직에 기초하지 않은 정의는 실상은 불의(不義)이다. 정직은 정의보다 앞선 가치이다. 정치인들의 의식에 정의보다는 정직이 더 우선의 가치라는 것이 각인되어야 한다. 선동이라도 진리와 진실에 근거한다면 중우정치라고 하기는 어려운 것이다.

나아가 정치인들은 대중에게 추상적인 내용으로 다가가지 않고 구체적인 내용으로 다가가야 한다. 마키아벨리도 말했듯이, 민중은 추상적인 이야기를 들으면 잘못된 판단을 내리지만 구체적인 이야기를 들으면 의외로 올바른 판단을 내리곤 한다.[257] 만일 정치인들이 구체적인 것으로 민중을 선동할 경우 대개 전부나 일부가 거짓말이거나 아니면 각색하였거나 또는 본질 아닌 다른 것에 강조를 두었을 경우이다. 그들은 대개 추상적인 언사, 단언적인 표현으로 민중을 선동하는 것이다. 따라서 정치인들은 반드시 사실에 근거하여 구체적인 내용으로 대중에게 다가가야 할 것이다. 그것도 진실의 연장인 셈이다.

6.3.2. 시민: 숙고와 양식의 원리

오늘날과 같은 초계몽(超啓蒙, Super-Enlightenment)의 시대에도 야만

---

257) 시오노 나나미, 십자군이야기, 제2권, 문학동네, 2011

(野蠻)은 살아있다. '야만의 회귀(Rückkehr der Barbaren)'는 오늘날 시대정신을 운위하는 이들이 사용하는 중요한 화두 가운데 하나이다. 구체적으로 거론하지 않더라도 이러한 야만들의 복귀에 대한 진단과 경고는 다양하게 등장하고 있다. 실로 야만의 현상과 흔적은 세상 곳곳에서 보인다.

작금 IS는 그 끔찍한 잔혹행위에서 야만임이 분명하다. 9.11 사태 때 미국 뉴욕의 무역빌딩을 비행기로 들이받아 무너뜨리며 수많은 인명을 먼지처럼 사라지게 한 이슬람 과격분자들도 분명한 야만이다. 알바니아계 40만 명을 죽인 세르비아의 정부지도자들도 야만이다. 역사의 진실을 완전부인하면서 군국주의부활을 이끌고 있는 어떤 나라의 어떤 정권도 야만이다.

그런 것들만 야만이 아니다. 노인을 폭행하고 금전을 갈취하거나 연약한 유부녀에 대해 악행을 저지르는 자들도 야만이요, 심지어 차창 밖으로 침 뱉고 담배꽁초 던지는 운전자들도 몰상식한 야만이다. 이들 중 상당수는 야만이라고 하기보다 짐승이라고 칭하는 것이 정당할 지 모른다. 이렇게 볼 때 세상은 가히 야만들과 짐승들의 세상이다.

정치적으로 보면 국가권력이 야만일 수도 있고, 우둔하고 무지막지한 민중이 야만일 수 있다. 사실 야만적인 권력은 민초들의 삶을 낭떠러지로 내몰기도 하고, 역으로 보면 거칠고 어리석은 야만민중이 국가를 위기상황으로 내모는 경우도 있다. 그런데 정치적 군주국가나 종교적 군주국가의 경우에는 독재자의 야만이 백성과 국가를 피폐함과 위기로 끌고 가지만, 민주주의 국가에서는 민중의 야만이 정치를 흔들고 국가위기 상황을 자초하는 경우가 발생한다.

이러한 야만적 중우정치의 경우, 시민들의 근본적인 의식변화나 자세수정이 일어나지 아니하면 온건한 민주주의의 전개가 어려운 것이다. 중우정치의 극복과 온전한 민주주의의 정착에 있어서는 무엇보다 시민들의 변화가 가장 중요하고 또 우선되어야 한다.

먼저는 양심(良心)과 윤리성(倫理性)의 회복이다. 중우들은 양심대로 행동하지 않고 이권이나 당파, 또는 진영논리에 따라 움직이기도 하고 심지어 거짓인 줄 알면서도 동조하는 경우가 많다. 정직과 진실과는 거리가 먼 선동 정치인들은 거짓을 가지고 이러한 중우들을 이용한다.

I. Kant에 의하면 '밤하늘에는 별이 반짝이고, 내 마음에는 도덕률이 빛난다.' (der bestirnte Himmel über mir und das moralische Gesetz in mir.)[258] 말하자면 인간은 천부적으로 양심을 지니고 있고, 동물들과 달리 선천적으로 윤리성을 가지고 있다. 우리 안에 있는 이러한 양심은 우리의 행동에 대해서 끊임없이 말하고 심지어 외치기도 한다. 대중이 이런 양심의 소리에 따르고 윤리성을 회복한다면, 거짓이 발을 붙이지 못할 것이고, 따라서 거짓말로 선동하는 정치인들이 사라질 것이다.

정치가들에게서 정의보다 정직이 앞서듯이, 대중에게도 이익이나 편들기 보다 정직이 앞선다. 진실과 정직은 신의 형상으로 지음 받은 만물의 영장인 인간이 지녀야 할 가장 보편적이고 필수적인 덕목에 속한다. 대중은 개인적 이거나 집단적인 이익에 대한 추구욕도 강하지만, 이념적 또는 실제적 소속을 통한 편 가르기와 패거리 정치성을 보이기도 한다. 이로 인해 거짓말인 줄 알면서도 사실인 양 따르고 선전한다.

이러한 대중의 의식과 행위는 중우정치가 자라고 성장하는 토양이다. 중우 정치의 씨앗은 선동정치가들에게 있지만, 그것이 뿌려지고 생장하는 비옥한 토양은 대중의 마비된 양심이요, 윤리성 없는 의식과 행동이다. 따라서 건전한 민주주의가 자라고 발전하기 위해서는 시민들이 살아 있는 양심과 바른 윤리 성을 지녀야 한다. 그러므로 이익이나 당파심에 의해 정치적 행동을 하는 것이 아니라 모든 문제들에 대해 사실 그대로 정직하고도 진실하게 다가가야 한다.

다음으로는 합리성(合理性)과 양식(良識)의 구비이다. 오늘날 포스트모던의 시대는 가히 logos의 시대가 아니라 pathos의 시대라고 해도 과언이 아니다.

---

258) Immanuel Kant, *Kritik der praktischen Vernunft*. Hrsg. von Horst D. Brandt und Heiner F. Klemme, Meiner, Hamburg 2003, Kapitel 34: " "Zwei Dinge erfüllen das Gemüt mit immer neuer und zunehmender Bewunderung und Ehrfurcht, je öfter und anhaltender sich das Nachdenken damit beschäftigt: der bestirnte Himmel über mir und das moralische Gesetz in mir. Beide darf ich nicht als in Dunkelheit verhüllt oder im Überschwänglichen, außer meinem Gesichtskreise suchen und bloß vermuten; ich sehe sie vor mir und verknüpfe sie unmittelbar mit dem Bewusstsein meiner Existenz."

철학연구의 경향도 합리성과 체계성을 중시한 Kant나 Hegel에 관심이 있는 것이 아니라, 의지나 욕망, 아니 심지어 광기를 내세운 Schopenhauer와 Nietzsche, Freud와 Foucault에 관심이 쏠려있다. 대화나 소통을 통하여 어떤 공유점을 찾아 갈등이나 분열을 극복하고 또 욕망적 퇴행을 피하면서 사회를 더욱 합리적으로 발전시켜야 한다는 Habermas 같은 Frankfurter 학파의 외침은 개성, 욕망, 소통 부재의 시대에 공허한 메아리로만 울린다.

하지만 정치적 맥락에서의 군중의 반(反)이성과 충동은 이러한 합리화와 규격화를 내세워 온 이성의 시대의 포스트모던적인 반작용이 아니라 어떤 의미에서 비계몽적인 것에 해당한다. 학문이나 과학이 계몽의 산물이라고 해도 대중이 다 계몽의 자식들이 된 것은 아니다.

도덕적 군중 못지않게 계몽적 군중도 중요하다. 비계몽적 군중의 행태는 비이성적, 반합리적이어서 의식이 맹목적이고 행동이 반계몽적으로 나타날 수 있다. 정치적 사안을 두고 그들은 반응할 때에 사유와 반성을 통한 이성적 분석으로 반응하는 것이 아니라, 감성적으로, 욕망적으로 반응한다. 이성혼 이란 Platon이나 Aristoteles가 말한 인간 속에 들어있는 '신적'(theios)인 것이고 동물들과 그를 결정적으로 구분시키는 고유의 것이기는 하지만, 인간 에게는 그것의 작동보다 외부에 대한 오감의 반응, 그것에 따른 정서의 대응이 더 앞선다. 어떤 사안이던지 감각의 대상이라면 오성의 세계로 들어 가는 데에는 시간이 걸리는 것이다. 고유한 사유에서 나온 대상이 아니라 감각의 대상인 경우 이성의 반응에 훨씬 앞서 감정과 욕망이 반응하는 것이다.

지성적인 훈련을 받지 않은 비계몽적 대중이나 지성으로 가기를 피곤해하고 감성이나 욕망에 머물러 있으려고 하는 포스트모던적인 대중은 이성의 본격 적인 작동이 결여된 경우가 많다. 그것도 자기의 손익관계나 이해관계에 결부된 것이 아니라면 깊은 사유를 거쳐 합리적 결론에 도달하는 것을 피곤 해 한다. 이 시대의 대중의 감성적, 욕망적 성향은 외적으로는 몰려드는 감 각 문화의 거센 도전들에 대한 향유로 인해, 내적으로는 지성적 사유 과정에 대한 피곤함과 게으름에 기인한다.

이 시대의 중우들은 외적 물질 문화와 내적 지성적 나태함의 야합에서 태어난 자식들이다. 그것 위에 한 가지가 더 있다면 그들의 감성이나 욕망을 터치하는 선동정치가들의 허황되고 자극적인 말장난이다.

의식주 문제나 개인의 이해관계에 결부된 사안 외의 문제들, 이를테면 의식주 문제가 아닌 학문이나 예술의 문제, 또는 우리 개인의 경계를 뛰어넘은 우리가 속해있는 집단이나 사회 내지 국가의 문제에 대한 지성의 기능은 그저 자동적으로 작동되어지기는 어렵고 훈련과 습관으로 가능하다. 우리의 지성도 우리의 육체만큼이나 게으르다. 따라서 육체도 반복하고 훈련해야 하듯이 우리의 이성도 훈련을 받고 연습을 해야 한다.

이러한 훈련은 어떤 사안에 대한 기본인식부터 새로이 하고 그것에 대한 판단의 연습을 하는 것이다. 가장 기본적인 것은 내게 사적으로 해당되는 개인적인 문제만 중요한 것이 아니라, 내가 속해있는 공동체적, 사회적, 국가적 문제도 내 삶과 미래에 결정적으로 영향을 주고 있음을 인식하는 일이다. 아니 내 개인에게만 영향을 주는 것이 아니라 후세대인 내 자손들에게는 더 큰 영향을 줄 수 있음을 인지하는 일이다. 그리고 그러한 집단의 문제에서 내 개인이 별다른 영향을 줄 수 없고 따라서 참여 여부가 별 의미가 없다는 생각을 불식시켜야 한다.

공동체는 개개인의 결집에서 이뤄질 뿐 아니라, 하나의 유기체적 성격을 지니고 있으므로 매우 중요하다는 점을 깨달아야 한다. 이러한 인식을 하고 난 이후에는 내 감각에 들어온 사안들을 내 지성의 세계로 넘겨서 항상 사유의 대상으로 삼아야 한다. 그래야 바른 인식에 도달하고 올바른 판단을 내릴 수 있기 때문이다.

이렇게 되기 위해서는 감성에서 이성으로 가는 과정상의 시간이 있어야 하고, 감각적인 것으로부터 탈피하여 오성 속에 들어온 사안들을 살피고 깊게 생각해보는 인식적 여유(餘裕)를 가져야 한다. 모든 사안에 대해 감각이나 감정, 그리고 욕망이 던지는 것처럼 즉각 반응하지 말고 사유의 세계에서 다뤄보는 여유가 있어야 한다.

말하자면 대중이 중우로 변질되지 않으려면 언어적 표현과 행위적 반응에서 즉각성을 버리고 여유를 가지고 사유를 통한 바른 판단이 내려지기 전까지 인내(忍耐)가 필요하다. 반응에서 정신적 여유와 인내는 정치적 맥락에서도 중우들이 되지 않는 좋은 덕목인 것이다.

　　대중이 모든 정치적 사안에 대해서도 찰나적인 반응을 보이지 않고 깊게 사유하고 길게 반성하므로 진정한 민주주의의 초석이 놓이게 되는 것이다.

　　한 가지 예를 들자면 인터넷 뉴스에 정치적, 사회적으로 민감한 문제에 대한 기사가 보도되었다고 하더라도 즉각적으로 반대글을 올리므로 반응을 하여 세상을 소란케 하는 것이 아니라, 반드시 하루 이상의 시간을 두고 다른 정보들도 찾아보고 곰곰이 사유하여 반응할 수만 있다면 세상은 훨씬 덜 소란하며 억울한 이들도 적어질 것이다. 말하자면 반응은 감성이나 욕망으로 하지 않고 이성으로 하는 훈련을 들여야 한다. 이성이 지배하는 곳에 중우는 사라지고 선동가들도 발을 붙이지 못할 것이다.

　　'사유(思惟)하는 대중'이 많은 나라가 정치적 민도(民度)가 높은 나라이다. 그렇게 사유를 통하여 반응한 이후에는 혹 결정을 해야 할 문제라면 민주주의의 원칙을 따라 다수결로 결정하면 되는 것이다. 그러면 세상의 소란은 훨씬 줄어들 것이다.

　　그리고 양식의 구비라는 점에서 신뢰(信賴)의 문제를 간략히 지적해 보고자 한다. 오늘날처럼 대중을 상대로 한 정치가 주로 실재에서 보다 온라인상에서 이뤄진다면 과거에 비해 정치가들 못지않게 시민들이 지녀야 할 주요 덕목 가운데 하나가 신뢰라고 할 수 있다. 왜냐하면 온라인상에서는 익명성, 가명성이 표현의 자유를 장려하고, 그러다 보니 근거가 없거나 약한 말들이 무책임하게 쏟아져 나오거나 유포되고, 그로 인해 문제해결에 있어서 어떤 동의나 연합에 이르는 것을 방해할 수 있기 때문이다.

　　그러므로 시민들은 스스로 신뢰성을 유지하도록 해야 하고, 또 공적기관들의 정당하고 정확한 발표들에 대해서는 무조건 의심을 갖는 것이 아니라

가능한 신뢰를 보내야 한다. 이에 앞서 무엇을 발표하는 정부나 공적기관들이 먼저 솔선수범하여 신뢰의 토대를 구축해야 함은 물론이다.

하여튼 신뢰는 온라인 정치에 있어서 가장 놓치기 쉬운 요소가운데 하나이면서 유지해야 할 가장 가치있는 요인 중에 하나라고 할 수 있다.[259] 'Cybertrust'는 민주주의로 나아가는 중요한 요인이다.[260]

마지막으로는 시민성(市民性)의 회복이다. 시민성이란 시민이 지니는 성격이나 본질을 뜻하는데, 한마디로 정리하면 '시민다움'이라고 할 수 있다.

이 맥락에서는 '시민'이라는 용어를 '민중', '대중', 심지어 '군중'이라는 용어와 대비시키려고 한다. 물론 이런 용어들과 대비를 한다면 '국민'이라는 용어는 '시민'에 근접한 것으로 분류할 수 있을 것이다. '민중', '대중', '군중'을 비교해 보면 민중이 다른 두 가지 용어에 비해 보다 더 정치적인 무리들을 지칭하던지, 아니면 무리들을 보다 더 정치적 시각에서 접근한 용어라고 할 수 있을 것이다.

말하자면 민중(民衆)은 한자어의 백성 '민(民)' 자가 들어가는 것을 볼 때, 한 국가의 백성들로서 정치적 권리, 즉 참정권을 지닌 이들을 지칭하는 것이라고 할 수 있다.

이에 비해 대중(大衆)이나 군중(群衆)은 그러한 정치적, 이념적 경계는 물론 국가적이고 민족적인 경계와도 무관하다. 이것들은 종족이나 국가에 무관하게, 또 특별히 정치나 어떤 이념적 성향으로 뭉쳐지지 않은 다수의 많은 무리, 군집한 많은 무리라는 뜻이거나 아니면 설령 정치적 또는 이념적 성격을 지닌 이들이라 하더라도 그러한 관점에서 접근하지 않고 보는 측면에서의 뭇사람을 의미한다.

그러나 '시민(市民)'이라고 하는 것은 국가의 경계는 공유하고 있더라도 이러한 정치적이고 이념적 측면으로 범주화시킨 무리는 아니고, 나아가

---

259) Andrew Chadwick, op.cit., 58
260) William H. Dutton & Adrian Shepherd, Trust in the Internet as an experience technology, in: *Information, Communication & Society*, Volume 9, Issue 4, 2006, pp. 433-451

민중, 대중, 군중처럼 하나의 거대한 무리라고도 볼 수 없는 것이다.

따라서 이 단락에서 시민성을 회복해야 한다는 것은 우선 소극적으로 이러한 민중성, 군중성, 대중성을 피하라는 뜻으로 정치성을 띠거나 집단의 일원으로 흡수되는 것을 피하라는 뜻이다. 말하자면 민주주의가 중우정치로 퇴락되지 않기 위해서는 시민 내지 국민들이 쉬 집단화되거나 아니면 정치화 되는 것을 주의해야 한다는 것이다.

따라서 집단이 저지르는 감성주의, 과격주의, 선동주의, 맹목주의 등에 빠 지지 말아야 한다는 것이고, 나아가 최대한 정당의 당원이 된다거나 정치적 경향성을 강하게 지녀서는 안 된다는 것이다. 말하자면 시민의 탈집단화와 비정치화에서 선동정치는 극복되고 견고한 민주주의의 수립이 가능한 것이다.

군중이 저지르는 이러한 반민주성을 학술적으로 가장 면밀하게 연구한 학 자중 한 명이 불가리아 출신의 스페인계 유대인 작가요 심리학자인 Elias Canetti이다. Toynbee로부터 '군중의 성격을 새로운 측면에서 조명함으로 써 인간역사에 대한 포괄적인 이해의 초석을 구축한 책' 이라는 평가를 받은 대표작 Mass und Macht(군중과 권력)에서 카네티는 본인이 경험했던 일 들과 그가 살아온 암울한 시대에서 드러난 군중의 특성과 심리를 예리하게 고찰하고 있다.

그에 의하면 군중은 몇가지 분명한 특성을 지니는데, 곧, 1)군중은 항상 성장한다 2) 군중 내부에는 평등성이 지배한다 3)군중은 뭉치기를 좋아한다 4)군중은 하나의 방향을 원한다[261]는 것이다.

말하자면 그는 군중의 발달성, 평등지향성, 단합성, 역동적 방향성을 지적 한다. 군중 이전에는 개별자로서의 타인과의 경쟁, 그런 와중에서의 대인 기피, 그리고 결과적으로 찾아오는 고립과 불안을 갖던 이들이 타자와 같이

---

261) Elias Canetti, *Masse und Macht*, Claassen, Hamburg 1960; 5. A. ebd. 1992, 군중의 네가지 특징(Vielfältige Massenphänomene)을 열거한다.1.Die Masse will immer wachsen; 2Innerhalb der Masse herrscht Gleichheit; 3.Die Masse liebt Dichte; .Die Masse braucht eine Richtung

어울리게 되는 군중 속에서 안전감, 평등의식, 그리고 상호동질감과 일치를 향유한다는 것이다.

나아가 군중이란 이전의 계급과 신분사회 속에서 다양한 차별을 경험해 온 이들이 그것들로부터 탈피하여 자유를 맛보는 해방구 역할이 된다는 것이다. 이제는 이 군중 속에서 신분이나 계급, 빈부 등 다양한 개인적 차이의 소멸을 통해 평등과 소속감에 의한 일종의 자유를 경험하는데, 카네티는 그것을 방전(放電, Entladung)이라고 칭했다. 그리고 이렇게 방전을 경험한 이들은 하나의 덩어리가 되어서 어떤 방향으로 지향하는 속성을 지닌다고 한다.

여기에서 그는 자기 나름대로의 독특한 시각인 자연의 특성과 그것에 대한 인간경험에 관한 인류학적 통찰에서 군중의 집단심리적 성격을 읽어낸다.

그는 침엽수의 숲을 경험한 독일인들이 다른 국민들에 비해 군중의 집단 심리를 극명하게 드러내 준다고 보았다. 하늘을 향해 균일하게 치솟아있는 나무들의 군집을 보고 생장해 온 나치 군인들에게는 다른 나라 민족들과 비교가 안되는 명확한 군중심리가 보인다는 것이다.

이러한 숲의 상징학을 통해 그는 나무들이 함께 어울려져 있는 모습에서 개인적 생존보다 집단적 생존(生存)의 원리, 개별나무들이 같은 조건에 같은 모습으로 나란히 서 있는 것에서 평등(平等)의 원리, 그리고 한결같이 하늘을 향해 치솟아 오르는 수직성장에서 군중이 추구하는 공동(共同)목표의 원리를 찾아내었다.

책의 전반부에서 군중의 형성과정과 행동양태를 분석한 그는 후반부에서는 그렇게 형성된 군중이 어떻게 권력에 길들여져 움직이는가에 주목한다. 그에 의하면 개인이 군중 속으로 들어가 평등의식과 해방감을 경험하는 것은 일시 적인 것이요, 또 하나의 심리적 착각이며 환영(幻影)에 불과한 것이라고 본다. 그들은 바로 군중을 먹이로 삼는 독재자의 밥에 불과하다는 것이다. 실로 세상의 모든 독재자들은 민중을 시식하면서 생존하는 법이다.

그가 군중의 특징으로 지적하는 네 번째 특징인 '하나의 방향(eine Richtung)' 지향성에서 군중의 정치적 연루가능성과 이용가능성이 암시되고 있다. 실제로 그가 이 책에서 가장 주목한 히틀러나 레닌 같은 이들은 각기 독일 민중이나 프롤레타리아트 계급을 그렇게 이끌고 간 것이다.

독재자들은 군중이 나아갈 하나의 방향성을 던지면서 그들을 자기의 생존욕과 권력욕 성취의 수단으로 삼는 것이다. 그에 의하면 권력자들은 자기들이 살기 위해 군중을 죽음으로 몰아간다고 한다. 그들이 스스로 죽음의 세계로 가도록 정치적 구호를 지으면 민중은 그것을 외치면서 집단적 자멸의 길로 간다는 것이다. 그러면서도 군중들은 자신들을 죽음으로 내몬 독재자들, 이를테면 카이사르, 칭기즈칸, 나폴레옹, 히틀러 같은 이들을 숭앙하고 있다는 것이다.

20세기 전반기 유럽에서 군중과 독재자의 선동, 그리고 권력과 죽음의 밀접한 연관성을 경험한 카네티는 이렇게 군중과 권력의 관계를 철지하게 분석하고 처절하게 폭로한다. 그의 가르침에서 우리가 깨닫는 한 가지는 무엇보다 먼저 개인들이 군중화될 가능성과 위험이 상존한다는 것이다.

카네티는 자기 스스로도 얼마나 국외자에서 군중 속으로 쉽게 빨려 들어갈 수 있었던지에 대해 진솔한 회상을 한다. 한 가지는 1924년 극우주의자들에 의해 독일 외무상 라테나우 암살 사건에 항의하기 위해 대규모 노동자 데모에서, 두번째는 1927년 오스트리아 비엔나의 법무성 건물에 불을 지른 강력한 시위 현장에서였다고 한다. 단순히 구경꾼이었던 그가 자신의 의지와 달리 자신 역시 흥분에 휩싸여 군중 속으로 빨려 들어가는 듯한 심리현상을 경험했다는 것이다. 그는 자기도 모르는 사이에 어느새 그 시위에 몰입하여 군중의 일부가 되었다는 것이다.

그러나 다음으로 카네티가 던지는 교훈을 쫓으면 군중(群衆)이 정치적 성향의 민중(民衆)으로 가지 말고 시민(市民)으로 돌아와야 하고 시민성을 회복해야 한다는 것이다. 시민성(市民性)이란 먼저는 집단에 휩싸인 군중의 테두리 안에 머물지 말고 각자가 지니는 정체성을 통한 개별성과 자율성 가운데서 집단성을 극복하면서 고유의 판단과 행동을 해야 한다는 것이다. 그러는 가운데서도 합리성과 논리성에 근거한 연대가 이뤄지면 시민운동을 전개할 수도 있는 것이다.

나아가 건전한 시민운동에서 보이듯이 정치성을 버리는 것이 중요한 시민성의 특징이다. 정치성(政治性)이란 사안을 면밀하게 분석하고 판단하기 전에 아예 자신이 선호하거나 속하여 있는 정파의 입장이나 방침에 기울어 버리거나 또는 우리 사회의 보수와 진보 같은 정치성향적 방향에 자기 자신을 아예 경도시켜 버리는 것이다. 말하자면 시민성이란 집단(集團) 논리에 빠지지 않고 개인(個人) 논리에 충실하는 것이고, 정치(政治) 논리에 함몰되지 않고 사안(事案) 논리에 머무는 것이다.

이렇게 볼 때에 정치인이나 시민들이 합리성과 윤리성을 구비하면 중우정치의 위험에 빠지지 않고 민주주의의 길을 걸을 수 있는 것이다.

6.3.3. 사회: 공화(共和, homonoia)의 원리

이상의 논의에서 정치가들이나 시민들이 취해야 하는 종합적 자세는 숙고(熟考)임을 알 수 있다. 정치는 현실적으로는 결국 판단과 투표나 의사결정 같은 행위로 이뤄지는데, 이런 행위는 바르고 깊은 숙고에서 나와야 한다. 숙고에는 자기 내면세계에서 깊은 성찰을 해야 하는 것과 동시에 다른 이들의 생각과 입장에 대한 이해가 수반되어야 한다. 이 두 가지가 이뤄지면 시민들 상호 간의 상당한 이해와 합의에 도달할 수 있을 것이다.

오늘날 국가가 당면한 가장 중요한 문제는 내부적 갈등과 분열이라고 할 수 있다. 이것은 우리나라가 직면한 문제이기도 하다. 이러한 갈등과 분열은 복잡한 양상을 띠고 있다. 분열의 양상은 단층적이지 않고 복층적이고, 단선적이지 않고 복선적이며, 단면적이지 않고 다면적이다.

복층적(複層的) 분열이란 어떤 개인이나 동질세력 내부에서 생각이나 입장이 달라 스스로 갈등하고 분열될 요소가 있다는 것이다. 이를테면 한 정당에 있어서 어떤 정치적 사안을 두고 구성원들 간의 입장이 판이하게 다른 경우들을 말한다.

복선적(伏線的) 분열이란 개인이나 정치세력이 상대와의 관계에 있어서 겉으로 드러난 갈등과 달리 숨어있는 다른 요인들이 있고 그로 인해 명시적 갈등 외에 암시적인 관계구조가 있다는 것이다.

다면적(多面的) 분열이란 한 개인과 개인, 집단과 집단 사이에 해결되어야 할 한 가지 갈등만 있는 게 아니라 다양한 문제들이 얽혀 있음을 말한다.

오늘날 한국 사회도 이러한 복층적, 복선적, 다면적 갈등이나 분열로 인해 극심하게 나눠져 있고, 그로 인해 대립과 투쟁의 구도를 보이고 있다. 이러한 구도 가운데서는 국가지도자들이나 국민들의 정신적 에너지는 소진되고 국가발전의 도모가 쉽지가 않는 것이다. 특히 관심과 정신적 에너지의 내부적 소비는 외부적인 문제에 대처하거나 준비하지 못하게 하므로 국가의 미래는 물론 현재까지 위태롭게 한다.

그것보다 더 심각한 문제의 발생도 가능하다. 내적갈등이나 분열이 심각할 적에는 국민들은 어떤 강력한 힘의 등장을 희구한다는 점이다. 20세기 전반기 독일도 시대의 흐름에 따라 근대적 질서가 종식되면서 정치적으로 국가가 매우 혼란스러웠을 때 극좌의 마르크스주의와 극우의 국가사회주의의 이념들이 강력한 힘으로 등장하게 되었던 것이다. 이 양자의 극단 속에서 어쩌면 독일국민들은 양자택일의 기로에 서게 된 것이다.

갈등과 분열의 시대에는 늘상 극단적이고 독단적인 정치이데올로기나 전제적 국가지도자들이 등장하는 것이다. 이들은 한결같이 강력한 이데올로기적 논리로 국민들을 선동하고 사회와 국가를 일방적인 방향으로 끌고 가려고 하면서 반(反) 민주주의적 노선을 걷는 것이다.

따라서 갈등과 분열, 대립과 투쟁의 상황을 초래하지 않고 또 혹 그런 것들이 발생하더라도 그것을 극복하는 중요한 길은 대화(對話)와 조화(調和), 그리고 공화(共和)이다.

'대한민국(大韓民國)은 민주공화국(民主共和國)이다.' 라는 구절이 대한민국 헌법(憲法) 제1조 제1항이다. 우선 여기에서 헌법은 우리나라를 국가의 정체(政體)와 형태를 민주공화국으로 규정하고 있으며 반(反)민주적 공화제 체제와 군주제를 부정하고 있음을 볼 수 있다.

그런데 그것을 설명하는 것과 같은 제1조 제2항은 '대한민국의 주권은 국민에게 있고, 모든 권력은 국민으로부터 나온다.' 라고 명시하고 있는데, 여기에서는 민주(民主)의 원칙들을 수렴하고 있는데 반해, '공화(共和)'의 원칙은 누락되어 있음을 볼 수 있다. 그리고 그 이후 헌법의 어떤 부분도 국가정체명에 나오는 공화의 원칙을 부연하여 설명하거나 뒷받침하지 않고 있음을 알 수 있다. 실제로 또 우리는 '민주공화' 가운데서 '민주'는 강조하고 이루려고 했지만, '공화'는 강조하지 않고 이뤄지지 않아서 사회적 갈등, 정치적 분열, 이념적 분열, 갈등과 혼란이 일어나고 있는 것이다.

물론 '공화국'을 서양적 어원에서처럼 'republica(res publica)'로 이해한다면 그것 역시 공공적인 것, 시민적인 것을 의미하므로 제1항의 설명에 수렴된 것으로 이해할 수도 있다. 하지만 '공화'라는 우리 언어적 개념의 뜻을 살피면 이는 다른 차원의 원리가 내재되어 있음을 간파할 수가 있는 것이다.

사실 이것의 우리 언어적 의미는 *republica*가 아니라 헬라어의 homonoia에 해당한다고 할 수 있다. Homonoia는 헬라정치에서의 중요한 국민적, 국가적 덕목으로 등장한다.

고대 헬라 사회에서 *homonoia*의 본래적 의미는 정치적인 것이었다. 물론 Isokrates의 *Nikokles*[262] 같은 문헌에서 나타나듯이 '*oikos*의 *homonoia*', 즉 '가정의 *homonoia*' 같은 용어가 쓰이기도 했지만, 그런 용법은 부차적인 것이었다. 당시 Xenophon 같은 이들에게서 드러나는 소크라테스적 이상에 따르면 이 *homonoia*는 무엇보다 폴리스를 위한 최고의 선이었다.[263]

---

262) Isokrates, *Nikokles*, § 41.
263) Athanasios Moulakis, *Homonoia*, München: Paul List Verlag, 1973

그러면 이 *homonoia*의 의미는 무엇이며, 이것이 정치에 주는 메시지는 무엇인가? 우선 여자적인 의미로 ὁμόνοια는 라틴어의 concordia에 해당하는 것으로, '같은 마음', '같은 생각'을 뜻하고, 화목, 조화, 화합, 일치, 융합 등의 말로 번역될 수 있을 것이다. 이것은 고대 헬라 시대에는 인격화되어 하나의 여신(女神)으로 나타나기도 했고,[264] 그 적용범위는 가족, 시민, 국가들, 인류, 심지어 스토아학파에 가면 존재 전체까지 포함하는 것이기도 했다.[265]

*Oikos*의 *homonoia*는 가정 내에서 가족 간의 화목을 의미한다고 볼 수 있다. 그리고 국가에서는 시민들 간의 조화와 일치를 뜻하는 것이다. 말하자면 시민들 간에 갈등이 없는 조화, 대립이 없는 화합, 분리가 없는 융합, 분열이 없는 일치의 상태를 의미한다. 이를테면 공화(共和)의 덕을 말하는 것이다.

이 공화의 덕은 Aristoteles 같은 고전적 공화주의자들에게는 타자(他者)에 의한 지배가 아니라 자기지배(自己支配)에 의한 자유의 이상, 거기에다가 근세의 공화주의자들인 Machiavelli나 Rousseau 같은 이들이 표방한 평등의 가치를 융화한 것으로 보아야 할 것이다.

*Homonoia*는 전통적으로 공화주의자들이 내세운 이러한 실제적인 변화 외에 심리적 변화도 수반한다. 이 개념의 어원은 앞서 언급한 바대로 '같은 생각'인데, 이 말은 시민들이 단순히 공익적인 문제에 대해 의견이 일치되고 융합을 이루는 것만이 아니라 서로가 심적으로 유대의식을 갖는 것을 뜻한다.

다시 말하면 페르시아 전쟁 시 Isokrates가 제창한 βαρβαροί에 대항한 ἑλληνικοί의 이념처럼 한 민족이나 한 국민과 같은 강한 공동체적 유대의식이 중요하다. 이를테면 시민 전체에 해당하는 공동체의 어떤 공익적 문제(res publica)에 대한 유대관계인 *koinonia*를 넘어 심리적 연대와 의식적 융합까지 수반된 참된 *homonoia*가 필요한 것이다.

---

264) 로마신화에서는 여기에 해당하는 여신은 **concordia**로서 조화와 평화의 여신으로 나타난다.
265) cf. H. Kraemer, *Quid valeat ὁμόνοια in litteris Graecis*, 1915, 45ff.

어쩌면 이러한 차원은 마치 oikos의 *homonoia*를 확장한 것과 같은 것이다. 하지만 가족 내에서는 혈연에 의한 친밀한 유대관계인데, 이것을 시민이나 국가적 차원으로 확장하기 위해서는 어떤 식으로 접근해야 하며 전개해야 할까? 이것이야말로 국민의 진정한 통합인 외적, 내적 *homonoia*를 추구하는 국가지도자 내지 정치가들의 과제일 것이다.

그러면 이러한 내적, 심리적 *homonoia*는 어떻게 이룰 수 있을까? 여기에서 우리는 러시아의 전통철학적 개념인 *sobornost*를 떠올릴 수 있다. 일찍이 슬라브광애주의자(Slavophile)들이었던 Aleksej S. Chomjakow(1804~1860)와 Ivan Chireevsky 등에 의해 구상되었다가 W. Solowjew나 N. Berdjajew에 의해 사용된 개념인 *sobornost*는 '연대(連帶)'나 '공동체성'을 의미하는 낱말로 A. Gulyga와 같은 이들에 따르면 이것은 서구적 개인주의를 극복하기 위한 러시아의 이념적 대안이었던 것이다.[266]

이것은 정교적 신앙에 기초한 것으로서 각자는 하나님과 인격적 유대관계 속에 있고, 그리고 하나님 안에서 신자들이 상호 간에 연결되어 있어 전체가 하나의 유대를 이룬다는 뜻이다. 이때 각자는 구속되어 있는 것이 아니라 내적으로 자유롭고 서로 간에는 갈등이 없이 조화를 이룬 상태이어서 그것은 마치 오케스트라단이나 합창에 비유될 수 있다는 것이다. Nikolai Lossky에 의하면 *sobornost*는 '동일한 절대가치에 대한 공통적인 사랑에 근거한 사람들의 자유의 융합과 통일성'[267]이라는 것이다.

Semyon Frank(1877~1950)는 sobornost의 세 가지 형태를 언급하고 있다. 첫째는 가정적 차원에서 사랑에 근거한 핵가족(核家族)의 유대, 둘째는 종교적 차원에서 영적인 가치를 향한 공동적 태도를 통한 영적(靈的) 유대, 셋째는 정치적, 국가적 차원에서 공동의 과거, 공동의 문화적, 역사적 전승 같은 공동운명을 공유하고 있는 시민들 내지 국민들의 유대가 있다는 것이다.[268]

---

266) 전광식, 마르크스주의 이후의 철학, 대구, 1995, 214
267) Chris Matthew Sciabarra. *Ayn Rand: The Russian Radical.* Pennsylvania State University Press, 1995, 28

사실 이러한 *sobornost*의 이념은 *homonoia*가 보여주는 심리적인 생각의 유대보다 깊은 어떤 종교적 차원의 영적인 유대를 제시한다.

오늘날의 시대는 제정시대의 러시아처럼 정교(正敎) 같은 하나의 국교가 국민의 종교적 삶을 이끄는 것이 아니라 다양한 종교와 다양한 세계관들이 횡행하는 다원주의적인 사회요 상대주의적인 사회이다. 이러한 시대에서는 러시아의 종교철학자들이 꿈꾸었던 시민들 간의 종교적이고 영적인 유대 관계를 이룩하기가 어려운 상황이다. 따라서 종교적인 접근은 힘들겠지만, 종교와 같은 강한 유대의 띠가 필요하다.

Aristoteles의 정치사상에 있어서 *homonoia*로 표현되는 이런 강한 유대의 띠는 *philia politike*, 즉 정치적(政治的) 우정(友情)이다.[269] 우정이란 친구의 어려움과 아픔에 동참하고 친구의 마음과 삶의 동반자로 자리매김하는 것 이다. 그것은 단순한 유대나 연합의 차원을 뛰어넘는 강한 심리적 연결을 의미한다. 그것은 어쩌면 '마음을 함께 하는 것(together-mindeness)'[270]을 의미한다. 아리스토텔레스는 이러한 시민적 유대의 우정을 민주정의 이상 적인 모습으로 그렸던 것이다. 그러면 시민들이 어떻게 우정 같은 연대를 가질 수 있을까?

이 중요한 물음에 대해 우리는 정치영역에 앞서 경제영역에서 고민해 보자. 영국의 국부론자 Adam Smith의 이론에 따르면 그렇게 이기적인 인간들도 시장바닥에서는 시민 간의 우정이 싹틀 수 있다고 한다. 그는 시장 이란 동등한 이들이 사고 파는 수평적 관계구조 속에 있으므로 자유로우면서도 활달한 인간관계를 경험할 수 있는 최적의 장소로 보았다.

따라서 이러한 관계 속에서 주종(主從) 관계와 같은 봉건적 질서에서는 도저히 경험할 수 없는 평등과 자유를 만끽할 수 있고, 그것에 기초하여 참된

---

268) S.L. Frank, 1992. 'Dukhovnye Osnovy Obshestva' [The Spiritual Foundations of Society]. Moscow: Respublika. - p. 58-59.

269) cf. Kostas Kalimtzis, Aristotle on Political Enmity and Disease. An Inquiry into Stasis, Albany: State University of New York Press, 2000.

270) ibid. xiv

우정이 싹틀 수 있다는 것이다. 이러한 우정은 심지어 형제애의 단계까지 가면서 기존의 시민질서를 새로이 재편하는데, 그로 인해 개인과 사회는 좀 더 발전한다는 것이다.[271]

이 경제적 인간관계학(人間關係學)의 이론에는 정치적 인간론과 사회론에 주는 의미가 분명하게 드러나 있다. 스미스가 주목하는 우정의 근거는 공감(共感)(sympathy)이다. 그에 의하면 인간이 아무리 이기적인 존재라고 하더라도 그 안에는 이것과 상반되는 연민과 동정심 같은 다른 천성(天性)이 존재한다.[272] 이런 천성은 타인의 감정과 행동을 주시하면서 그것에 대해 동감하는 성격으로 곧 공감(共感)이라고 할 수 있다는 것이다.

이러한 스미스의 논리를 정치 영역에 적용하면 그가 언급한 경제 분야에서보다 더 분명하다. 사실 시장은 연민과 동정도 존재하지만, 돈을 벌고자 하는 욕망, 물건을 싸게 사고자 하는 욕망, 그런 것을 통하여 생기는 허영과 사치인데, 그것은 시장바닥을 다니는 누구에게나 있는 것이다.

하지만 정치의 영역에서는 권력을 지니고자 하는 소수의 정치가들을 제외하고는 이러한 욕망이 없는 것이다. 우정은 평등과 자유를 느낀다고 이익 추구를 위해 혈안이 되어있고 욕망의 추한 전투가 벌어지는 시장에서 생기는 것이 아니라 Pythagoras의 철학자에 해당하는 무욕(無慾)의 관조(觀照)에서 생기는 것이다.

기실 정치라는 경기(競技)에 대해 대중은 관조(觀照)하기 마련이다. 그들은 관중석에 앉아 아래의 경기장에서 벌어지고 있는 선수들의 몸놀림을 관조하던 고대 헬라의 관객들처럼 무대 위에 올라 권력 쟁취의 춤질을 하는 정치가들의 추한 무용을 단 아래서 쳐다보고 있는 이들이다. 그들은 권력 추구의 정치가들에 대해 구경꾼으로서의 무욕의 자신들을 분리시키면서 하나의 동류의식과 동질의식을 느끼는 것이다. 그들은 정치가들이 무대 위에서 보여

---

271) Stefano Zamagni & Luigino Bruni, Economia Civile, 21세기 시민경제학의 탄생, 서울, 2015
272) Adam Smith, Adam Smith(1761). *Theory of Moral Sentiments* (2 ed.). Strand & Edinburgh: A. Millar; A. Kincaid & J. Bell. Retrieved 26 May 2014, Part1, 1, 1

주는 욕망의 춤동작을 똑같이 이상하게 바라보고, 그것을 두고 서로 말하면서 소통하게 되고, 이러한 소통을 통하여 같은 마음을 지니게 되고 하나가 되는 것이다.

모든 군중은 소수 정치가들의 저편에 있는 정치권력의 아웃사이더들이다. 어떤 종류의 아웃사이더들이건 간에 이러한 국외자(局外者)들 간에는 어떠한 개인적인 차이에도 불구하고 뭉쳐서 결집될 수 있는 가능성이 있다. 만일 그들이 같은 마음으로 조화를 이루어 하나가 되지 못하는 경우가 생긴다면 그것은 정치가들의 관여나 개입이 있을 경우이다.

정치가들은 거짓말과 허황된 말, 그런 것이 아니라면 자기 당의 논리를 가지고 현란한 말재주로 사람들을 홀리는 경우일 것이다. 이러한 정치가들의 이질적인 시민 개입이 없다면 시민들은 정치적으로 착하고 어진 백성들이다. 정치가들의 농간과 선동만 없으면, 그것 이전에 그들의 부질없는 권력욕이 사라진다면 시민은 아름다운 *homonoia*를 이룰 수 있을 것이다.

그러면 이제 남아 있는 과제는 어떻게 권력의 무대 아래 있는 관객들이 *homonoia*로 가는 우정을 맺을 수 있을까라는 문제이다. 우정은 무엇보다 맞닥뜨림에서 생긴다. Adam Smith가 시장통에서 구매자와 판매자들의 시민적 우정이 생긴다고 본 것은 아무런 신분차나 지위고하 여부를 막론하고 팔고 사는 단순한 상(商)행위를 통한 부딪힘을 보았기 때문이다. 시장(市場)이 우정산출의 장소가 되는 것은 판매자와 구매자가 서로 만나서 대화하고 절충하고 거래하는 직접적인 만남이 있기 때문이다. 그러면 정치적 영역에서 시민적 만남과 부딪힘은 어디에서 가능한 것일까?

흔히 광장이나 거리가 시민들의 정치적 만남의 장소가 되고 유대가 이뤄지는 것으로 생각하기 십상이지만, 실상 우리나라 현실에서만 보더라도 그런 곳은 대개 자유와 평등 속에서의 시민유대가 이뤄지는 통합적인 만남들이 일어난 곳이 아니라 이데올로기적 편향성, 정치적 경향성 등으로 점철된 대립적, 분리적 대치가 이뤄지는 곳이었다. 정치적 거리나 광장들은 저마다 정의(正義) 구현과 구국(救國)이라는 미명 하에 군중들을 선동해오고 대중을 기만해 온 음모의 장소였고, 과격한 구호와 선동, 아우성과 절규가 가득 찬 곳이었다. 실로 광장과 거리는 가장 선명한 대립의 정치적 mapping이 이뤄지는 캔버스였고, 분열과 대립이 극명하게 드러난 정치적 전장(戰場)이었다. 흔히 거리민주주의나 광장민주주의를 운운하기도 하지만, 그것은 인권이 유린되고 독재권력이 국가를 비정상적으로 운영하는 국가의 한계상황 속에서는 가능하지만, 그렇지 않는 많은 경우에는 광장민주주의라기 보다는 광장선동주의, 광장중우주의가 있을 가능성이 높다.

따라서 거리정치(Street Politics)에서는 화해, 시민통합, 우정 같은 *homonoia*가 이뤄지지 않는 것이다. 최근의 대통령 탄핵의 경우에서 드러난 것처럼 거리의 선동정치에서 참여자들은 가히 총 없는 전쟁을 벌이는 것이다. 참여자가 소수이든 다수이든 거리정치는 극단적인 정치성지향자들의 전유물로 전락하게 되었다.

이제 어쩌면 거리정치에서보다 더 많은 이들이 만나는 장소는 새로운 사회적 관계망을 이루고 있는 SNS이다. SNS에서 시민들은 끝없이 광범위한 관계망을 형성하고 있으며, 그 안에서 이뤄지는 광의적 SNS 정치(SNS Politics)는 매우 활발하다.

직접 만나지 않는 Online networking이 직접적으로 접촉하는 Offline networking에 비해 친밀도도 떨어지고, 인격적 유대형성이 되지 않을 것으로 보는 것은 오해에 불과하다. 오늘날 이메일이나 SNS를 통한 온라인 네트워킹을 통해서도 얼마든지 교제도 이뤄지고 친밀감도 형성된다. 왜냐하면 그러한 전자소통을 통해서도 글이라는 매개물을 통하여 각자의 인격이 상대에게 전달되기 때문이다. 이런 방식이든 저런 방식이든 인격의 만남이 있는 곳에선 우정이나 사랑이 생겨나기도 하고, 분노와 다툼도 일어날 수 있는 것이다. 그래서 인터넷상의 만남을 통해서 극단적인 경우 거리에서의 만남보다 더 깊은 거래가 오가기도 하고, 심지어 생명을 끊는 자살의 동반자가 되기도 하는 것이다.

무대 아래의 시민들뿐 아니라 사실 정치가들 사이에서도 이러한 우정은 의미가 있다. 오늘날 아리스토텔레스의 우정의 개념이 '경청(傾聽)의 정치학 (politics of attention)'으로 재해석되기도 하는데, 이는 민주사회에서 다양한 그룹들의 다양한 목소리, 심지어 반대 입장에 서 있는 이들의 목소리 까지 경청하는 훈련을 받고 습관을 기를 필요가 있다는 주장이다.273)

진지한 경청에서 이해가 생기고, 이해에서 상호 간에 융화가 되거나 변증 법적인 합(合)에 도달할 수도 있고, 나아가 융화를 이룰 수 있을 것이다. 경청은 무엇보다 귀의 작업인데, 이것을 하기 위해서는 입의 사역을 잠시 중단해야 한다. 말하자면 자신의 많은 변론을 잠시 중단하고 상대에게 귀를 기울여야 하는 것이다. 이것이야말로 민주사회 형성에서 중요한 태도일 뿐 아니라 인간관계 수립의 기본이라 할 수 있다. 민주주의는 자유로운 주장이 보장되는 사회이지만, 어쩌면 그 자유로운 자기주장을 중단할 때 비로소 성취되는 제도이기도 하다.

하여튼 이런 경청처럼 상대에 대한 배려를 담지하고 있는 우정은 민주 사회를 위협하는 정당 간, 그룹 간, 인종 간의 불신을 극복할 수 있는 대안이 될 것이다. 그것은 어쩌면 우리가 속한 공동체나 국가를 하나의 조화된 공동체로 세우는 데에 필요한 의무 같은 것이다. D.S. Allen의 우정에 대한 언급은 매우 시사적(示唆的)이다: "우정이란 정서가 아니라 실천이다. 그것은 상호 간에 힘든 것이나 어려운 일, 그리고 인격과 경험과 욕망의 차이를 뛰어 넘어 하나로 연결하려는 도달하기 어렵고 복잡한 습관(習慣)이다. 우정(友情) 이란 친구들이 나와 동일하거나 공동적인 삶은 아니라고 하더라도 공유적 삶을 가지고 있다는 인식에서 출발한다. 말하자면 우리는 서로가 같은 사건들, 같은 기후들, 같은 주거환경, 같은 사회구조 속에 산다는 인식이다."274) 하여튼 고대와 현대의 이러한 주장처럼 우정은 사회적, 정치적 *homonoia*를 이루는 데

---

273) S. Bickford, *The Dissonance of Democracy: Listening, Conflict, and Citizenship*, Ithaca, N.Y.: Cornell University Press, 1996

274) D.S. Allen, *Talking to Strangers: Anxieties of Citizenship since Brown v. Board of Education*, Chicago: University of Chicago Press, 2006, cf. J. Marichal, op.cit., p. 156

매우 중요한 덕목이라는 점이다.

나아가 사회나 국가란 약육강식의 동물계와 달리 강자와 약자, 가진 자와 못가진 자, 보수와 진보, 나와 너, 우리와 남들이 더불어 사는 공동체임을 인식하는 것이 필요하다. 이런 더불어 살아감 속에서 우리도 삶을 영위하고 있는 것이다. 따라서 우리 모두는 공동체의 '더불어'를 위해 양보와 타협, 관용과 포용의 태도를 취해야 한다. 이런 공동체 의식 속에서 서로에 대해 열린 마음을 지녀야 하고, 약자를 배려하고 타자를 수용하는 자세를 지녀야 한다. 무엇보다 인간이 얼마나 존귀한 존재인지, 그리고 인간생명이 얼마나 소중한지를 처절히 인식해야 한다. 민주주의의 모든 기초는 인간생명의 존귀함이다. 그리고 선동주의와 중우정치를 피할 수 있는 이념적 정초는 인간 존재의 존엄성이다.

7. 나가는 글

종합컨대 이상으로 SNS를 통한 선동정치의 문제점과 그것의 정치적 위험성을 논의해 보았다. 제기된 많은 문제들 가운데 무엇보다 특히 틀린 정보 및 악플을 통한 악한 연대(連帶)의 가능성은 가장 큰 문제점 가운데 하나이다.

하지만 다른 영역에서처럼 SNS에도 악(惡)의 가능성과 선(善)의 가능성 둘 다 존재한다. 그것은 한편으로는 선동과 소란, 대립과 분열의 장소이기도 하고, 다른 한편으로는 좋은 만남과 우정 형성, 소통과 통합의 공간이기도 하다. 그것을 통한 정치적 *homonoia*의 가능성과 불가능성이 둘 다 존재하지만, 글들에 대한 선플, 상호배려, 한발 물러서서 생각하기, 좀 더 깊게 숙고하기 등을 SNS 사용자들이 지켜나가면 가능성이 얼마든지 있을 수 있는 것이다.

특히 최근 SNS에서의 미묘한 판도 변화는 이러한 가능성을 보여주는 청신호(青信號)라고 할 수 있다. 수년 전 스마트폰의 등장과 더불어 시작되었던 소위 'TGIF 시대'에 새로운 변화의 바람이 불고 있는 것이다. 이 약자가 지칭하는 트위터(Twitter), 구글(Google), 애플(Iphone·Apple), 페이스북(Facebook) 가운데, 상승세를 그리고 있는 나머지 세 개 기업과 달리 유독 트위터만 하향세를 그리고 있는 것이다.

2014년초 주당 69달러에 달할 정도로 고공행진을 하던 트위터의 주가는 2015년 10월 현재 당시 가격의 절반 이하로 뚝 떨어져 31달러 정도에 머물렀다. 그리고 상당한 적자도 일어나 직원감축마저 단행했던 것이다. 다른 경쟁 SNS에 비해 이렇게 급격한 하향일로를 걷게 된 것은 무엇보다 트위터가 가지고 있는 특성 때문으로 보인다.

2006년 3월 미국에서 시작된 트위터275)는 한마디로 140자 한도의 짧은 '단문 문자 서비스'로서 영어를 포함한 여러 언어들을 지원하며, 이용자들은 거주지와 무관하게 전 세계 이용자와 대화를 주고 받거나 팔로잉 관계를 맺을 수 있다. 많은 사용자들이 실시간 대화와 유사한 방식으로 이야기를 주고 받음으로써, 누군가가 시작한 이야기가 팔로워들을 통하여 급속히 유포되어 국가적 뉴스가 되기도 하고, 심지어 세계적 이슈가 되는 일도 일어난다.

트위터는 이렇게 자기가 알리고 싶은 내용을 많은 팔로우들에게 짧고 간단한 메시지로 전할 수 있다는 장점 때문에 초기에는 폭발적인 성장을 이뤘다. 특히 정치인들이나 유명인들이 수많은 팔로워들을 거느리며 지지자들에게 자신의 의견을 간단한 메시지로 순식간에 전하면서 상당한 영향력을 주었던 것이다. 그 가운데 흑인 최초로 미국 대통령이 된 버락 오바마는 대선에서 트위터의 효과를 단단히 본 것으로 알려졌다. 그러나 이후 이용자가 너무 많아지고, 또 문자 중심의 서비스만 했지, 동영상 탑재 같은 트렌드의 변화에 대해 기민하게 대응하지 못함으로 차츰 하향길을 접어들게 된 것이었다.

---

275) 우리나라에서는 2011년 1월 18일 공식 한국어 서비스를 시작하였다. "한글 트위터". Twitter Blog

특히 우리가 유념해 볼 것은 시대가 바뀌면서 트위터의 장점이 약점으로 작용하기 시작했다는 점이다. 즉, 앞서 언급한 동영상 탑재의 불가능 등 정보 제공의 부족도 있지만, 제한된 글자 수 안에서 본인의 생각을 충분히 펼칠 수 없다는 데서 아쉬움을 느꼈고, 나아가 그러다보니 자극적이고 선동적인 멘트들이 종종 등장한 것도 문제가 되었다.

특히 트위터의 성격상 나의 이야기를 내가 모르는 미지의 사람들에게 마음껏 전할 수 있다는 것이 장점이었는데, 개인 정보 보호나 사생활 보호가 중요한 사항으로 등장하면서 그러한 장점이 도리어 이용자들에게 부담이 되는 약점으로 자리 잡게 되었던 것이다. 그것은 지인들 사이의 커뮤니케이션 시스템인 페이스북이나 카카오톡이 발달되는 것과 반비례적인 현상이었다.

가일층 지금은 다른 이들에게 트위터를 할 적에는 반드시 본인 아이디가 있어야 하지만, 얼마 전까지는 그러한 아이디 없이 익명으로도 다른 이용자들에게 단문을 보낼 수 있었다. 따라서 트위터리안은 익명의 상태에서 얼마든지 다른 이들을 비판할 수도 있었고, 나아가 거짓이나 임의로 편집된 기사들도 무차별적으로 대량으로 유포할 수 있었던 것이다.

이렇게 트위터는 페이스북이나 카카오톡이 이용자가 실명으로 그 신상이나 인격이 노출된 상태에서 글이나 자료를 올리는 것과는 전혀 다른 시스템이었던 것이다. 말하자면 사람들은 트위터 속에서 중상이나 모략, 음해나 선동이 가능했던 것이다. 트위터는 본의 아니게 댓글과 비슷하게 온라인상의 음지(陰地)역할을 할 수 있었던 것이라고 할 수 있다. 자기의 정체성이 공개되지 않은 상황에서 인간은 종종 극단으로 달릴 수 있고 아무런 제어도 되지 않은 채 욕망이나 감정의 활갯짓을 마음대로 할 수 있는 것이다.

반면 자기정체성과 인격이 공개된 카카오톡이나 페이스북 같은 SNS에서는 인간은 상대에 대한 배려나 사람들의 시선 및 도덕적 책무감으로 인해 극단적으로 치닫지 않고 다소 절제된 표현을 하게 된다. 이러한 온라인 네트워크들은 사람들로 하여금 음지에서 양지로 나와서 서로에게 자신의 최근 소식들이나 생각들을 나누고 친밀한 메시지들을 전하게 함으로 따뜻한 인간 관계를 형성하게 하는 것이다.

이러한 인격적인 온라인 대화나 연결을 통해 사람들 사이에 우정은 싹이 트고 공감(共感)이 형성되면서 공론(公論)이 만들어지는 것이다. 문제가 있다면 트위터만큼 그 범위가 넓지 못하고, 특히 자신의 지인들에게만 전하는 소그룹 대상이라는 점이다.

하지만 이러한 소그룹 대상은 내가 관계하는 그룹의 개인은 또 다른 자체 소통 그룹을 갖고 있고, 또 그 다른 그룹의 개인은 자기 나름의 친교 그룹을 가지고 있으므로 간접적으로는 매우 넓은 망(網)을 지니게 되는 것이다.

따라서 이러한 직·간접의 소통 그룹을 통하여 한 사회의 거대한 소통관계망이 형성되는 것이며, 정보나 의견의 교환 및 공유 외에 마음의 흐름, 감정의 흐름도 자기 그룹의 경계를 넘어 광범위하게 흐르게 되는 것이다.

그러므로 이러한 흐름에서 좋은 정치적 *homonoia*가 형성되기 위해서는 무엇보다 먼저 두 부류의 사람들과 그들의 역할이 있어야 한다.

먼저는 정치적 편향이나 이데올로기적인 경도(傾倒)가 없이 깊은 숙고와 반성을 거친 온건하고 착한 정보나 의견을 주는 선구적 입안자들의 활동이 있어야 한다는 점이다. 물론 이들은 매우 지혜롭고 정치적인 중립성을 지닌 자들이어야 한다.

다음으로는 정치적 및 이데올로기적 편향성을 지닌 선동적이고 파괴적인 정보나 의견이 등장하고 유포되고 있을 적에는 그것을 발견하는 지혜와 차단하는 용기가 있는 이들의 역할이 있어야 한다는 것이다. 이들은 나쁜 정보의 나쁜 소통을 막고 그것을 순화시키든지 아니면 그것에 상응하는 선한 정보 내지 의견을 만들어 흘러 보내는 선한 중간자(中間者)들이다. 소통 과정의 이러한 선한 중간자들로 인해 세상의 소식들은 악순환(惡循環)이 아니라 선순환(善循環)으로 변화하게 되는 것이다.

선한 의견 및 정보의 발원자도 마찬가지지만, 악한 의견의 차단자 역시 많은 자기 노력과 자기 희생이 필요하다. 선한 사회를 만들고 아름다운 화합과 조화, 즉 공화의 세상을 만들기 위해서는 이러한 사명감을 지닌 선구자들과 희생자들이 필요하다. 어떤 선한 결과도 헌신된 자들의 고귀한 희생이 없이는 이뤄지지 않는 것이다.

나아가, 개인적인 사명자들 외에 이데올로기적 편향과 정치적 경도성이 없는 시민운동(市民運動)의 역할이 중요해진다. 사실 모든 시민운동이 종교적 토대와 인간애(人間愛) 위에 기초하는 것은 당연하지만 권력욕에 편향된 정치성은 배격되어야 하며, 나아가 세상을 아름답게 하려고 하고, 건전한 상식과 양식이 통하게 하며, 무엇보다 시민의 생명과 삶이 보호, 존중되고 향상되는 차원에서 그 역할이 수행되어야 한다. 이러한 수행을 통해 시민운동들은 사회와 국가에서의 진정한 *homonoia*를 이루는 조정자 내지 중간자의 역할을 감당할 수가 있다고 사료된다.

이렇게 하면 대부분의 정치적, 사회적 문제들에서 시민들 상호 간에, 시민들과 정치인들 상호 간에, 그리고 나아가 정치인 상호 간에도 합의(合意)와 합치(合致)가 가능한 것이다. 소통과 융합, 합의와 합치의 기초는 우선은 공익(公益)이나 국익(國益)이 될 수 있을 것이며, 그것보다 더 공생(共生)의 원리가 중요할 것이다. 그리고 공생의 원리보다 더 우선적인 것은 인간의 자유(自由)와 기본권(基本權)일 수 있고, 그것보다 더 앞서는 것은 인간의 존엄성(尊嚴性)과 평등성(平等性)이다.

이러한 인간의 존엄성과 평등성에 근거하여 인간은 우정의 감정도 만들어질 수 있고, 하나됨의 의식도 지닐 수 있다. 거기에서 아리스토텔레스가 본 시민의 이상 가운데 하나인 *philia politike*(정치적 우정)가 성립될 수 있다. 그리고 우리 사회에서 보여주는 적대적 관계 속에서의 대립적 공존이 아니라 융화적 공존(共存), 평화적 공생(共生)이 가능한 것이다.

이런 인간 존엄성과 평화적 공생의 원리에 기초한 공화(共和)는 Perikles 시절의 고대 헬라에서만 아니라 오늘날의 국가들에서도 이뤄져야 할 민주주의의 이상(理想)이요, 국가구성원으로서 정치가들은 물론 모든 시민들이 공유해야 할 최고의 정치적 arete이다.

이런 *homonoia* 의 결과로 시민들은 권력욕과 정치적 술수는 없지만, 인간존중과 애국심이 분명하고 통치의 지혜가 있으며 겸허한 사람을 지도자로 선출할 수 있을 것이다. 그런 지도자가 다스리는 나라는 일종의 이상국가(理想國家)가 될 수 있을 것이다. 그러면 플라톤 이래로 말로만 내려온 이상국가가 이뤄질 지도 모른다. 그런 의미에서 폐쇄사회(a closed society)를 만들었다고 플라톤의 정치사상 일반을 다 비판하면서도 '철학자(哲學者)가 왕(王)이 되어야 한다.'는 그의 논리 하나에는 동의한다던 Karl Popper의 중얼거림이 단지 취중만담이 아니었던 것이 분명하다.

▮ 참고문헌 ▮

신지형, 하형석, 2011~2014년 미디어보유와 이용행태 변화, KISDI STAT Report 14-12-01, 2014.12.23

유엔미래보고서 2030. 생존과 소멸의 갈림길 당신은 어느 쪽을 선택할 것인가?, 박영숙, 제롬 글렌, 테드 고든, 엘리자베스 플로레스큐 지음, 교보문고 2012

이광수, 도산 안창호, 도디드, 2014

전광식, 마르크스주의 이후의 철학, 대구, 2005

John Adams, *A Defence of the Constitutions of Government of the United States of America* , Vol.3, London, 1788

Aristotle, *Politics*, Books III, IV, trans. by R. Robinson, Oxford: Clarendon Press, 1995

Ted Becker, Teledemocracy : bringing back power to the people, in: *Politics and the Internet: Critical Concepts in Political Science*, ed. W.H. Dutton, Vol.I: Politics in the Digital Age-Reshaping Access to Information and People, London & New York: Routledge, pp.172-179

Joseph Bessette, "Deliberative Democracy: The Majority Principle in Republican Government," in: *How Democratic is the Constitution?*, Washington, D.C., AEI Press. 1980, pp. 102-116.

Joseph Bessette, *The Mild Voice of Reason: Deliberative Democracy & American National Government*, Chicago: University of Chicago Press, 1994

S. Bickford, *The Dissonance of Democracy: Listening, Conflict, and Citizenship*, Ithaca, N.Y.: Cornell University Press, 1996

James Bohman & William Rehg, *Deliberative Democracy: Essays on Reason and Politics*, The MIT Press, 1997

Otto F. Bollnow, "Wahrhaftigkeit", in: *Die Sammlung*, 2. Jahrg. 1947, Heft 5/6, S. 234-245

G. Born, Digitizing Democracy, in: *Political Quarterly*, 2005, 76, 1, 102-23

Elias Canetti, *Masse und Macht,* Claassen, Hamburg 1960; 5. A. ebd. 1992

Andrew Chadwick, Web 2.0: New Challenges for the Study of E-Democracy in an Era of Informational Exuberance, in: *Connecting Democracy: Online Consultation and the Flow of Political Communication*, by S. Coleman and P. M. Shane, Cambridge: The MIT Press, 2012

Noam Chomsky, *Manufacturing Consent: The Political Economy of the Mass Media*, New York: Pantheon, 1988, 2002

Hillary R. Clinton, (21 Jan 2010). "Remarks on Internet Freedom". U.S. Department of State.

J. Cohen, "Deliberative Democracy and Democratic Legitimacy", Hamlin, A. and Pettit, P. eds., *The Good Polity*. Oxford: Blackwell, 1989, pp. 17-34.

J. Cohen, "Deliberation and Democratic Legitimacy", James Bohman & William Rehg eds., *Deliberative Democracy: Essays on Reason and Politics,* 1997

Stephen Coleman, Doing IT for Themselves: Management versus Autonomy in Youth E-Citizenship. in: *Civic Life Online: Learning How Digital Media Can Engage Youth*, ed.by W. Lance Bennett. The John D. and Catherine T. MacArthur Foundation Series on Digital Media and Learning. Cambridge, MA: The MIT Press, 2008. 189-206

The Concise Oxford Dictionary of Politics, Third Edition ed. by Iain McLean & Alistair McMillan, Oxford University Press, 2009

G. Deleuze, F. Guattari, *Ani-Oedipus: Capitalism and Schizophrenia*, trans. by R.Hurley, M.Seem, and H.R. Lane, Minneapolis: University of Minnesota Press, 1983

William H. Dutton & Adrian Shepherd, Trust in the Internet as an experience technology, in: *Information, Communication & Society*, Volume 9, Issue 4, 2006, pp. 433-451

W. H. Dutton, Political Science Research on Teledemocracy, in: *Politics and the Internet: Critical Concepts in Political Science*, ed. W.H. Dutton, pp.179-195

W. H. Dutton(ed.), *Politics and the Internet: Critical Concepts in Political Science*, Vol.I: Politics in the Digital Age-Reshaping Access to Information and People, London & New York: Routledge.

Jon Elster(ed.), *Deliberative Democracy*, Cambridge University Press, 1998

James Fishkin, *When the People Speak*, Oxford University Press, 2011

Takis Fotopoulos, *Towards An Inclusive Democracy*, London/New York: Cassell/Continuum, 1997

Amy Gutmann and Dennis Thompson, *Democracy and Disagreement*, Princeton University Press, 1996.

Amy Gutmann, *Why Deliberative Democracy?*, Princeton University Press, 2002

Jürgen Habermas, *Theorie des kommunikativen Handelns. (Bd.1: Handlungsrationalität und gesellschaftliche Rationalisierung, Bd. 2: Zur Kritik der funktionalistischen Vernunft)*, Frankfurt am Main 1981

M. Jensen and R. Garrett, E-Democracy Writ Small, in: Information Communication and Society, 2011, 177-97

Kostas Kalimtzis, *Aristotle on Political Enmity and Disease. An Inquiry into Stasis*, Albany: State University of New York Press, 2000

Immanuel Kant, *Vorkritische Schriften*(1747-1777), Basis-Ausgabe: Akad. 1905ff.

Immanuel Kant, *Kritik der praktischen Vernunft*. Hrsg. von Horst D. Brandt und Heiner F. Klemme, Meiner, Hamburg 2003

H. Kraemer, *Quid valeat ὁμόνοια in litteris Graecis*, 1915

Thomas S. Kuhn, *The Structure of Scientific Revolutions*, Chicago: University of Chicago Press, 1962

V.I. Lenin, *The Proletarian Revolution and the Renegade Kautsky*, Peking: Foreign Language Press, 1965

J. Marichal, *Facebook Democracy: The Architecture of Disclosure and the Threat to Public Life*, Farnham & Burlington: Ashgate, 2012

Thomas Meyer, *Was ist Demokratie?* Wiesbaden: VS Verlag für Sozialwissenschaften, 2009

Athanasios Moulakis, *Homonoia*, München: Paul List Verlag, 1973

John Naisbitt, *Megatrends: Ten New Directions Transforming Our Lives*, Grand Central Publishing, 1988

T. Novak & D. Hoffman,, Bridging the Digital Divide: The Impact of Race on Computer Access and Internet Use. Nashville: Vanderbilt University, 1988

Martha Nussbaum, *Hiding from Humanity: Shame, Disgust, and the Law*, Princeton, NJ: Princeton University Press, 2004

Martha Nussbaum, *Political emotions: why love matters for justice*, Cambridge, Massachusetts: The Belknap Press of Harvard University Press, 2013

Sarah Oates, *Introduction to Media and Politics*, Los Angeles 2008

Pew Research Center, 2010, *Global Publics Embrace Social Networking*, Online 15, December

M. Poster, Cyberdemocracy: The Internet and the Public Sphere, in: *Politics and the Internet: Critical Concepts in Political Science*, ed. W.H. Dutton, Vol.I: Politics in the Digital Age – Reshaping Access to Information and People, London & New York: Routledge, pp.199-214

R.D. Putnam, *Bowling Alone: The Collapse and Rivival of American Community*, New York: Simon & Schuster, 2001

M. Rosen & J. Wolff, *Political Thought*, Oxford: Oxford University Press, 1999

Chris Matthew Sciabarra. *Ayn Rand: The Russian Radical*. Pennsylvania State University Press, 1995

Peter M. Shane, Online Consultation and Political Communication in the Era of Obama, in: *Connecting Democracy: Online Consultation and the Flow of Political Communication*, by S. Coleman and P. M. Shane, Cambridge: The MIT Press, 2012

Adam Smith(1761). *Theory of Moral Sentiments* (2ed.). Strand & Edinburgh: A. Millar; A. Kincaid & J. Bell. Retrieved 26 May 2014

Alexis de Tocqueville, *Democracy in America*, Vol. I, Vintage Books, New York, 1945

Sanford J. Unger, The role of free press in strengthening democracy, in: Democracy and the Mass Media: A Collection of Essays, ed. J. Lichtenberg, Cambridge University Press, 1990

Stefano Zamagni & Luigino Bruni, *Economia Civile*, 21세기 시민경제학의 탄생, 서울, 2015

Stefan Zweig, *Marie Antoinette*, Leipzig, Insel-Verlag, 1932

시민 참여적 민주주의와
대중 선동적 중우주의

1판 1쇄 발행 2017년 4월

지은이 | 전광식
펴낸곳 | 고신대학교 출판부
디자인, 편집 | 공감 070-4407-6252